A Análise Contábil e Financeira

O GEN | Grupo Editorial Nacional – maior plataforma editorial brasileira no segmento científico, técnico e profissional – publica conteúdos nas áreas de ciências sociais aplicadas, exatas, humanas, jurídicas e da saúde, além de prover serviços direcionados à educação continuada e à preparação para concursos.

As editoras que integram o GEN, das mais respeitadas no mercado editorial, construíram catálogos inigualáveis, com obras decisivas para a formação acadêmica e o aperfeiçoamento de várias gerações de profissionais e estudantes, tendo se tornado sinônimo de qualidade e seriedade.

A missão do GEN e dos núcleos de conteúdo que o compõem é prover a melhor informação científica e distribuí-la de maneira flexível e conveniente, a preços justos, gerando benefícios e servindo a autores, docentes, livreiros, funcionários, colaboradores e acionistas.

Nosso comportamento ético incondicional e nossa responsabilidade social e ambiental são reforçados pela natureza educacional de nossa atividade e dão sustentabilidade ao crescimento contínuo e à rentabilidade do grupo.

Adriano Leal Bruni

A Análise Contábil e Financeira

3ª Edição

Série Desvendando as Finanças

Volume 4

O autor e a editora empenharam-se para citar adequadamente e dar o devido crédito a todos os detentores dos direitos autorais de qualquer material utilizado neste livro, dispondo-se a possíveis acertos caso, inadvertidamente, a identificação de algum deles tenha sido omitida.

Não é responsabilidade da editora nem do autor a ocorrência de eventuais perdas ou danos a pessoas ou bens que tenham origem no uso desta publicação.

Apesar dos melhores esforços do autor, do editor e dos revisores, é inevitável que surjam erros no texto. Assim, são bem-vindas as comunicações de usuários sobre correções ou sugestões referentes ao conteúdo ou ao nível pedagógico que auxiliem o aprimoramento de edições futuras. Os comentários dos leitores podem ser encaminhados à **Editora Atlas Ltda.** pelo e-mail faleconosco@grupogen.com.br.

Direitos exclusivos para a língua portuguesa
Copyright © 2008 by
Editora Atlas Ltda.
Uma editora integrante do GEN | Grupo Editorial Nacional

Reservados todos os direitos. É proibida a duplicação ou reprodução deste volume, no todo ou em parte, sob quaisquer formas ou por quaisquer meios (eletrônico, mecânico, gravação, fotocópia, distribuição na internet ou outros), sem permissão expressa da editora.

Rua Conselheiro Nébias, 1384
Campos Elísios, São Paulo, SP — CEP 01203-904
Tels.: 21-3543-0770/11-5080-0770
faleconosco@grupogen.com.br
www.grupogen.com.br

Capa: Leonardo Hermano

Composição: Set-up Times Artes Gráficas

Dados Internacionais de Catalogação na Publicação (CIP)
(Câmara Brasileira do Livro, SP, Brasil)

Bruni, Adriano Leal
A análise contábil e financeira / Adriano Leal Bruni. – 3. ed. – [2a. Reimpr.]. – São Paulo : Atlas, 2019.

Bibliografia.
ISBN 978-85-224-9032-5

1. Balanço financeiro 2. Contabilidade 3. Contabilidade gerencial
I. Título. II. Série.

10-03970
CDD-657.307

Índice para catálogo sistemático:
1. Análise contábil : Estudo e ensino   657.307

Sumário

Apresentação da série, ix

1 Contabilidade, relatórios e informações, 1
Objetivos do capítulo, 1
A visão do patrimônio e a visão do resultado, 2
Outras demonstrações contábeis, 11
Complementos às demonstrações financeiras, 19
Novas demonstrações contábeis, 20
Transações, registros e demonstrações, 22
Exercícios propostos, 39

2 Entendendo aspectos importantes das demonstrações contábeis, 55
Objetivos do capítulo, 55
As diferentes visões nas demonstrações contábeis, 55
Separando os juros para a análise, 56
Lucro *versus* fluxo de caixa, 59
Entendendo o Lajida ou Ebitda, 60
Exercícios propostos, 62

3 Conhecendo a análise financeira, 67
Objetivos do capítulo, 67
Motivos para a análise financeira, 68
Lucro, fluxo de caixa e criação de valor, 71
Análise vertical ou horizontal, 72

Análise financeira baseada em indicadores, 77
Exercícios propostos, 86

4 Analisando demonstrações contábeis, 95
Objetivos do capítulo, 95
Passado *versus* futuro, 96
Ajustes iniciais necessários, 97
A análise vertical, 105
A análise horizontal, 110
Exercícios propostos, 113

5 Analisando os índices e enfatizando a liquidez, 121
Objetivos do capítulo, 121
Os indicadores e suas diferentes informações, 122
Os efeitos da liquidez sobre a rentabilidade, 123
Índice de liquidez geral, 125
Índice de liquidez corrente, 127
Índice de liquidez seca, 130
Índice de liquidez imediata, 132
Exercícios propostos, 134

6 Analisando o endividamento, 141
Objetivos do capítulo, 141
Compreendendo os efeitos da alavancagem, 142
Índice de endividamento, 152
Índice de participação do capital de terceiros, 153
Índice de alavancagem dos recursos próprios, 154
Índice de composição do endividamento, 155
Índice de imobilização do patrimônio líquido, 156
Índice de imobilização dos recursos não correntes, 157
Exercícios propostos, 158

7 Analisando a lucratividade, 165
Objetivos do capítulo, 165
Relembrando números da análise vertical, 165
Índice margem bruta, 167
Índice margem operacional, 167
Índice margem líquida, 169
Índice margem do Ebitda, 169
Não confunda lucratividade com rentabilidade, 171
Exercícios propostos, 173

8 Analisando giros e prazos, 179
Objetivos do capítulo, 179
Índice de giro dos ativos, 179

Índice de giro dos estoques, 182
Indicador prazo médio de estocagem, 183
Índice de giro de clientes, 184
Indicador prazo médio de recebimento, 185
Índice de giro de fornecedores, 186
Indicador prazo médio de pagamento, 188
Índice de posicionamento relativo, 189
Índice de giro de obrigações fiscais, 190
Indicador prazo médio de recolhimento de obrigações fiscais, 191
Indicadores de ciclos, 192
Prazos, ciclos e capital de giro, 197
Exercícios propostos, 200

9 Analisando a rentabilidade, 209
Objetivos do capítulo, 209
Índice de retorno do lucro operacional líquido, 210
Índice de retorno sobre o investimento, 213
Índice de retorno sobre o patrimônio líquido, 214
Rentabilidade e valor adicionado, 216
Decompondo a rentabilidade para os diferentes financiadores, 220
Decompondo a rentabilidade em margem, giro e alavancagem, 226
Da margem ao ROE em uma análise evolutiva, 233
O método Dupont e a rentabilidade, 239
Exercícios propostos, 241

10 Análise financeira dinâmica, 249
Objetivos do capítulo, 249
Reclassificando as contas do balanço patrimonial, 249
A importância da análise da evolução do saldo de tesouraria e do
autofinanciamento, 260
Gestão de caixa e tipos de empresas, 262
Exercícios propostos, 265

11 O modelo AnaliseFacil.xls, 279
Objetivos do capítulo, 279
Salvando o aplicativo em seu computador, 279
Conhecendo o aplicativo, 280
A guia Análise, 283
A guia Gráficos, 286
A guia Empresas, 290
A guia Base, 291
A guia Fórmulas, 292

Respostas, 295

Referências, 319

Apresentação da série

A série ***Desvendando as Finanças*** objetiva apresentar da forma mais clara e didática possível os principais conceitos associados às finanças empresariais.

Os oito primeiros volumes previstos para a série ***Desvendando as Finanças*** abordam temas práticos, escritos de forma simples. Os respectivos títulos dos livros são:

1. *A matemática das finanças*
2. *As decisões de investimentos*
3. *A contabilidade empresarial*
4. *A análise contábil e financeira*
5. *A administração de custos, preços e lucros*
6. *O planejamento financeiro*
7. *Os mercados financeiros e de capitais*
8. *As finanças pessoais*

Todos os textos apresentam grande diversidade de exemplos, exercícios e estudos de casos, integralmente resolvidos. Outros recursos importantes dos textos consistem em aplicações na calculadora HP 12C e na planilha eletrônica Excel. Inúmeros modelos, prontos para uso, estão disponíveis para *download* no *site* <www.MinhasAulas.com.br>.

AVISO AOS MESTRES!

Professores que utilizem os livros de Adriano Leal Bruni encontrarão diversos recursos didáticos complementares, como novos *slides*, exercícios, bancos de questões e planos de disciplinas na página <www.MinhasAulas.com.br>. Para solicitar acesso ao aplicativo elaborador de provas, entre em contato com atendimento@minhasaulas.com.br.

1

Contabilidade, Relatórios e Informações

"Não há nada como o sonho para criar o futuro. Utopia hoje, carne e osso amanhã."
Victor Hugo

Objetivos do capítulo

A Contabilidade, vista como ciência, possui diversos objetivos, comumente associados ao processo de registro e controle patrimonial ou ao suporte da decisão e gestão empresarial. A sua relação com a administração financeira e orçamentária é imediata e de fundamental importância.

Muitas das informações trabalhadas em finanças são registradas e armazenadas na Contabilidade. Assim, a compreensão dos objetivos e regras da Contabilidade e o entendimento das informações contidas nos principais relatórios contábeis são de fundamental importância no processo de administração financeira e orçamentária.

O objetivo deste capítulo consiste em apresentar as linhas gerais da Contabilidade e sua preocupação com o registro do patrimônio da entidade. São apresentadas e discutidas as definições da Contabilidade e a sua interligação com as diversas áreas e usuários. As funções e preocupações da Contabilidade são discutidas e ilustradas, bem como as suas principais demonstrações. Para facilitar a aprendizagem e tornar a leitura mais lúdica, são apresentados diversos exemplos e alguns pequenos estudos de caso e inúmeras questões objetivas e exercícios.

A visão do patrimônio e a visão do resultado

A Contabilidade, de forma simples, pode ser conceituada como a ciência que tem o objetivo de registrar todos os acontecimentos verificados no patrimônio de uma entidade. Por patrimônio entende-se todo o conjunto de bens, direitos e obrigações da entidade. Por registrar, entende-se o processo de oficializar, de transcrever com base em mecânica e procedimentos próprios tudo o que ocorre com quaisquer bens, direitos ou obrigações da entidade. As consequências dos registros contábeis são percebidas nas demonstrações contábeis.

Duas demonstrações contábeis assumem papel importante no fornecimento de informações: o Balanço Patrimonial e a Demonstração do Resultado do Exercício.

BALANÇO PATRIMONIAL. O primeiro e mais básico relatório da Contabilidade preocupa-se em apresentar, de forma distinta, bens e direitos separados das obrigações e patrimônio líquido. Por sempre representar uma situação de equilíbrio, recebe o nome de Balanço Patrimonial, representando uma **fotografia** em um dado momento do patrimônio da entidade. É estático e representa um instante da situação patrimonial.

Em termos resumidos e conforme a legislação brasileira, o balanço pode ser representado de acordo com a Figura 1.1.

Ativo	Passivo
Circulante São contas que estão constantemente em movimento, sendo que a conversão em dinheiro deverá ser feita, no máximo, dentro do exercício social seguinte.[1]	**Circulante** São obrigações que serão liquidadas dentro do exercício social seguinte.
Não Circulante Correspondem a bens e direitos que se transformarão em dinheiro em intervalo superior ao término do exercício social seguinte.	**Não Circulante** São obrigações exigíveis que serão liquidadas após o término do exercício social seguinte. **Patrimônio Líquido** Correspondem aos recursos dos sócios aplicados na empresa.

Figura 1.1 *Visão resumida do Balanço Patrimonial.*

---

[1] Considerando a coincidência do exercício com o ano calendário a apresentação do Balanço no final do ano, podemos entender que as contas do Circulante vencem em até um ano. As contas do Não Circulante vencem, neste caso, em prazos superiores a um ano.

Um exemplo didático de Balanço Patrimonial pode ser visto na Figura 1.2. A empresa possui ativos totais iguais a $ 133, divididos em circulantes, no valor de $ 36 e não circulantes no valor de $ 97. O total de passivos e PL é também igual a $ 133, divididos em passivos circulantes, iguais a $ 23, passivos não circulantes iguais a $ 10 e patrimônio líquido igual a $ 100. Os números da empresa do exemplo da Figura 1.2, a Cia. Ilustrativa S.A., são usados em diversas partes deste livro.

Ativo	$	Passivo	$
Ativo Circulante		Passivo Circulante	
Caixa	12	Empréstimos CP	11,4
Clientes	12	Fornecedores	8
Estoques	12	Impostos CP	3,6
Subtotal AC	**36**	**Subtotal PC**	**23**
Ativo Não Circulante		Passivo Não Circulante	
Aplicações realizáveis a longo prazo	8	Empréstimos LP	10
Investimentos	9		
Imobilizado	80		
Subtotal ANC	**97**	**Subtotal PNC**	**10**
		Patrimônio líquido	**100**
Total do Ativo	**133**	**Total Passivo e PL**	**133**

Figura 1.2 *Exemplo de Balanço Patrimonial para a Cia. Ilustrativa S. A. (Ano 1).*

O balanço reflete a posição do patrimônio em um dado momento. É apresentado por meio de três elementos distintos:

a) **ativo:** consiste no conjunto de bens e direitos da entidade. São sempre apresentados no lado esquerdo do balanço e representam, de modo geral, os destinos dos recursos da entidade. Os ativos correspondem à parte desejável do patrimônio da entidade, formada por bens e direitos. Os bens correspondem a quaisquer coisas possíveis de avaliação em dinheiro e que tenham a capacidade de satisfazer uma necessidade humana. Podem ser tangíveis ou corpóreos (que possuem existência física como coisa e como tal podem ser tocados, como veículos, imóveis, dinheiro, produtos, mercadorias etc.) ou intangíveis ou incorpóreos (inexistem como coisa, não podendo ser tocados, como o nome comercial, a marca, as patentes, os direitos autorais etc.). Os direitos correspondem a valores a serem recebidos de terceiros, por vendas a prazo ou valores de propriedade da empresa que se encontram em posse de terceiros;

b) **passivo:** forma o conjunto de obrigações assumidas pela empresa. Representa uma fonte de origens de recursos para as atividades da empresa, oriundos de terceiros e para os quais a empresa possui a obrigação de devolver o principal, eventualmente acrescido de juros. As obrigações compreendem as dívidas ou compromissos de quaisquer espécies assumidos perante terceiros. Podem ser representadas por títulos de crédito (como duplicatas ou promissórias a pagar), compromisso contratual (como aluguéis a pagar, contas de energia elétrica, água ou telefone a pagar) ou registro escritural (como empréstimos a sócios e acionistas). As obrigação formadas pelas dívidas da empresa com terceiros são denominadas de obrigações exigíveis ou, simplesmente, exigível. É importante destacar que o passivo registra um grupo de contas provisionadas: formadas por despesas já incorridas, porém ainda não quitadas. Podem ser: salários a pagar; encargos a recolher; comissões a pagar e impostos a pagar;

A QUESTÃO DO PRAZO DE RECEBIMENTO OU PAGAMENTO

O estudo do prazo de recebimento ou realização dos bens e direitos da entidade ou do pagamento das obrigações é fundamental na análise e compreensão de demonstrativos financeiros. Para facilitar a extração da informação do Balanço Patrimonial, em função do seu *timing*, isto é, período de realização ou conversão em dinheiro, as principais contas do ativo e das obrigações podem ser apresentadas como circulantes – valores que serão recebidos ou pagos até o final do exercício social seguinte, ou não circulantes – valores pagos ou recebidos após o final do exercício social seguinte. Assim, considerando a apresentação dos números em dezembro de um determinado ano, seriam consideradas no circulante as contas que gerariam caixa ou demandariam caixa até dezembro do ano seguinte.

c) **patrimônio líquido:** representa o volume de recursos pertencentes aos sócios. Formalmente, não representam obrigações, já que a empresa não é obrigada a restituir os investimentos feitos pelos sócios, o que somente ocorre na hipótese de retirada de um dos sócios. O patrimônio líquido ou situação líquida corresponde à parcela que pertence aos sócios, representado pelo conjunto formado pelas obrigações não exigíveis das entidades – os proprietários não exigem a devolução da importância investida. A denominação Situação Líquida ou Situação Patrimonial Líquida (SPL) decorre do fato de o patrimônio líquido ser, algebricamente, igual a soma dos bens e direitos (total do ativo), líquido das dívidas (obrigações exigíveis). Compreende o investimento inicial feito pelos sócios ou acionistas, os lucros (ou prejuízos) e reservas decorrentes da atividade empresarial.

O CONCEITO DE BALANÇO EM FINANÇAS

O Balanço Patrimonial é um dos mais importantes e significativos relatórios gerados pela contabilidade. Apresenta uma fotografia do patrimônio da entidade e aparece separado sob a forma de ativos e passivos, incluindo obrigações e patrimônio líquido.

Em uma visão contábil simplista, a razão do porquê do uso da expressão *Balanço* é simples: deve existir uma igualdade entre o total de ativos e passivos. Ou seja, Ativo = Obrigações + Patrimônio Líquido.

Porém, em uma visão mais dinâmica, característica da administração financeira, deve-se ressaltar o fato de que o conceito de balanço é mais amplo e importante. Em Finanças, é mais comum o uso da expressão *Investimentos* no lugar de *Ativos*. Da mesma forma, é mais usual a expressão *Financiamentos* do que a expressão *Passivos*. Assim, o conceito de Balanço explica-se não porque ativos devem ser iguais a passivos, mas porque deve existir uma relação de **equilíbrio** entre financiamentos e investimentos.

Fontes e usos, origens e aplicações de recursos devem manter-se sempre em equilíbrio. Aplicações de longo prazo devem ser feitas com base em financiamentos de longo prazo. Financiamentos em moeda estrangeira devem ser contraídos para investimentos que igualmente gerem fluxos de caixa na mesma moeda estrangeira. Violações destas regras e do conceito de Balanço costumam levar a situações perigosas.

Convém destacar que o fato de as obrigações (ou passivo exigível) e o patrimônio líquido serem apresentados de forma rotineira do lado direito do Balanço Patrimonial faz com que ambos os grupos possam ser denominados como passivo, embora possuam naturezas distintas. Embora a apresentação em duas colunas seja consagrada, é usual, também, aparecer em uma única coluna. Neste caso, o ativo é apresentado seguido pelo passivo.

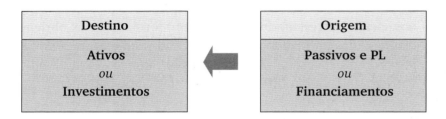

Figura 1.3 *Destino e origem de recursos.*

A Figura 1.3 destaca a natureza de origem e destino das contas do passivo e ativo, respectivamente. Enquanto os passivos assumidos por uma entidade representam os recursos obtidos através dos sócios (o patrimônio líquido), ou de terceiros (o passivo exigível). Correspondem aos financiamentos recebidos pela entidade e a estratégia de *funding* adotada. Já os ativos correspondem aos bens e direitos da entidade – correspondem aos investimentos feitos.

DEMONSTRAÇÃO DE RESULTADO DO EXERCÍCIO: o Balanço Patrimonial reflete as posições do patrimônio da empresa em um dado instante. É como se fosse a fotografia do patrimônio da entidade, representado por seus bens, direitos e obrigações. Como duas fotografias, tiradas em períodos diferentes apresentaram características diferentes, torna-se necessário apresentar e destacar as principais alterações ocorridas e refletidas pelo Balanço Patrimonial.

A Demonstração de Resultado do Exercício (DRE) de uma entidade registra a geração do lucro ou prejuízo, conforme apresentado anteriormente. Subtraindo das Receitas, as Deduções, Custos, Despesas e Imposto de Renda[2] da entidade, a DRE apresenta o resultado encontrado sob a forma de lucro ou prejuízo. Uma visão simplificada das contas que compõem a DRE pode ser vista na Figura 1.4.

---

[2] Embora a legislação brasileira sempre exija o pagamento do Imposto de Renda e da Contribuição Social, costuma-se apresentar a incidência de ambos os tributos pela expressão *Imposto de Renda*, unicamente. Assim, quando este livro apresentar gastos reconhecidos com o Imposto de Renda, entenda-se que estes se referem ao IR propriamente dito mais a Contribuição Social.

Conta	Descrição
Receita operacional bruta	Vendas de produtos, mercadorias ou serviços.
(–) Deduções	Podem ser de três tipos: devoluções de produtos, descontos ou abatimentos e impostos sobre vendas.
(=) Receita operacional líquida	Corresponde à receita bruta, subtraída das deduções.
(–) Custo dos produtos, serviços ou mercadorias vendidos (CPV, CSV ou CMV)	Custos incluem todos os bens ou serviços consumidos com a produção dos bens ou serviços comercializados.
(=) Lucro bruto	Lucro ou prejuízo bruto da entidade.
(–) Despesas administrativas	Gastos com supervisão, gestão e controle da empresa.
(–) Despesas com vendas ou comerciais	Gastos com comercialização, comissões.
(=) Lucro antes dos juros e do IR, Lajir	Lucro ou prejuízo operacional próprio da entidade.
(–) Despesas financeiras	Gastos com juros.
(=) Lucro antes do IR, Lair	Resultado da entidade antes do cálculo do IR.
(–) IR[3]	Valor provisionado reconhecido a título de Imposto de Renda e Contribuição Social.
(=) Lucro Líquido depois do IR	Resultado da entidade, após o Imposto de Renda.

Figura 1.4 *Visão simplificada das contas da Demonstração de Resultado do Exercício.*

Os números da Figura 1.4 destacam a importância da consideração dos gastos, que correspondem ao sacrifício financeiro que a entidade arca para a obtenção de

---

[3] Embora livros de Contabilidade e Finanças mencionem, de forma simplificada, apenas o Imposto de Renda, é preciso lembrar a incidência de dois tributos: o IR propriamente dito e a Contribuição Social (CS). De forma simplificada, quando este livro apresentar a expressão *IR*, deve-se lembrar da incidência do IR e da CS.

um produto ou serviço qualquer. Segundo a Contabilidade, os gastos são em última instância classificados como custos ou despesas, a depender de sua participação na elaboração do produto ou serviço. Os custos das vendas representam o custo da mercadoria vendida (CMV) em uma empresa comercial, custo dos produtos vendidos (CPV) em uma empresa industrial, ou custo dos serviços prestados (CSP), em uma empresa de serviços. Correspondem aos gastos relativos a bens ou serviços utilizados na produção de outros bens ou serviços. Portanto, estão associados aos produtos ou serviços produzidos pela entidade e entregues aos clientes. Em empresas industriais, correspondem às retiradas dos estoques. Por outro lado, as despesas correspondem aos bens ou serviços consumidos direta ou indiretamente para a obtenção de receitas. São consumos temporais e não estão associados à produção de um produto ou serviço. Como exemplos de despesas podem ser citados gastos com salários de vendedores, gastos com funcionários administrativos etc.

Ainda em relação à Figura 1.4, é importante destacar que a legislação brasileira agrupa as despesas administrativas, comerciais e financeiras em um bloco único, denominado genericamente pela legislação de despesas **operacionais**. Porém, para poder analisar melhor os números da empresa, distinguindo os gastos inerentes à própria operação e os gastos financeiros, é preciso separar as despesas da empresa, inserindo o cálculo do lucro operacional próprio, resultante da subtração das despesas operacionais próprias (administrativas e comerciais) do lucro bruto. Em um contexto mais simplificado, sem considerar eventuais outras receitas não operacionais, o lucro operacional próprio pode ser entendido como igual ao Lucro Antes dos Juros e do IR (Lajir). O Capítulo 2 discute o Lajir com maior profundidade.

Para pensar 1.1	a) O que quer dizer um negócio com Lajir alto e Lair baixo? b) Qual a causa desse fato? c) Qual a sua consequência?

Conforme apresentou a Figura 1.4, a DRE é resultante dos saldos das contas de receitas, custos e despesas encerradas ao final do exercício. Sua construção estabelece que receitas de vendas devem ser confrontadas com o custo das mercadorias efetivamente vendidas e as despesas incorridas no período para se apurar o lucro bruto do período. Ela registra a geração do lucro ou prejuízo sob a ótica da competência, conforme apresentado anteriormente. Subtraindo das Receitas, as Deduções, Custos e Despesas da entidade, o DRE apresenta o resultado encontrado sob a forma de lucro ou prejuízo. Um exemplo de DRE pode ser visto na Figura 1.5.

DRE	$
Receita Bruta	288,00
(–) Deduções	(43,20)
Receita Líquida	244,80
(–) CMV	(144,00)
Lucro Bruto	100,80
(–) Despesas administrativas e comerciais	(11,00)
(=) Lajir	89,80
(–) Despesas financeiras	(2,14)
Lair	87,66
(–) IR	(26,30)
LL	61,36

Figura 1.5 *Exemplo de DRE para a Cia. Ilustrativa (Ano 1).*

Já que as entidades, de modo geral, existem com o objetivo de gerar lucro, uma forma de revelar o que ocorreu entre dois balanços distintos envolve a demonstração do lucro ou prejuízo que a entidade registrou no período. Assim, uma das principais demonstrações contábeis exerce exatamente esse papel. É denominada Demonstração de Resultado do Exercício.

LUCRO NÃO QUER DIZER CAIXA

É importante observar que o DRE demonstra o resultado do período, que pode ser lucro ou prejuízo, pela ótica do regime de competência, como determina a lei e as práticas contábeis internacionalmente aceitas. Por competência entende-se que a receita é contabilizada no período em que for gerada, independentemente do seu recebimento, e a despesa é contabilizada como tal, no período em que for consumida, incorrida, utilizada, independentemente do pagamento.

Assim, é possível que uma empresa que tenha gerado resultado positivo em determinado período (lucro) também demonstre problemas sérios de liquidez, pelo fato de ter problemas de fluxo de caixa (se, por exemplo, as vendas tiverem ocorrido em sua maior parte a prazo, ainda não recebidas, enquanto as despesas tenham sido na maior parte pagas a vista). O contrário também pode acontecer, uma empresa que tenha gerado resultado negativo (prejuízo) possuir excelente situação de caixa no curto prazo.

O fenômeno ocorre, pois o DRE, tratado pela ótica da competência dos exercícios, não contempla as reais entradas e saídas de caixa em cada exercício. Para sanar esta deficiência, a área financeira das organizações, tende a enfatizar a análise baseada no fluxo de caixa e não na competência dos exercícios. O Capítulo 2 enfatiza as discussões sobre as diferenças entre caixa e resultado.

Outro ponto importante na construção da DRE no Brasil diz respeito à forma de incidência do Imposto de Renda. Uma dúvida geralmente consiste na consideração do IR como um percentual da receita ou um percentual do lucro.

A legislação brasileira permite a adoção dos dois procedimentos. A empresa pode adotar a tributação sob a forma do lucro real – neste caso, subtrai das receitas de vendas todas as deduções, custos e despesas, nesta ordem. O que sobra, se positivo, é considerado lucro operacional. Ajustado pelas receitas e despesas não operacionais, obtém-se o Lucro Antes do Imposto de Renda (Lair). Sobre este lucro, apurado de forma real, incidem as alíquotas do Imposto de Renda e da Contribuição Social.

Agindo dessa forma, alguns empresários podem sentir-se "tentados" a retirar seus lucros da entidade sob a forma de despesas, já que estes incidem antes do pagamento do IR, correspondendo a valores dedutíveis. Logo, entidades fiscalizadoras como a Receita Federal têm a preocupação de monitorar os gastos dedutíveis registrados pelas empresas tributáveis pelo lucro real mediante auditorias mais rigorosas e frequentes. Assim, todos os gastos registrados devem ser devidamente documentados. Como consequência, os gastos burocráticos com assessorias contábeis e registros para empresas tributadas pelo lucro real serão maiores.

Outra forma de tributação considera o pagamento de Imposto de Renda sobre um lucro presumido – isto é, a legislação permite que a empresa opte por considerar como lucro um percentual de seu faturamento. Este percentual varia de empresa para empresa, costumando oscilar entre 1,6 e 32%. Nesta situação, a empresa não precisa se preocupar com a apresentação de gastos dedutíveis do IR, já que este incide sobre o faturamento. Entidades fiscalizadoras tendem a se preocupar menos com entidades optantes pelo lucro presumido, em função das suas características mais simples.

Uma variante da tributação sob a forma do lucro presumido consiste no Simples (ou Super Simples) – mecanismos de tributação simplificada para micro e pequenas empresas de setores específicos que considera o pagamento de diversos impostos como um percentual sobre o faturamento.

Geralmente, boas assessorias contábeis costumam apresentar, após diversas análises e cálculos, qual a melhor forma de tributação de uma determinada empresa. Naturalmente, empresas que possuem percentuais expressivos de gastos documentados optarão pela tributação por lucro real.

Outras demonstrações contábeis

Além do Balanço Patrimonial e da Demonstração de Resultado do Exercício, outras demonstrações podem ser apresentadas.

DEMONSTRAÇÃO DOS LUCROS OU PREJUÍZOS ACUMULADOS. A Demonstração dos Lucros ou Prejuízos Acumulados (DLPA), evidencia a composição da conta Lucros ou Prejuízos Acumulados. De modo geral, revela a mutação da conta Reserva de Lucros ou da conta Prejuízos a Recuperar durante o exercício social. Ou seja, exibe exclusivamente a coluna apresentada em negrito na DMPL apresentada anteriormente. Logo, a DMPL abrange a DLPA, que é um subconjunto da primeira. Um exemplo de Demonstração dos Lucros ou Prejuízos Acumulados pode ser visto na Figura 1.6.

Saldo no início do exercício	30.000,00
(+ ou –) Ajuste de exercícios anteriores	–
Saldo ajustado	30.000,00
(–) Parcela incorporada ao capital social	(2.000,00)
(+) Reversão de reservas	–
(+ ou –) Lucro ou prejuízo do exercício	10.000,00
(–) Reserva legal	(500,00)
(–) Reserva estatutária	(500,00)
(–) Outras reservas	–
(–) Lucros ou dividendos pagos ou creditados	(3.000,00)
Saldo no final do exercício	34.000,00

Figura 1.6   *Exemplo de DLPA.*

DEMONSTRAÇÃO DAS MUTAÇÕES DO PATRIMÔNIO LÍQUIDO. A Demonstração das Mutações do Patrimônio Líquido (DMPL) também possui o objetivo de evidenciar a mutação do PL em sentido global, destacando o resultado do exercício, as novas integralizações, os ajustes de exercícios anteriores, dividendos, reavaliações e outros, e, em sentido restrito, destacando transferências de reservas e lucros, incorporações de reservas ao capital e outros.

A DMPL é mais completa que a DLPA, incorporando todas as informações da segunda. Assim, empresas que apresentem a Demonstração das Mutações do Patrimônio Líquido não precisam apresentar a Demonstração dos Lucros ou Prejuízos Acumulados. Um exemplo está apresentado na Figura 1.7.

Descrição da Conta	Capital Social:	Reservas de Capital:	Reservas de Reavaliação:	Reservas de Lucro:	Lucros/Prejuízos Acumulados:	Total do Patrimônio Líquido:
Saldo Inicial	399	–	–	406	–	806
Ajustes de Exercícios Anteriores	–	–	–	–	–	–
Aumento/Redução do Capital Social	79	–	–	(79)	–	204
Realização de Reservas	–	–	–	–	–	–
Ações em Tesouraria	–	–	–	–	–	–
Lucro/Prejuízo do Exercício	–	–	–	–	204	–
Destinações	–	–	–	139	(204)	(64)
Reserva legal	–	–	–	10	(10)	–
Reserva especial para dividendos	–	–	–	10	(10)	–
Dividendos antecipados/propostos	–	–	–	–	(9)	(9)
Juros s/ capital próprio	–	–	–	(55)	–	(55)
Reversão de juros s/ capital próprio	–	–	–	55	(55)	–
Retenção dos lucros acumulados	–	–	–	119	(119)	–
Outros	–	–	–	–	–	–
Saldo Final	479	–	–	466	–	945

Figura 1.7 *Exemplo de DMPL.*

DEMONSTRAÇÃO DAS ORIGENS E APLICAÇÕES DOS RECURSOS. A Demonstração das Origens e Aplicações dos Recursos, ou segundo as suas iniciais, simplesmente DOAR, como o próprio nome já define, apresenta quais foram as origens e aplicações de recursos da entidade no período analisado. Seu objetivo básico consiste em explicar a variação ocorrida no Capital Circulante Líquido, apresentando as mutações ocorridas no Ativo e Passivo Circulante, relacionando as fontes e usos de recursos durante o período de um ano. É preciso elencar as origens e as aplicações ordenadas de forma que seja possível visualizar a mutação existente no capital circulante líquido. A diferença encontrada entre o Ativo Circulante e o Passivo Circulante da companhia deverá estar evidenciada na DOAR, caracterizando o capital circulante líquido.

O Capital Circulante Líquido (CCL) ou Capital de Giro Líquido (CGL) evidenciado na DOAR representa, conforme já apresentado anteriormente, a parcela dos recursos dos sócios aplicados na entidade, com o objetivo de viabilizar a gestão financeira das contas de curto prazo. Matematicamente, o CCL representa o resultado da diferença entre Ativo Circulante e Passivo Circulante.

A análise da DOAR permite verificar a variação do Capital Circulante Líquido da entidade; conhecer sobre a política de inversões permanentes da entidade e as correspondentes fontes de recursos; identificar os recursos gerados pelas operações da empresa; obter dados sobre a política de administração do capital de giro e analisar a compatibilidade da política de dividendos com a situação financeira da empresa.

Em função do caráter estático do Balanço Patrimonial, a DOAR permite completar a análise das informações. Para poder gerar novas análises, a DOAR precisa estudar as origens e aplicações de recursos. As principais origens de recursos podem ser representadas por: (a) Lucro líquido do exercício; (b) Depreciação, exaustão e amortização, pois foram deduzidas do resultado para a apuração do lucro líquido, mas não representam saídas efetivas de caixa (são despesas não desembolsáveis); (c) Aumento do Capital social através de integralização em dinheiro; (d) Ágio na emissão de ações; (e) Financiamentos de longo prazo; (f) Aumento do Passivo Exigível a Longo Prazo e dos Resultados de Exercícios Futuros; (g) Redução do Ativo Realizável a Longo Prazo e do Ativo Permanente.

Genericamente, as origens são agrupadas em três grupos principais, responsáveis pelos aumentos no Capital de Giro Líquido. As principais origens, que resultam em aumentos no capital de giro líquido (CGL) podem ser apresentadas como: (a) Das próprias operações: o lucro do período ajustado por contas que não envolvam saída ou entrada de caixa. Por exemplo: depreciação, amortização, exaustão, variações monetárias de dívidas de longo prazo, ajustes de exercícios anteriores; (b) Dos acionistas: as integralizações de capital em dinheiro; (c) De terceiros: correspondem ao recebimento de financiamentos de longo prazo, as vendas de bens do ativo permanente a vista e a reclassificação de contas do ativo realizável a longo prazo em ativo circulante.

As principais aplicações de recursos são: (a) Distribuição de dividendos, ou outras formas de participação nos resultados; (b) Redução do Passivo Exigível a Longo Prazo e dos Resultados de Exercícios Futuros; (c) Aumento do Ativo Realizável a Longo Prazo e do Ativo Permanente.

Genericamente, algumas operações que ocorrem dentro do não circulante ou dentro do circulante não afetam o CGL. Exemplos: compra de ativo permanente a longo prazo, conversão de empréstimo a longo prazo em capital, integralização do capital com bens do permanente; venda de ativo permanente a longo prazo. Um exemplo de DOAR pode ser visto na Figura 1.8.

Com as alterações promovidas pela Lei nº 11.638 de 2007, a DOAR foi substituída pela Demonstração do Fluxo de Caixa, DFC, apresentada logo a seguir.

16 A Análise Contábil e Financeira • Bruni

Em milhões de reais	Ano 3	Ano 2	Ano 1
Origens	1.923,47	1.590,63	1.051,20
Das Operações	520,24	544,43	551,11
Lucro/Prejuízo do Período	379,93	647,40	445,30
Vls. que não repr. mov. Cap. Circulante	140,31	(102,97)	105,81
Depreciações, Amortizações e Exaustão	238,85	177,23	188,86
Encargos e Variações de Longo Prazo	20,91	(25,03)	(14,03)
Resultado na Alienação de Ativo Perm.	8,29	6,55	17,26
Resultado em Participações Societárias	(208,23)	(293,85)	(103,27)
Impostos Diferidos de Longo Prazo	40,19	8,26	13,33
Provisão para Contingências	1,36	6,97	(7,05)
Planos de Benefícios a Empregados	13,18	0,42	10,71
Amortização de Ágio na Aquis. de Invest.	25,76	16,48	–
Dos Acionistas	–	–	–
De Terceiros	1.403,23	1.046,20	500,09
Recursos Obtidos na Venda de Ativo Imob.	14,92	19,62	2,75
Captação de Recursos Financeiros de LP	592,79	310,75	379,82
Resgate de Aplic. Financ. de Longo Prazo	–	13,09	–
Juros Sobre Capital Próprio Recebidos	4,23	4,55	4,03
Transf. do Realizável p/ Circulante	36,26	296,12	85,98
Acréscimo Demais Contas do ELP	627,49	402,07	–
Decréscimo Demais Contas do RLP	3,43	–	27,51
Alienação de Ações em Tesouraria	0,46	–	–
Resultado na Alienação de Ações em Tes.	0,01	–	–
Transf. do Imobilizado para Circulante	123,66	–	–
Aplicações	1.577,49	1.629,79	1.773,61
Em Investimentos	1,00	66,32	1,09
Em Imobilizado	963,32	639,72	303,09
Em Diferido	60,72	41,24	27,18
Dividendos/Juros Sobre Capital Próprio	118,92	201,36	148,31
Transf. do Circulante para o Imobilizado	–	19,32	3,20
Aplicações Financeiras de Longo Prazo	–	85,00	238,08
Depósitos Judiciais	(4,04)	(4,52)	2,13
Acréscimo Demais Contas do RLP	116,74	148,33	13,04
Decréscimo Demais Contas do Exigível LP	–	–	31,00
Transf. do Exigível L. P. p/ Circulante	242,44	422,83	1.006,51
Aquisições de Ações Próprias	23,43	10,18	–
Transf. do Circulante para RLP	54,96	–	–
Acréscimo/Decréscimo no Cap. Circulante	345,99	(39,16)	(722,42)
Variação do Ativo Circulante	151,13	(157,79)	(324,38)
Ativo Circulante no Início do Período	2.472,05	2.629,84	2.954,22
Ativo Circulante no Final do Período	2.623,18	2.472,05	2.629,84
Variação do Passivo Circulante	(194,86)	(118,63)	398,04
Passivo Circulante no Início do Período	2.189,02	2.307,65	1.909,61
Passivo Circulante no Final do Período	1.994,17	2.189,02	2.307,65

Figura 1.8   *Exemplo de DOAR.*

DEMONSTRAÇÃO DO FLUXO DE CAIXA. A Demonstração do Fluxo de Caixa ou, simplesmente, DFC, poderia ser descrita, de forma simplificada, como uma evolução da DOAR, já que apresenta a movimentação de caixa da empresa. Enquanto a DOAR analisa os efeitos da variação do circulante, a DFC se preocupa em analisar a variação da conta com maior liquidez no grupo dos ativos circulantes: a conta caixa. A DFC fornece, portanto, uma análise mais ampla que a DOAR.

Para poder construir a DFC, é preciso aplicar a metodologia do regime de caixa. Segundo a Contabilidade, a apuração do resultado pode ser feita de duas maneiras distintas, denominadas regimes de competência e caixa. Suas características podem ser vistas no Quadro 1.1.

Quadro 1.1 *Diferenças entre o regime de competência e caixa.*

Regime de competência	Regime de caixa
Utilizado universalmente, sendo aceito e recomendado pelo Imposto de Renda. A receita será contabilizada no período em que for gerada, independentemente do seu recebimento. De forma similar, a despesa será contabilizada como tal no período em que for consumida, incorrida, utilizada, independentemente do pagamento.	Representa uma forma simplificada de contabilidade, que pode ser aplicada a entidades com características mais simples, como microempresas ou entidades sem fins lucrativos, como igrejas, clubes, sociedades filantrópicas e outras. A receita será contabilizada no momento do seu recebimento. Ou seja, quando entrar dinheiro no caixa (ocorrer o encaixe). A despesa será contabilizada no momento do pagamento. Ou seja, quando sair dinheiro do caixa (ocorrer o desembolso).

Ao empregar o regime de caixa na sua elaboração, o Demonstrativo de Fluxo de Caixa cumpre o papel de esclarecer situações controvertidas na companhia, como, por exemplo, a existência de grandes lucros e, ao mesmo tempo, graves dificuldades financeiras, motivadas pela insuficiência de caixa. Um exemplo de DFC pode ser visto na Figura 1.9.

Outra vantagem importante decorrente da elaboração da DFC consiste no fato de permitir ao gestor financeiro um planejamento dos superávits ou déficits de caixa. Através de um planejamento financeiro adequado, o gestor poderá saber o momento certo para contrair empréstimos, cobrindo a eventual insuficiência de fundos, ou a melhor ocasião para aplicar os recursos em excesso, permitindo a obtenção de melhores condições financeiras para os recursos aplicados.

	Ano 2	Ano 1
Lucro líquido do exercício	375.482,00	656.120,00
Ajustes para reconciliar o lucro líquido ao caixa gerado pelas atividades operacionais		
Variação na participação minoritária	254,00	2.875,00
Juros provisionados, líquido dos pagos	(64.126,00)	(47.233,00)
Depreciação, amortização e exaustão	240.569,00	178.175,00
Amortização de ágio na aquisição de investimento	25.763,00	16.484,00
Resultado de participações societárias	(21.037,00)	148.776,00
Impostos diferidos	28.205,00	20.908,00
Contingências	206,00	11.612,00
Resultado na venda ou baixa do imobilizado	8.978,00	6.815,00
Variações nos ativos e passivos operacionais:		
Contas a receber de clientes	(168.983,00)	(160.010,00)
Estoques	(91.964,00)	72.181,00
Impostos a recuperar e outros	(118.691,00)	(231.230,00)
Depósitos judiciais	4.040,00	159,00
Fornecedores	7.527,00	8.104,00
Adiantamentos de controladas	–	–
Impostos e contribuições a recolher, salários a pagar e outros	43.763,00	44.864,00
Caixa líquido gerado nas atividades operacionais	269.986,00	728.600,00
Atividades de investimentos:		
Recursos obtidos na venda de ativo imobilizado	14.967,00	3.400,00
Investimentos em controladas	–	–
Aquisição de imobilizado e diferido	(1.055.378,00)	(685.992,00)
Parcela paga na aquisição de controlada, líquida do caixa	(485,00)	(54.443,00)
Aplicações financeiras	(3.320.118,00)	(2.313.367,00)
Resgates de aplicações financeiras	3.167.532,00	1.818.443,00
Caixa líquido gerado nas atividades de investimentos	(1.193.482,00)	(1.231.959,00)
Atividades de financiamentos:		
Captações de financiamentos	2.862.349,00	2.529.773,00
Pagamentos de financiamentos	(1.708.255,00)	(1.845.795,00)
Dividendos pagos	(169.871,00)	(129.734,00)
Empréstimos com controladas	–	–
Alienação de ações em tesouraria	463,00	–
Aquisição de ações em tesouraria	(23.427,00)	(10.179,00)
Caixa líquido gerado nas atividades de financiamentos	961.259,00	544.065,00
Caixa no início do exercício	196.306,00	155.600,00
Caixa no final do exercício	234.069,00	196.306,00
Acréscimo líquido no caixa	37.763,00	40.706,00

Figura 1.9   *Exemplo de DFC.*

Complementos às demonstrações financeiras

Algumas empresas devem publicar, além das Demonstrações Financeiras obrigatórias, outros relatórios complementares. Dentre as informações complementares, podem ser destacados os relatórios da diretoria (ou da administração), as notas explicativas e o parecer dos auditores.

RELATÓRIOS DA DIRETORIA (OU DA ADMINISTRAÇÃO). Geralmente, antes da publicação das Demonstrações Contábeis, deve ser publicado um relatório elaborado pela Diretoria e que dá ênfase às informações de caráter não financeiro ou não monetário. Além de analisar a situação presente e os resultados passados, o relatório da diretoria deve preocupar-se com a análise de cenários e projeções das atividades futuras da empresa. Representa, portanto, um importante complemento às demonstrações financeiras, permitindo o fornecimento de dados e informações adicionais, úteis nos processos de tomada de decisões.

Os administradores das Companhias abertas também devem comunicar às Bolsas de Valores e divulgar à Imprensa qualquer deliberação da assembleia geral os dos órgãos de administração da companhia, ou qualquer outro fato relevante ocorrido em seus negócios. Ou seja, devem ser divulgados para o mercado quaisquer fatos relevantes ocorridos nos negócios da empresa e que possam influir de modo considerável na decisão dos investidores e nas atitudes de compra ou venda dos papéis da empresa negociados no mercado.

NOTAS EXPLICATIVAS. As demonstrações devem ser complementadas por notas explicativas e outros quadros analíticos com demonstrações contábeis necessários para esclarecimento da situação patrimonial e dos resultados do exercício. Devem apresentar informações sobre a base de preparação das demonstrações financeiras e das práticas contábeis específicas selecionadas e aplicadas para negócios e eventos significativos; divulgar as informações exigidas pelas práticas contábeis adotadas no Brasil que não estejam apresentadas em nenhuma outra parte das demonstrações financeiras; fornecer informações adicionais não indicadas nas próprias demonstrações financeiras e consideradas necessárias para uma apresentação adequada; e indicar: (a) os principais critérios de avaliação dos elementos patrimoniais, especialmente estoques, dos cálculos de depreciação, amortização e exaustão, de constituição de provisões para encargos ou riscos, e dos ajustes para atender a perdas prováveis na realização de elementos do ativo; (b) os investimentos em outras sociedades, quando relevantes; (c) o aumento de valor de elementos do ativo resultante de novas avaliações; (d) os ônus reais constituídos sobre elementos do ativo, as garantias prestadas a terceiros e outras responsabilidades eventuais ou contingentes; (e) a taxa de juros, as datas de vencimento e as garantias das obrigações a longo prazo; (f) o número, espécies e classes das ações do capital social; (g) as opções de compra de ações outorgadas e exercidas no exercício; (h) os ajustes de exercícios anteriores; e (i) os eventos subsequentes à data de encerramento do exercício que tenham, ou possam vir a ter, efeito relevante sobre a situação financeira e os resultados futuros da companhia.

PARECER DOS AUDITORES. O parecer dos auditores consiste em tentativa de assegurar a fidedignidade das demonstrações financeiras. Deve ser emitido por auditor externo, sem vínculos com a entidade e portador de total independência para a manifestação da opinião. O auditor deve expressar o fato de ter feito o exame nas Demonstrações Financeiras de acordo com os princípios de auditoria geralmente aceitos, emitindo opinião sobre o fato de as demonstrações estarem representando adequadamente a situação patrimonial e a posição financeira da empresa na data do exame. O parecer também deve informar se os demais relatórios foram elaborados segundo os Princípios Fundamentais da Contabilidade e se há uniformidade em relação ao exercício anterior.

Novas demonstrações contábeis

Na tentativa de informar melhor aos diferentes públicos com interesses na entidade (sócios, clientes, fornecedores, empregados, governo), muitas empresas têm optado pela divulgação de dois novos demonstrativos contábeis: o Balanço Social ou Demonstração do Valor Adicionado. Já existem no Brasil alguns projetos de lei em trâmite no Congresso Nacional com o objetivo de tornar obrigatória a publicação desses demonstrativos.

BALANÇO SOCIAL. O principal objetivo do Balanço Social, também apresentado como Demonstração de Valor Adicionado, consiste em demonstrar as relações da entidade com o bem-estar da comunidade em que está inserida, divulgando informações relacionadas com:

a) relações de trabalho dentro da empresa: descrição da quantidade, sexo e escolaridade dos funcionários, recolhimento de encargos sociais, gastos com alimentação, educação e saúde dos trabalhadores, recolhimentos a fundos de previdência privada etc.;

b) tributos pagos: volume de impostos e contribuições recolhidas;

c) investimentos para a comunidade: gastos com atividades culturais, esportivas, aplicações em habitação, saúde pública, saneamento, assistência social e outros;

d) investimentos no meio ambiente: gastos com atividades preventivas à poluição e melhoria da qualidade de vida;

e) outros gastos relacionados à comunidade.

Alguns países europeus já tornaram obrigatória a publicação do Balanço Social. No Brasil, projeto de lei em trâmite no Congresso Nacional pretende tornar esse demonstrativo obrigatório para empresas com mais de 100 funcionários.

ENTENDENDO O BALANÇO SOCIAL

O balanço social é uma demonstração publicada anualmente pela empresa reunindo um conjunto de informações sobre os projetos, benefícios e ações sociais dirigidas aos empregados, investidores, analistas de mercado, acionistas e à comunidade. É também um instrumento estratégico para avaliar e multiplicar o exercício da responsabilidade social corporativa.

No balanço social, a empresa mostra o que faz por seus profissionais, dependentes, colaboradores e comunidade, dando transparência às atividades que buscam melhorar a qualidade de vida para todos. Ou seja, sua função principal é tornar pública a responsabilidade social empresarial, construindo maiores vínculos entre a empresa, a sociedade e o meio ambiente.

O balanço social é uma ferramenta que, quando construída por múltiplos profissionais, tem a capacidade de explicitar e medir a preocupação da empresa com as pessoas e a vida no planeta.

DEMONSTRAÇÃO DE VALOR ADICIONADO. Geralmente, o Balanço Social inclui a Demonstração de Valor Adicionado ou Valor Agregado da empresa, que tem o objetivo de evidenciar para quem e de que forma as rendas geradas pela entidade foram distribuídas. O Valor Adicionado representa o conjunto das receitas líquidas subtraído das compras de bens e serviços. A diferença representa o montante de recursos que a entidade gerou com o objetivo de remunerar salários, juros, impostos e reinvestimentos no negócio.

Um exemplo ilustrativo de Demonstração de Valor Adicionado pode ser visto na Figura 1.10.

	Ano 1	Ano 2
Receitas	8.136.352	8.439.424
– Riquezas geradas pelas operações	7.816.396	8.232.688
• Vendas de produtos, mercadorias e serviços	7.816.396	8.232.688
– Riquezas geradas por terceiros	319.956	206.736
• Outros resultados operacionais	58.877	(6.643)
• Receitas financeiras	250.053	361.165
• Resultado de participações societárias	21.037	(148.776)
• Outros resultados não operacionais	(10.011)	990
Matérias-primas adquiridas de terceiros	(3.706.036)	(4.046.583)
Serviços de terceiros	(1.520.476)	(1.429.735)
Valor adicionado para distribuição	2.909.840	2.963.106
Distribuição do valor adicionado:		
– Recursos humanos	1.084.173	994.309
– Remuneração do capital de terceiros	154.143	91.445
– Governo	1.016.230	1.022.339
– Acionistas (Dividendos)	118.920	201.359
– Retenção	536.374	653.654
• Depreciação/Amortização/Exaustão	266.332	194.659
• Retenção de lucros	256.562	454.761
• Outros	13.480	4.234

Figura 1.10   *Exemplo de Demonstração de Valor Adicionado.*

Transações, registros e demonstrações

Todo registro das alterações do patrimônio da empresa é feito com base nas contas contábeis, que correspondem a representação gráfica que identifica os elementos patrimoniais. São *rótulos* que identificam elementos de mesma natureza, e podem ser de dois tipos principais:

a) patrimoniais: são as contas que representam o estoque de bens, direitos e obrigações, cujos saldos **não** são encerrados (zerados) ao final de cada período de apuração; tais contas são registradas no Balanço Patrimonial. São apresentadas conforme os grupos Ativo, Passivo e Patrimônio Líquido;

b) de resultado: são as contas que representam o fluxo de receitas e despesas, cujos saldos são encerrados (zerados) ao final de cada período de apuração; tais contas são registradas no Demonstrativo do Resultado do Exercício (DRE). São apresentadas conforme os grupos Receitas, Deduções, Custos e Despesas, apresentados na Figura 1.11.

Contas contábeis	Patrimoniais	Ativo
		Passivo
		Patrimônio Líquido
	De Resultado	Receitas
		Deduções
		Custos
		Despesas

Figura 1.11 *Principais grupos de contas contábeis.*

O conjunto de contas de uma empresa é apresentado por meio de um plano de contas, que apresenta todas as contas, agrupadas em contas patrimoniais e de resultado. As contas patrimoniais são subagrupadas em contas de ativo – com bens e direitos, contas de passivo – com as obrigações, e contas de patrimônio líquido – com o registro dos recursos dos sócios.

A IMPORTÂNCIA DO PLANO DE CONTAS

As demonstrações contábeis decorrem dos sucessivos registros de transações individuais, feitas com base nas diferentes contas elencadas. O processo de registro de cada conta individual demanda a existência de adequado plano de contas, que relacione de forma objetiva e facilitadora as origens e os destinos de recursos.

O primeiro grupo de contas corresponde a contas patrimoniais, presentes no mais fundamental dos relatórios contábeis, que é o balanço patrimonial. Um exemplo sintético de plano com contas patrimoniais está apresentado na Figura 1.12.

1. Balanço patrimonial
1.1. Ativos
1.1.1. Caixa e bancos
1.1.2. Contas a receber
1.1.3. Estoques
1.1.4. Imóvel
1.1.5. Depreciação acumulada de imóveis
1.2. Passivos
1.2.1. Fornecedores
1.2.2. Contas a pagar
1.3. PL
1.3.1. Capital
1.3.2. Resultado acumulado

Figura 1.12 *Plano de contas simplificado (contas patrimoniais).*

Os principais mecanismos de registro contábil envolvem a determinação da conta de origem e da conta de destino para cada transação registrada. Este é o princípio básico do método das partidas dobradas. Por esse método, todo o investimento feito deve ser apresentado com o seu respectivo financiamento e vice-versa.

A consolidação dos sucessivos lançamentos registrados com o apoio do método das partidas dobradas permite apresentar os principais relatórios contábeis, como o balanço patrimonial e a demonstração do resultado do exercício.

A DOR DE CABEÇA DE UMA CLASSIFICAÇÃO MALFEITA

O uso correto dos planos de contas e dos lançamentos contábeis é fundamental para a confiabilidade das informações futuramente apresentadas nas demonstrações contábeis. Falhas podem levar a interpretações equivocadas.

No início dos anos 2000, os mercados ficaram assustados por uma série de escândalos contábeis, que revelaram fraudes propositais no registro das transações de algumas empresas, a exemplo da World Com, caracterizada por um crescimento explosivo ao longo dos anos 90 nos Estados Unidos.

A World Com surgiu como uma modesta operadora de telefonia do Mississipi em 1983. Praticamente do nada, a empresa evoluiu com uma velocidade crescente e impressionante. Em apenas 14 anos adquiriu mais de 70 empresas e se tornou a segunda maior companhia de telefonia a distância dos EUA, com uma carteira de 25 milhões de clientes e faturamento de US$ 35 bilhões.

Em 2002 o seu crescimento foi interrompido. A descoberta de um rombo de dimensões bilionárias colocou a empresa no meio de uma enorme crise financeira. Após investigação, a companhia admitiu, em comunicado à SEC, órgão regulador do mercado de capitais americano, que os balanços de 2001 e do primeiro trimestre de 2002 sofreram falcatruas da ordem de quase US$ 4 bilhões de dólares, recursos que deveriam ter sido classificados como despesas, mas propositalmente foram contabilizados na conta de investimentos. A fraude contábil havia sido responsável por transformar um eminente prejuízo em um lucro expressivo de US$ 1,5 bilhão em 2001.

Para ilustrar o uso do método das partidas dobradas, considere o exemplo da Comercial de Bugigangas, apresentado a seguir.

No seu momento inicial a empresa registrou três fatos contábeis relevantes:

(a) Criação da empresa com $ 50.000,00 integralizado e subscrito em dinheiro.

De acordo com o método das partidas dobradas, somos obrigados a registrar para cada fato a sua origem e o seu destino. A contabilidade costuma apresentar a origem do recurso por meio da palavra crédito e o destino por meio da palavra débito.

> **CUIDADO COM CRÉDITOS E DÉBITOS**
>
> Tradicionalmente, a contabilidade se vale da mecânica de registro própria, apresentada por meio dos livros diário e razão. O livro diário, como o nome revela, registra as transações em uma sequência cronológica. No livro razão, as movimentações das diferentes contas são feitas com o uso de razonetes ou contas em forma de tê, ou contas tê, simplesmente. O princípio do registro é simples. Deve-se sempre indicar a origem e o destino da transação. Veja os exemplos apresentados a seguir.

O dinheiro obtido por meio do capital ingressou na empresa sob a forma de dinheiro ou caixa. Assim, em relação ao fato (a), poderíamos executar os seguintes registros:

Destino ou débito: Caixa e bancos $ 50.000,00
Origem ou crédito: Capital $ 50.000,00

No processo de registro, a contabilidade se vale de dois livros principais. No livro Diário, são registrados todos os eventos, com os seus respectivos débitos e créditos em ordem cronológica. No livro Razão, são registradas as operações em cada conta específica, separando-se débitos e créditos.

> **PARA AUMENTAR O CONHECIMENTO...**
>
> CONTABILIDADE EMPRESARIAL (A): Com Aplicações na HP 12C e Excel – v. 3 (Série Desvendando as Finanças). Adriano Leal Bruni e Rubens Famá.
>
> O correto uso da terminologia dos gastos requer o domínio de conceitos fundamentais da Contabilidade. O livro *A Contabilidade Empresarial* auxilia neste processo, trazendo o processo de registro e análise das informações contábeis. Para saber mais sobre o livro, visite <www.MinhasAulas.com.br>.

Para explicar a mecânica dos registros contábeis, muitos livros exploram os razonetes ou "contas tê" que correspondem aos registros individualizados de cada conta no livro Razão. Porém, uma forma mais simples de explicar o processo de registro e a apresentação dos relatórios contábeis quando apenas poucas contas e registros estão presentes pode ser feito por meio de tabela.

Uma forma lúdica de apresentar a mecânica do registro contábil pode ser feita com o auxílio da Figura 1.13. A primeira coluna apresenta o plano de contas, utilizado para os registros. As colunas seguintes apresentam cada uma das transações.

Assim, a transação (a) da Comercial de Bugigangas poderia ser registrada conforme indica a Figura 1.13. A seta ilustra o sentido origem -> destino dos recursos, ou o crédito e débito respectivamente.

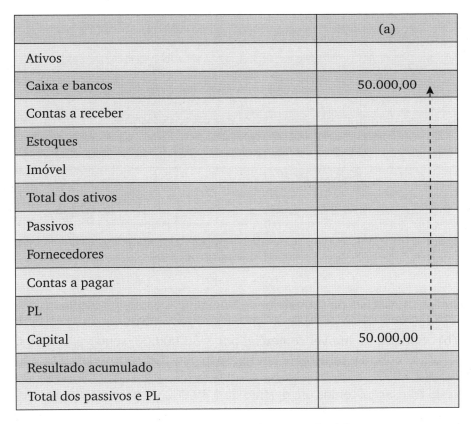

Figura 1.13 *Registro da transação (a)*.

Caso desejássemos conferir a transação (a), poderíamos obter o total de ativos e passivos com PL, conforme apresentam os números em itálico na Figura 1.14.

	(a)
Ativos	
Caixa e bancos	50.000,00
Contas a receber	
Estoques	
Imóvel	
Total dos ativos	*50.000,00*
Passivos	
Fornecedores	
Contas a pagar	
PL	
Capital	50.000,00
Resultado acumulado	
Total dos passivos e PL	*50.000,00*

Figura 1.14   *Conferindo os saldos da transação (a) mediante o cálculo do total de ativos e passivos.*

Outras transações da Comercial de Bugigangas estão apresentadas a seguir.

(b) Compra de imóvel comercial por $ 80.000,00, sendo $ 10.000,00 pagos a vista e o restante em sete parcelas mensais, iguais e sem juros.

Nesta transação, temos um destino de $ 80.000,00 para a conta Imóvel, com origens de $ 10.000,00 saídos do Caixa e bancos e outros $ 70.000,00 saídos da rubrica Contas a Pagar. É comum a contabilidade usar a denominação Fornecedores para os valores devidos em decorrência da compra de mercadorias para revenda ou insumos produtivos. Outros valores devidos costumam ser registrados na rubrica Contas a pagar, eventualmente apresentada também como Outras contas a pagar. Os débitos e créditos podem ser apresentados. Note que existe uma conta de débito e duas contas de crédito.

Destino ou débito:	Imóvel	$ 80.000,00
Origem ou crédito:	Caixa e bancos	$ 10.000,00
	Contas a pagar	$ 70.000,00

(c) Compra de mercadorias para revenda no valor de $ 40.000,00, sendo $ 20.000,00 pagos a vista, $ 15.000,00 em 30 dias e $ 5.000,00 em 60 dias.

Neste caso, tem-se o destino de $ 40.000,00 para a conta Estoque, tendo como origem os $ 20.000,00 saídos do Caixa e bancos e os outros $ 20.000,00 saídos de fornecedores. Mais uma vez existe uma conta de débito e duas contas de crédito. Os mecanismos de crédito e débito seriam:[4]

Destino ou débito:	Estoque	$ 40.000,00
Origem ou crédito:	Caixa e bancos	$ 20.000,00
	Fornecedores	$ 20.000,00

Os registros das transações (a), (b) e (c) podem ser vistos na Figura 1.15. Os números em itálico foram apresentados para permitir uma conferência de cada uma das transações.

Para cada uma das transações registradas, note que o total do ativo tem que ser igual ao total do passivo e PL. Esse é um requisito primordial no registro com base no método das partidas dobradas. Débitos devem ser sempre iguais a créditos, destinos iguais a origens, ativos iguais a passivos e investimentos iguais a financiamentos.

A última coluna da Figura 1.15 apresenta o saldo final de cada conta, correspondente à soma dos registros de cada conta e associados às transações (a), (b) e (c). O saldo corresponde aos números do balanço patrimonial – primeiro e mais básico relatório contábil, que apresenta o patrimônio da entidade segregado entre bens e direitos, obrigações e patrimônio líquido.

---

[4] O objetivo deste capítulo consiste em fornecer uma visão geral do processo de registro contábil. Os passos aqui apresentados estão simplificados. O procedimento preciso envolveria mais passos de registro, o que dificultaria o aprendizado inicial aqui proposto. Para aprender mais sobre as mecânicas de registro, consulte meu outro livro, *A Contabilidade Empresarial*, publicado pela Editora Atlas, em coautoria com o Prof. Rubens Famá.

30   A Análise Contábil e Financeira • Bruni

	(a)	(b)	(c)	Saldo
Ativos				
Caixa e bancos	50.000,00	(10.000,00)	(20.000,00)	20.000,00
Contas a receber				
Estoques			40.000,00	40.000,00
Imóvel		80.000,00		80.000,00
Total dos ativos	50.000,00	70.000,00	20.000,00	140.000,00
Passivos				
Fornecedores			20.000,00	20.000,00
Contas a pagar		70.000,00		70.000,00
PL				
Capital	50.000,00			50.000,00
Resultado acumulado				–
Total dos passivos e PL	50.000,00	70.000,00	20.000,00	140.000,00

Figura 1.15   *Registro das transações (a), (b) e (c).*

Um exemplo de Balanço Patrimonial está apresentado na Figura 1.16.

Ativos		Passivos	
Caixa e bancos	20.000,00	Fornecedores	20.000,00
Contas a receber	–	Contas a pagar	70.000,00
Estoques	40.000,00	PL	
Imóvel	80.000,00	Capital	50.000,00
		Resultado acumulado	–
Total dos ativos	140.000,00	Total dos passivos e PL	140.000,00

Figura 1.16   *Balanço patrimonial da Comercial de Bugigangas.*

Quando consideramos as operações da empresa, torna-se necessário usar contas de resultado, considerando receitas e consumos ou despesas. O plano de contas precisa apresentar as contas de resultado, também. Veja a Figura 1.17.

| 1. Contas patrimoniais |
| 1.1. Ativos |
| 1.1.1. Caixa e bancos |
| 1.1.2. Clientes |
| 1.1.3. Estoques |
| 1.1.4. Imóvel |
| 1.1.5. Depreciação acumulada de imóveis |
| 1.2. Passivos |
| 1.2.1. Fornecedores |
| 1.2.2. Contas a pagar |
| 1.3. PL |
| 1.3.1. Capital |
| 1.3.2. Resultado acumulado |
| 2. Contas de resultado |
| 2.1. Receitas |
| 2.2. Custo das mercadorias vendidas |
| 2.3. Despesas |

Figura 1.17   *Plano de contas simplificado (contas patrimoniais).*

Empregando as contas de resultado, poderíamos continuar o registro dos fatos da Comercial de Bugigangas. Analise as três transações apresentadas a seguir.

(d) Vendeu por $ 90.000,00 mercadorias que custaram $ 30.000,00. A venda foi feita com 50% a vista e 50% para 30 dias.

(e) Reconheceu e pagou despesas com salários de funcionários comerciais no valor de $ 24.000,00.

(f) Reconheceu a despesa com depreciação do imóvel no valor de $ 4.000,00.

Nas transações (d), (e) e (f) é preciso usar as contas de resultado para fazer o registro. Em cada uma é preciso reconhecer o débito e o crédito.

Na letra (d) ocorreu uma operação de venda. Nesta operação, duas transações duplas devem ser registradas, conforme apresenta a Figura 1.18. A linha vertical pontilhada separa os números da loja – representados no seu balanço patrimonial por meio das contas Caixa e Estoque, dos números do exterior, registrados na DRE por meio das contas Receita e CMV.

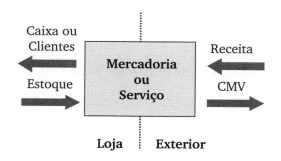

Figura 1.18   Duas transações duplas em uma operação de venda.

Na primeira transação dupla, representada por meio das setas superiores da Figura 1.18, é preciso reconhecer a obtenção da receita, naturalmente obtida fora da loja. Como uma parte das vendas foi recebida a vista e a outra parte a prazo, ao ingressar na Loja os recursos destinam-se à conta Caixa e à conta Clientes. Assim, na primeira parte da letra (d) precisamos registrar:

Destino ou débito:	Caixa e bancos	$ 45.000,00
	Clientes	$ 45.000,00
Origem ou crédito:	Receita	$ 90.000,00

A segunda transação dupla está representada por meio das setas inferiores da Figura 1.18. É preciso reconhecer a entrega de parte dos estoques da empresa no valor de $ 30 mil sob a forma de CMV. Na segunda parte da letra (d) precisamos registrar:

Destino ou débito: CMV $ 30.000,00
Origem ou crédito: Estoques $ 30.000,00

Como vendemos por $ 90 mil mercadorias que custaram $ 30 mil, é preciso entender que a operação nos deu um lucro bruto de $ 60 mil. Este lucro precisará ser reconhecido.

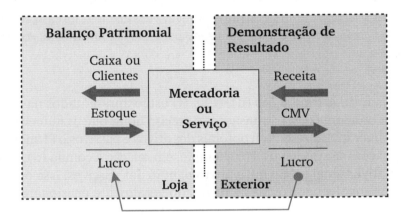

Figura 1.19   *Relacionando a DRE com o Balanço Patrimonial.*

O lucro bruto permitiria ajustar as diferenças das movimentações ocorridas entre contas de resultado (do exterior, no caso Receita e CMV) e contas patrimoniais (Caixa, Clientes e Estoque). Permitiria ajustar os "vasos comunicantes" Balanço Patrimonial e Demonstração de Resultado, conforme apresenta a Figura 1.19.

Registrando as outras transações, precisamos ajustar a letra (e), reconhecendo e pagando despesas com salários de funcionários comerciais no valor de $ 24 mil.

Destino ou débito: Despesas $ 24.000,00
Origem ou crédito: Caixa e bancos $ 24.000,00

Também precisamos registrar a letra (f), reconhecendo a despesa com depreciação do imóvel no valor de $ 4 mil.

Destino ou débito: Despesas $ 4.000,00
Origem ou crédito: Depreciação acumulada de imóveis $ 4.000,00

SEPARANDO CUSTOS E DESPESAS NA DRE

A Demonstração de Resultado do Exercício apresenta o resultado decorrente do confronto das receitas brutas de vendas, subtraídas das deduções, custos, despesas e imposto de renda. O que sobra corresponde ao lucro ou resultado do período ou exercício. Se faltarem recursos, constatamos o prejuízo do período ou exercício.

Um ponto importante na apresentação dos números refere-se à distinção entre custos (mercadorias retiradas do estoque e entregues aos clientes, no caso de empresas mercantis) e despesas (gastos temporais, de natureza administrativa, comercial ou financeira).

Os registros das transações (d), (e) e (f) estão apresentados na Figura 1.20. Em relação a cada uma destas transações é preciso notar que os números em itálico em cada coluna e que apresentam os totais dos ativos e passivos e PL movimentados com as transações são desiguais. Por exemplo, em relação à coluna (d), percebemos um total de ativos igual a $ 60 mil e um total nulo dos passivos. Isso ocorre devido às transações envolvendo contas de resultado geralmente ocasionarem lucros ou prejuízos. Assim, temporariamente, totais de ativos e passivos (com PL) deixarão de ser momentaneamente iguais. Para ajustá-los, é preciso apurar o resultado do exercício, como apresentado a seguir.

A análise do saldo parcial da Figura 1.20 indica uma soma de ativos igual a $ 172 mil, enquanto a soma de Passivos e PL seria igual a $ 140 mil. A explicação, ou seja, a diferença, pode ser vista no resultado do exercício, igual a $ 32 mil. Assim, precisamos encerrar as contas de resultado, transferindo o saldo destas contas, o resultado, lucro ou prejuízo precisa ser transferido para o Balanço Patrimonial.

A apuração do resultado corresponde ao confronto entre as contas de receita e despesa geradas (somente entre as contas de resultado) em determinado período. O resultado, lucro ou prejuízo, apurado na DRE, é transferido para o Patrimônio Líquido (PL) no Balanço Patrimonial. A DRE está intimamente ligada ao Balanço por meio do PL.

	Saldo Inicial	(d)	(e)	(f)	Saldo Parcial
BP					
Ativos					
Caixa e bancos	20.000,00	45.000,00	(24.000,00)		41.000,00
Contas a receber		45.000,00			45.000,00
Estoques	40.000,00	(30.000,00)			10.000,00
Imóvel	80.000,00				80.000,00
(–) Deprec. acum. imóveis				(4.000,00)	(4.000,00)
Total dos ativos	*140.000,00*	*60.000,00*	*(24.000,00)*	*(4.000,00)*	*172.000,00*
Passivos					
Fornecedores	20.000,00				20.000,00
Contas a pagar	70.000,00				70.000,00
PL					
Capital	50.000,00				50.000,00
Resultado acumulado	–				–
Total dos passivos e PL	*140.000,00*	*–*	*–*	*–*	*140.000,00*
DRE					
Receitas		90.000,00			90.000,00
(–) Custos de mercadorias vendidas		(30.000,00)			(30.000,00)
(–) Despesas			(24.000,00)	(4.000,00)	(28.000,00)
(=) Resultado	–				32.000,00

Figura 1.20   *Transações com contas de resultados.*

	Saldo Inicial	(d)	(e)	(f)	Saldo Parcial	(ARE)	Saldo Final
BP							
Ativos							
Caixa e bancos	20.000,00	45.000,00	(24.000,00)		41.000,00		41.000,00
Contas a receber		45.000,00			45.000,00		45.000,00
Estoques	40.000,00	(30.000,00)			10.000,00		10.000,00
Imóvel	80.000,00				80.000,00		80.000,00
(–) Deprec. acum. imóveis				(4.000,00)	(4.000,00)		(4.000,00)
Total dos ativos	140.000,00	60.000,00	(24.000,00)	(4.000,00)	172.000,00	–	172.000,00
Passivos							
Fornecedores	20.000,00				20.000,00		20.000,00
Contas a pagar	70.000,00				70.000,00		70.000,00
PL							
Capital	50.000,00				50.000,00		50.000,00
Resultado acumulado	–				–	32.000,00	32.000,00
Total dos passivos e PL	140.000,00	–	–	–	140.000,00	32.000,00	172.000,00
DRE							
Receitas		90.000,00			90.000,00	(90.000,00)	
(–) Custos de mercadorias vendidas		(30.000,00)			(30.000,00)	30.000,00	
(–) Despesas			(24.000,00)	(4.000,00)	(28.000,00)	28.000,00	
(=) Resultado	–					(32.000,00) +32.000,00	

Após a apuração do resultado do exercício (ARE) todos os saldos das contas de resultado são zerados

Figura 1.21   *Apuração do resultado.*

O encerramento das contas da DRE e sua posterior transferência para o PL são feitos por meio da Apuração do Resultado do Exercício (ARE), que transfere o saldo (resultado, lucro ou prejuízo) das contas de resultado para o patrimônio líquido no Balanço Patrimonial, conforme apresenta a penúltima coluna da Figura 1.21.

Para construir a ARE, é preciso anular o saldo de cada uma das contas de resultado, conforme apresenta a Figura 1.22.

	Saldo Parcial	(ARE)
Receitas	90.000,00	(90.000,00)
(–) Custos de mercadorias vendidas	(30.000,00)	30.000,00
(–) Despesas	(28.000,00)	28.000,00

Figura 1.22 *Anulando os saldos das contas de resultado.*

Após cada um dos saldos de cada uma das contas de resultado ter sido anulado, é preciso obter a soma da coluna da ARE, conforme apresenta a Figura 1.23.

	Saldo Parcial	(ARE)
Receitas	90.000,00	(90.000,00)
(–) Custos de mercadorias vendidas	(30.000,00)	30.000,00
(–) Despesas	(28.000,00)	28.000,00
(=) Resultado		(32.000,00)

Figura 1.23 *Calculando o saldo da ARE.*

O valor obtido, no caso igual a $ 32 mil negativos, é preciso, então, ser transferido para a conta de resultados acumulados. Para isso, devemos somar $ 32 mil ao valor da ARE anulando o seu saldo, conforme apresenta a Figura 1.24. Valor a transferir da ARE para o BP.

(=) Resultado	Saldo da ARE: (32.000,00)
	Valor a transferir: +32.000,00

Figura 1.24 *Valor a transferir da ARE para o BP.*

O valor somado deve então ser transferido para a conta de resultados acumulados no Balanço, conforme apresenta a Figura 1.25.

	Saldo Parcial	(ARE)
PL		
Capital	50.000,00	
Resultado acumulado	–	32.000,00
Total dos passivos e PL	140.000,00	32.000,00
DRE		
Receitas	90.000,00	(90.000,00)
(–) Custos de mercadorias vendidas	(30.000,00)	30.000,00
(–) Despesas	(28.000,00)	28.000,00
(=) Resultado		(32.000,00)
		32.000,00

Figura 1.25 *Transferindo o resultado da DRE para o BP.*

Com o registro do resultado ($ 32 mil) no patrimônio líquido, o total de passivos e PL torna-se igual ao total dos ativos, no caso $ 172 mil.

> ## UMA REPRESENTAÇÃO DIDÁTICA SIMPLIFICADA
>
> As preocupações didáticas inerentes à construção deste livro motivaram as simplificações apresentadas neste capítulo, como a apresentada para o registro das transações e a apuração do resultado do exercício. O foco deste livro está na análise das demonstrações contábeis. O entendimento do processo dos sucessivos registros e da formação das demonstrações é fundamental para a compreenssão destes efeitos sobre os diversos índices discutidos posteriormente neste livro. Porém, com o objetivo de facilitar a compreensão dos movimentos de origens e destinos de recursos, diversos ritos contábeis foram abreviados e simplificados. Caso deseje entender o processo de registro com um nível maior de profundidade, sugiro consultar o livro *A Contabilidade Empresarial*, publicado pela Editora Atlas.

Exercícios propostos

1. A Cia. do Abacaxi Azedo apresenta as informações a seguir.

    Parte I. A empresa precisa classificar as contas patrimoniais ou de resultado apresentadas a seguir. Indique a opção que melhor apresenta a classificação desta conta. Considere as opções: (a) Ativo, (b) Passivo (obrigação), (c) Patrimônio líquido, (d) Receita, (e) Custo ou despesa.

    a) Dinheiro mantido no caixa da empresa.

    b) Juros pagos a financiadores.

    c) Títulos a receber decorrentes de vendas a prazo.

    d) Aplicações financeiras.

    e) Capital inicialmente investido pelos sócios.

    f) Títulos a pagar a fornecedores.

    g) Imposto a recuperar.

    h) Marcas e patentes adquiridas.

    i) Encargos trabalhistas a pagar.

    j) Férias a pagar.

    k) Matéria-prima consumida em produtos vendidos.

    l) Vendas efetuadas.

m) Lucro do exercício.

n) Contas a receber.

o) Gastos com desenvolvimento de novos mercados que gerarão vendas em futuro longínquo.

p) Gastos mensais com campanhas publicitárias para manter elevadas as vendas passadas.

q) Pagamento da segunda parcela de um total de 10 do prêmio do contrato de seguro da empresa para o ano que vem.

r) Créditos de impostos a recuperar no próximo exercício.

s) Crédito (ou origem) de dinheiro em espécie recebido de vendas futuras.

t) Débito (ou destino) de valor pago referente ao contrato de seguro das instalações da empresa pelos próximos dois anos.

u) Crédito (ou origem) de depreciação do veículo comercial da empresa.

v) Débito (ou destino) de depreciação do veículo comercial da empresa.

Parte II. Ainda em relação à Cia. do Abacaxi Azedo S. A., para cada uma das transações a seguir, identifique contas e valores de débitos (D) e créditos (C).

a) Compra de mercadorias no valor de $ 60 mil, sendo 20% pagos a vista e o restante após 60 dias.

b) Venda de terreno por $ 800 mil, sendo $ 100 mil a vista e, do restante, 40% seriam recebidos até o final do exercício social correspondente ao ano seguinte. Os 60% restantes seriam recebidos apenas após o final do exercício social do ano seguinte.

c) Provisão para devedores duvidosos no valor de $ 60 mil.

d) Reconhecimento de depreciação de equipamento comercial no valor de $ 30 mil.

e) Venda de mercadorias no valor de $ 400 mil, sendo 20% do valor recebido a vista e o restante em 30 dias. O custo de aquisição dessas mercadorias correspondeu a 30% do seu valor de venda.

f) Desconto de duplicatas no valor nominal de $ 80 mil por $ 76 mil. Os juros associados ao desconto são despesas financeiras do próprio mês.

2. A Cia. Sossega Leão, no início de novembro do ano passado, pagou $ 24 mil referentes ao seguro das suas lojas pelo prazo de 12 meses seguintes. Pede-se: (a) Na data, qual a classificação patrimonial do gasto? (b) No DRE apresentado ao final do ano passado, qual o valor do gasto apresentado como custo? (c)

No DRE apresentado ao final do ano passado, qual o valor do gasto apresentado como despesa? (d) No BP de dezembro, qual o gasto apresentado como ativo? (e) No BP de dezembro, qual o gasto apresentado como passivo?

3. A Ribalta Comercial de Tamancos Ltda. apurou seus haveres e deveres no final do ano passado; a empresa obteve os números apresentados a seguir. Sabendo que o valor do capital inicialmente colocado pelos sócios precisa ser calculado, construa o balanço patrimonial da empresa.

Parte I. Calcule os valores de: (a) AC, (b) ANC, (c) PC, (d) PNC, (e) PL. Todos os valores da tabela estão apresentados em $ mil.

(−) Depreciação acumulada de veículos	− 25	Financiamento (a pagar daqui a 5 anos)	12
Contas a receber	14	Contas a pagar (em até 12 meses)	6
Veículos	50	(−) Provisão para devedores duvidosos	− 3
Aplicação financeira (resgatável em 4 anos)	6	Fornecedores	9
Estoques	10	Capital	?
Contas a pagar (em 36 meses)	8	Caixa	8

Parte II. No mês passado, a empresa registrou os seguintes fatos: vendeu 500 pares por $ 80,00 cada; cada par foi comprado por $ 42,00 cada; gastos com aluguel da loja, salários de funcionários e outras despesas administrativas e comerciais alcançaram $ 8.000,00 (este valor inclui $ 500,00 de depreciação); comissões sobre vendas brutas foram iguais a 3%; impostos sobre vendas brutas incidiram com percentual igual a 8%; a empresa pagou IR sobre lucro real com alíquota de 15%. Usando as informações apresentadas, construa a DRE da empresa. Calcule: (f) Receita bruta, (g) Deduções, (h) Receita líquida, (i) CMV, (j) Lair, (k) LL.

4. Analise as informações apresentadas a seguir, que trazem dados das Indústrias Gamboa S. A. Todos os valores da tabela estão apresentados em $ mil. Pede-se construir o balanço patrimonial da empresa, calculando os valores de: (a) AC, (b) ANC, (c) PC, (d) PNC, (e) PL.

Fornecedores	60	Empréstimos (LP)	180
Investimentos	80	Patentes compradas	60
Outros AC	20	Clientes	220
Caixa e bancos	50	Financiamentos (CP)	120
Imóveis	260	Empréstimos (CP)	80
Estoques	90	Aplicações financeiras (LP)	190
(–) Duplicatas descontadas	– 50	Financiamentos (LP)	170
Capital	350	Aplicações financeiras (CP)	80
Outras obrigações (CP)	40		

Sabendo que as vendas brutas no mês passado foram iguais a $ 400 mil; os custos variáveis de produção foram iguais a 30% das receitas brutas; despesas administrativas, comerciais e financeiras alcançaram $ 160 mil; impostos sobre vendas incidiram com percentual igual a 12%; a empresa pagou imposto de renda e contribuição social sobre lucro real com alíquota de 34%. Pede-se construir o DRE da empresa, calculando: (f) Receita bruta, (g) Deduções, (h) Receita líquida, (i) CMV, (j) Lair, (k) LL.

5. No final do ano passado, a Onomatopeia Roupas Infantis Ltda. assinou contrato para vendas futuras no valor de $ 900 mil para uma grande rede de lojas de departamentos. Recebeu $ 200 mil a vista e o restante seria recebido no ano seguinte. Sabe-se que a margem de lucro líquida da empresa é de 20% sobre as vendas. Do volume planejado de vendas, a empresa entregou 60% no ano passado e entregaria o restante no ano seguinte. A empresa não mantém estoques e as mercadorias são compradas por 50% do valor das vendas, com pagamento a vista. Pede-se: (a) Considerando a competência dos exercícios, qual o lucro líquido no ano passado com a venda? (b) Qual a valor das vendas remanescentes a serem feitas no próximo ano?

6. Calcule o lucro de cada uma das empresas apresentadas a seguir.
    a) Trembelique S. A. comprou 70 unidades de Trembeleques por $ 5,00 cada, pagou 30% a vista. Vendeu 40 unidades, no valor total de $ 360,00, recebeu $ 200,00 no ato. Recolheu impostos sobre vendas

iguais a 20%. Teve despesas no valor de $ 30,00. Pagou impostos sobre lucro real igual a 30%.

b)   Furdunço Banca de Revistas Ltda. comprou 120 revistas para revender. Pratica um preço médio igual a $ 15,00 por revista. Na compra recebeu um desconto igual a 40% do preço médio de venda. Teve despesas na semana iguais a $ 200,00. Vendeu 70 revistas. Todos os seus impostos incidem sobre as vendas, com percentual igual a 10%.

c)   Cia. Solucionática S. A., após ter sido criada com um capital de $ 1.000,00, integralizado e subscrito em dinheiro, registrou as seguintes operações no seu primeiro mês de funcionamento: compra de mercadorias por $ 800,00, sendo 20% do valor pago a vista, 50% em 30 dias e o restante em 60 dias; venda por $ 700,00 de parte do estoque, com custo de aquisição igual a $ 500,00, sendo que 60% da receita foi recebida a vista e o restante em 30 dias. A empresa paga impostos sobre vendas iguais a 10%, apresentou despesas iguais a $ 100,00 e paga imposto de renda sobre o lucro operacional real igual a 20%.

7.   A Loja dos Sapatos Pise Bem Macio Ltda. comercializa pares de sapatos de diferentes tipos. Os pares de sapatos são comprados com um desconto igual a 20% sobre o preço de venda, em média igual a $ 120,00. A empresa opera 26 dias no mês, vendendo 200 unidades, em média, por dia. Outros gastos mensais da empresa são apresentados como: Aluguel: $ 1.800,00; Salários: $ 3.400,00; Encargos: $ 2.040,00; Outros: $ 1.500,00; Comissões sobre vendas brutas: 3%; Descontos e devoluções: 5%; Impostos sobre vendas: 10%. A empresa é tributada pelo lucro real e recolhe IR com alíquota igual a 30%. Construa o DRE mensal da empresa. Posteriormente, calcule: (a) Receita líquida; (b) Custos; (c) Despesas; (d) IR; (e) Resultado líquido.

8.   A Sábias Letras Livraria comercializa livros de diferentes tipos. Os livros são comprados com um desconto igual a 40% sobre o preço de venda. O preço é, em média, igual a $ 60,00. A empresa opera 20 dias no mês, vendendo 150 unidades, em média, por dia. Outros gastos da empresa são apresentados como: Aluguel: $ 1.800,00; Salários: $ 3.400,00; Encargos: $ 2.040,00; Outros: $ 1.500,00; Comissões sobre vendas brutas: 3%; Descontos e devoluções: 5%. A empresa é tributada pelo lucro real e recolhe IR com alíquota igual a 20%. Construa o DRE da empresa e calcule: (a) Receita líquida; (b) Custos; (c) Despesas; (d) IR; (e) Resultado líquido.

44   A Análise Contábil e Financeira • Bruni

> Os exercícios apresentados a seguir envolvem o lançamento de fatos contábeis. Se desejar, use as planilhas apresentadas no arquivo **Lancamentos.xls**.

9. Use as informações apresentadas a seguir para construir o Balanço Patrimonial e a DRE da Amarelinho Azedo Ltda. Posteriormente, responda ao que se pede. Ou foi apurado na DRE e transferido para o BP.

Financiamentos CP	350	Custos de mercadorias vendidas	– 60	Capital	100
LL do exercício	88	Fornecedores	290	Financiamentos LP	260
Veículos	250	Contas a receber	250	Receitas	400
Juros incorridos	– 50	Estoques	190	Despesas operacionais próprias desembolsáveis	– 90
Prédio recém construído	368	IR	– 22	Caixa e bancos	80
Despesa com depreciação incorrida	– 50	Deduções	– 40	Depreciação acumulada de veículos	– 50

Parte I. (a) Qual o valor do AC? (b) Qual o valor dos Ativos não Circulantes? (c) Qual o valor do PC? (d) Qual o valor do Resultado do Exercício?

Ainda em relação aos dados da Amarelinho Azedo Ltda., sabe-se que a empresa:

- Vendeu a vista parte dos estoques no valor de $ 50,00 pelo dobro do custo.
- Pagou $ 60,00 devidos a fornecedores.
- Comprou a prazo $ 80,00 em mercadorias.
- Comprou um novo imóvel no valor de $ 90,00 a ser pago após dois anos.

Contabilidade, relatórios e informações **45**

Pede-se construir uma nova DRE e ajustar o Balanço e a DRE da empresa com base nas novas transações apresentadas. Posteriormente, calcule:

Parte II. (e) Qual o valor do AC? (f) Qual o valor dos Ativos não Circulantes? (g) Qual o valor do PC?

10. Os acontecimentos relacionados a seguir referem-se à criação da empresa De onde veio, para onde vai? Construa ou calcule o que se pede a seguir.

I. Criação da empresa com capital de $ 150 mil em dinheiro.

II. Compra de veículo no valor de $ 80 mil, 40% do valor pago a vista, $ 30 mil em 30 dias e o restante após 3 anos, sem juros.

III. Recebimento de empréstimo no valor de $ 50 mil, 60% do empréstimo deve ser pago no próximo ano e o restante após 2 anos.

IV. Compra de móveis de escritório no valor de $ 40 mil, 30% do valor pago a vista e o restante após 60 dias.

V. Compra de mercadorias no valor de $ 40 mil, com prazo de 90 dias concedido pelo fornecedor.

VI. Aplicação financeira a vencer em quatro anos no valor de $ 30 mil.

a) Construa o balanço patrimonial, apresentando os valores de AC, RLP, AP, PC, ELP e PL.

b) Registre cada um dos acontecimentos de I a V em uma tabela ou quadro de ajuste. Posteriormente, na última coluna, apresente o balanço patrimonial final da entidade.

Contas a usar (começadas com ".")

Ativo	Passivo	
AC	PC	
.Caixa	.Fornecedores	
.Estoque	.Contas a pagar (CP)	
ANC	.Empréstimos (CP)	
.Aplicação financeira (RLP)	PNC	
.Veículo	.Contas a pagar (LP)	
.Móveis de escritório	.Empréstimos (LP)	
	PL	
	.Capital	

11. Considere os acontecimentos da Gandaia Mercantil Ltda. relacionados a seguir. Posteriormente, construa ou calcule o que se pede.

46 A Análise Contábil e Financeira • Bruni

I. Criamos a empresa com um capital igual a $ 60 mil em dinheiro.

II. Compramos mercadorias no valor de $ 30 mil a vista.

a) Monte o Balanço Patrimonial inicial.

Ao longo do primeiro mês ocorreram os seguintes acontecimentos:

III. Vendemos $ 40 mil em mercadorias que tiveram um custo de aquisição igual a $ 20 mil, recebemos 80% das vendas a vista e o restante receberemos em 30 dias.

IV. Reconhecemos e pagamos despesas da loja no valor de $ 5 mil.

b) Construa o balanço patrimonial após os acontecimentos do primeiro mês.

c) Construa o DRE após os acontecimentos do primeiro mês.

Contas a usar (começadas com ".")

Ativo	Passivo	DRE
AC	PL	.Receita
.Caixa	.Capital	.(–) CMV
.Contas a receber	.Lucro do exercício	.(–) Despesa
.Estoque		(=) Lucro do exercício

12. Considere os acontecimentos da Pare Aqui Estacionamento Ltda. relacionados a seguir. Posteriormente, construa ou calcule o que se pede.

I. Criamos a empresa com um capital igual a $ 50 mil em dinheiro.

a) Monte o Balanço Patrimonial inicial.

Ao longo do primeiro mês ocorreram os seguintes acontecimentos:

II. Acordamos o aluguel de um terreno por $ 60 mil anuais, pagando o primeiro aluguel incorrido no próprio mês.

III. Pagamos $ 6 mil referentes a encargos e salário de funcionário operacional incorridos no mês.

IV. Pagamos $ 3 mil referentes a impostos sobre vendas do mês.

V. Pagamos $ 4 mil referentes a outras despesas incorridas no próprio mês.

VI. Recebemos $ 40 mil em espécie referentes às receitas dos aluguéis das vagas de estacionamento.

VII. Pagamos $ 1,5 mil de imposto de renda do próprio mês.

Contabilidade, relatórios e informações   **47**

b) Construa o balanço patrimonial após os acontecimentos do primeiro mês.

c) Construa o DRE após os acontecimentos do primeiro mês.

Contas a usar (começadas com ".")

Ativo	Passivo	DRE
AC		.Receita
.Caixa	PL	.(−) Impostos s/ vendas
	.Capital	.(−) Aluguel
	.Lucro do exercício	.(−) Mão de obra
		.(−) Outras despesas
		.(−) IR
		(=) Lucro do exercício

13. Dois boleiros nas horas vagas resolveram montar um negócio, a Show de Bola Quadras Esportivas Ltda. Os sócios alugariam um imóvel com quadras esportivas, que seriam posteriormente locadas para jogadores de futebol. Considere os momentos temporais apresentados a seguir e construa os demonstrativos solicitados.

Momento inicial

I.   Criação da empresa com $ 80 mil em dinheiro.

II. Assinatura de contrato com aluguel de imóvel com quadras esportivas, sem nenhum pagamento antecipado.

III. Compra de veículo no valor de $ 60 mil, 20% a vista, $ 10 mil em 30 dias e o restante após 24 meses (vida útil igual a 5 anos).

a) Construa o balanço patrimonial após os acontecimentos I, II e III.

Primeiro mês

IV. Receitas com aluguéis das quadras iguais a $ 30 mil, 60% a vista e o restante para 30 dias.

V.   Custo com funcionários iguais a $ 5 mil, integralmente desembolsado no mês.

VI. Reconhecimento de despesas administrativas com salários no valor de $ 3 mil, sendo $ 2 mil pagos no mês e o restante a pagar no mês subsequente.

VII. Reconhecimento e pagamento do aluguel mensal no valor de $ 4 mil.

VIII. Reconhecimento da depreciação mensal do veículo.

48 A Análise Contábil e Financeira • Bruni

IX. Pagamento da parcela do veículo que venceu 30 dias após a compra.

a) Construa o balanço patrimonial após os acontecimentos IV a IX.

b) Construa o DRE após os acontecimentos IV a IX.

Contas a usar (começadas com ".")

Ativo	Passivo	DRE
AC	.Salários a pagar	.Receita
.Caixa	.Contas a pagar (C.P.)	.(−) Custos com func. oper.
.Contas a receber	.Contas a pagar (L.P.)	.(−) Custos com aluguel
.Veículo	PL	.(−) Desp. com func. adm.
.(−) Deprec. acumulada	.Capital	(=) Lucro do exercício
	.Lucro do exercício	

14. A empresa Formigão Transportadora de Resíduos Ltda. venceu uma concorrência, ganhando um importante contrato para o transporte de resíduos. Como consequência, criará uma nova unidade de negócio que cuidará do gerenciamento desta operação. Considere as informações a seguir e calcule ou construa o que se pede.

Momento inicial

I. Criamos o empreendimento com um capital de $ 800 mil em dinheiro.

II. Compramos um conjunto de cavalo mecânico e carreta no valor de $ 500 mil e vida útil de 10 anos, pagando 20% a vista, $ 150 mil 5 meses após a compra e o restante ao final de dois anos.

III. Compramos 50 mil litros de combustível a $ 3,00 o litro, pagamos a vista.

a) Monte o Balanço Patrimonial inicial.

Ao longo do primeiro mês

IV. Realizamos serviços de transportes, cobrando $ 800 mil, recebendo 60% no ato e o restante seria recebido no mês seguinte.

V. Reconhecemos e pagamos com o caixa custos diversos no valor de $ 150 mil e despesas diversas no valor de $ 80 mil.

VI. Depreciamos os equipamentos (depreciação mensal).

VII. Compramos outros 70 mil litros de combustível pelo mesmo custo unitário e com pagamento a vista.

VIII. Ao finalizar o balanço do final do período, ainda existiam 30 mil litros em estoque. Reconheci o consumo como custo com o combustível.

IX. Pagamos 10% de impostos sobre vendas.

X. Pagamos 15% de imposto de renda sobre o lucro real.

Após os acontecimentos IV a IX, construa: (b) DRE; (c) Balanço Patrimonial final.

Contas a usar (começadas com ".")

Ativo	Passivo	DRE
AC	.Salários a pagar	.Receita
.Caixa	.Contas a pagar (C.P.)	.(–) Impostos s/ vendas
.Contas a receber	.Contas a pagar (L.P.)	.(–) Custos diversos
.Estoque de combust.	PL	.(–) Combust. consumido
.Veículos	.Capital	.(–) Despesas diversas
.(–) Deprec. acumulada	.Lucro do exercício	.(–) Imposto de renda
		(=) Lucro do exercício

15. Considere os acontecimentos a seguir da Mercantil Cacareco Ltda. e construa os demonstrativos solicitados.

I. Criamos a empresa com um capital de $ 100 mil em dinheiro.

II. Compramos mercadorias no valor de $ 80 mil, pagando 30% a vista, e o restante em 30 dias.

    a) Construa o BP inicial.

III. Vendemos $ 150 mil em mercadorias, com custo de aquisição igual a 50%. Do volume de vendas, 60% foram recebidos a vista e o restante em 30 dias.

IV. Pagamos as compras feitas no início do mês.

V. Fizemos novas compras de mercadorias no valor de $ 80 mil, pagando $ 16 mil a vista e o restante em 30 dias.

VI. Do valor existente no Contas a Receber, provisionamos 20% a título de Provisão para Devedores Duvidosos (PDD).

Reconhecemos e pagamos:

VII. Impostos sobre vendas no valor de 5% das vendas.

VIII. Despesas no valor de $ 16 mil.

50 A Análise Contábil e Financeira • Bruni

IX. Imposto de renda igual a 15% do lucro real obtido.

Após os acontecimentos do primeiro mês, construa:

b) DRE.

c) Balanço Patrimonial final.

Contas a usar (começadas com ".")

Ativo	Passivo	DRE
AC	.Fornecedores	.Receita
.Caixa	PL	.(–) Impostos s/ vendas
.Contas a receber	.Capital	.(–) CMV
.(–) PDD	.Lucro do exercício	.(–) Despesas
.Estoques		.(–) PDD
		.(–) Imposto de renda
		(=) Lucro do exercício

16. Fom Fom Locadora. A ida aos *shoppings centers* por pais e mães acompanhados de bebês ou crianças pequenas tornou-se uma atividade mais simples e agradável graças às inúmeras facilidades tornadas disponíveis. Uma das mais novas consiste na possibilidade de aluguel de carrinhos para bebês ou crianças, serviço oferecido pela Fom Fom Locadora, uma microempresa localizada em Fortaleza, Ceará.

Os irmãos Mariana e Marcos Martins investiram cerca de $ 20 mil no negócio, cuja operação funcionava de forma muito simples. Alugaram uma pequena loja em um importante *shopping* da cidade, com a maior parte do espaço situada embaixo de umas das escadas, o que propiciou a possibilidade de um investimento menor, com gastos mensais também mais baratos.

Os investimentos feitos no negócio foram representados majoritariamente pela aquisição dos carrinhos. Todos os recursos necessários para a operação foram fornecidos pelo capital dos sócios. Considere os itens apresentados a seguir: Compra de 20 carrinhos, por $ 600,00 cada, com vida útil de 24 meses; Aquisição de equipamentos comerciais diversos, por $ 4.800,00, com vida útil de 24 meses; Compra de computador PDV por $ 1.200,00, com vida útil de 24 meses; Compra de móveis por $ 1.680,00, com vida útil de 24 meses; Dinheiro deixado no caixa para troco no valor de $ 320,00.

Ao longo do primeiro mês de funcionamento, a empresa registrou valores referentes a gastos variados, todos apresentados a seguir: Salário e encargos do vendedor da loja iguais, no total, a $ 600,00; Condomínio, água e energia elétrica da loja no total de $ 800,00; Assessoria contábil da loja igual a $ 400,00; Serviços terceirizados de manutenção dos carrinhos no valor de $ 400,00; Outros custos iguais a $ 200,00; Lubrificante e materiais de limpeza comprados por $ 800,00, sendo que apenas 50% foram consumidos; Outras despesas administrativas iguais a $ 100,00. As depreciações foram calculadas e registradas.

As receitas da empresa decorriam da locação dos carrinhos, feitas por período de quatro horas, a um preço médio igual a $ 5,00. No primeiro mês, a empresa realizou 2.000 locações.

Além dos números apresentados, a empresa revelou a necessidade de considerar o valor da comissão de vendas, igual a 5%, do aluguel da loja, igual a 10% das vendas, e os impostos, iguais a 15% das vendas. No percentual da comissão já estão incluídos os eventuais encargos e provisões. Todos os percentuais apresentados incidem sobre as receitas dos serviços.

> Lembre-se: na DRE de empresas mercantis custos correspondem às mercadorias retiradas dos estoques e entregues aos clientes durante a realização das vendas. Na DRE de empresas de serviços, como no caso da Fom Fom Locadora, os custos representam os gastos consumidos com os serviços vendidos. Já as despesas correspondem a gastos temporais incorridos e com natureza administrativa, comercial ou financeira.

Com base nas informações fornecidas pede-se elaborar o Balanço Patrimonial de abertura e calcular: (a) Ativos totais, (b) Caixa. Depois, construa a Demonstração de Resultado mensal do primeiro mês e calcule: (c) Resultado.

17. Plural Centro de Treinamento. A locação de espaços comerciais para atividades de treinamento corporativos cresceu acentuadamente nos últimos anos na cidade de João Pessoa, a bela capital do Estado da Paraíba. Com o objetivo de aproveitar esta oportunidade de negócio, dois amigos resolveram fundar uma pequena empresa: a Plural Centro de Treinamento. A operação do negócio seria muito simples. Alugariam uma sala comercial ampla, bem localizada e com facilidade de estacionamento em um importante ponto comercial da cidade. Posteriormente, com o auxílio de um arquiteto, converteriam o espaço em uma boa sala de aula, com 60 m², acompanhada de um escritório administrativo da empresa, com 20 m². A sala de aula seria sublocada por turnos, sendo cobrado o valor de $ 120,00 por turno. Por fim, comprariam móveis confortáveis e os demais equipamentos para a sala e para um pequeno escritório de apoio.

52   A Análise Contábil e Financeira • Bruni

Antes da abertura do empreendimento, os seguintes números foram verificados:

a)   compra de ar-condicionado central para as duas salas: $ 12.000,00;

b)   compra de cadeiras e mesas para sala de aula: $ 14.400,00;

c)   compra de móveis para o escritório administrativo: $ 2.400,00;

d)   financiamento de longo prazo contratado junto ao Banco do Coreto no valor de $ 20.000,00, com taxa de 2% a. m.;

e)   compra de microcomputador e impressora para uso administrativo: $ 2.400,00;

f)   capital integralizado pelos sócios em dinheiro: $ 15.000,00;

g)   compra de material de escritório: $ 600,00.

Destaca-se que uma parte dos financiamentos obtidos por meio de terceiros e dos sócios foi deixada no caixa da empresa. A vida útil dos móveis e equipamentos é assumida como sendo igual a 24 meses. A vida útil do ar-condicionado central é igual a 60 meses. Durante o primeiro mês de operações, a empresa locou a sala em 45 turnos e incorreu nos seguintes gastos:

h)   aluguel da sala: $ 1.200,00;

i)   60% do material de escritório foi consumido;

j)   condomínio da sala: $ 400,00;

k)   impostos incidentes sobre as vendas: 15% do faturamento;

l)   salário da funcionária administrativa com encargos: $ 800,00;

m)   energia elétrica consumida: $ 900,00;

n)   pagamento de juros mensais do financiamento.

Os valores da depreciação do aparelho de ar-condicionado, do aluguel, energia e condomínio são rateados (divididos) entre a sala de aula e o escritório em função do percentual de área utilizado do espaço total.

Parte I. Construa o balanço inicial: (a) calcule o valor dos ativos circulantes; (b) determine o valor do caixa.

Parte II. Construa a demonstração de resultado para o primeiro mês da operação e calcule: (c) qual o resultado; (d) quais as deduções; (e) quais os custos; (f) quais as despesas.

18. Navegar é Preciso Passeios Turísticos. O litoral de São Luís oferece muitas possibilidades de passeios agradáveis, com belas paisagens. Buscando apro-

veitar lucrativamente as belezas náuticas da cidade, dois irmãos fundaram a microempresa Navegar é Preciso Passeios Turísticos. A empresa seria formada por uma escuna, com capacidade para 80 passageiros. Imaginavam cobrar $ 60,00 por pessoa, em passeios com 8 horas de duração. No primeiro ano de atividades, a empresa vendeu 3.000 passeios individuais, por pessoa. Outros números da empresa estão apresentados a seguir. Todas as aquisições foram feitas no início do ano:

a) Compra da escuna: $ 144.000,00, com vida útil de 10 anos.

b) Combustível consumido: $ 80.000,00.

c) Salários e encargos dos marinheiros: $ 28.000,00.

d) Conta de água, energia e IPTU do escritório comercial: $ 3.000,00.

e) Aquisição de itens de reposição da escuna: $ 30.000,00 (apenas 40% foram consumidos).

f) Compra de equipamentos de segurança para a embarcação: $ 16.000,00, com vida útil de 2 anos.

g) Salários e encargos do funcionário comercial: $ 15.000,00.

h) Serviços terceirizados de manutenção da escuna: $ 40.000,00.

i) Impostos sobre vendas iguais a 10% do faturamento.

j) Comissões pagas a outras empresas de turismo iguais a 3% do faturamento, em média.

k) Aluguel do escritório comercial: $ 5.000,00.

Componha a DRE da empresa no seu primeiro ano de operações. Determine: (a) receita líquida; (b) custo; (c) despesa; (d) resultado.

2

 Entendendo Aspectos Importantes das Demonstrações Contábeis

"O conhecimento é o processo de acumular dados; a sabedoria reside na sua simplificação."
Martin H. Fischer

Objetivos do capítulo

Uma boa análise de demonstrações contábeis demanda o conhecimento de visões distintas sobre assuntos e decisões importantes refletidas nos relatórios que estão sendo analisados. É preciso entender as diferentes visões do patrimônio, do lucro e do caixa. Nem sempre um negócio lucrativo gera caixa. E nem sempre um negócio com prejuízo demanda fluxos da empresa. Saber separar caixa e lucro é conhecimento relevante.

Também é preciso diferenciar os gastos operacionais dos gastos com juros. Decisões de financiamento ou de estrutura de capital são refletidas nas despesas financeiras incorridas pelo negócio. É preciso separá-las dos gastos operacionais de fato.

Este capítulo explora aspectos importantes e preliminares associados à análise das demonstrações contábeis e busca apresentar conceitos e distinções importantes, como os de fluxo de caixa e lucro, e os de análise de informações passadas *versus* construção de estimativas futuras.

As diferentes visões nas demonstrações contábeis

Os processos de registro e acumulação das informações feitos pela contabilidade permitem apresentar três visões diferentes e complementares:

a) visão do **patrimônio:** busca entender, de modo geral, o patrimônio da entidade, formado por bens, direitos e obrigações. É preciso entender como os investimentos e financiamentos da empresa estão distribuídos. Costuma estar associada ao Balanço Patrimonial, o primeiro e mais importante relatório contábil e que fornece uma fotografia ou diagnóstico estático da situação da empresa, revelando bens, direitos e obrigações. Apresenta uma visão dos recursos e obrigações da empresa;

b) visão do **lucro:** busca entender a evolução da riqueza criada para os donos do negócio. Costuma estar associada à Demonstração de Resultado do Exercício, que apresenta a evolução da riqueza da entidade, destacando as transações operacionais efetuadas, apurando o desempenho da entidade no período analisado, confrontando os consumos com as receitas do período;

c) visão do **caixa:** busca entender a evolução da liquidez da empresa. Costuma estar associada à Demonstração de Fluxo de Caixa, que apresenta a evolução dos ativos mais líquidos do negócio.

Quando analisamos a evolução das demonstrações contábeis, é preciso entender as três visões simultaneamente. Uma empresa que prioriza um aspecto em detrimento dos demais pode comprometer o seu futuro.

Separando os juros para a análise

A legislação brasileira estabelece que as despesas operacionais envolvem despesas administrativas, comerciais ou financeiras. Porém, quando analisamos as demonstrações contábeis ou tentamos associar as diferentes compreensões que temos de conceitos técnicos de Contabilidade e Finanças precisamos ter um cuidado redobrado com a palavra *operacional*, especialmente quando associada às despesas.

O problema é que na análise gerencial ou financeira das demonstrações entendemos que operacional é aquilo que decorre das operações próprias da empresa, geralmente refletidas nos ativos e que não incluem o pagamento de gastos financeiros de passivos, conforme ilustra a Figura 2.1.

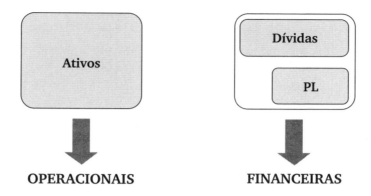

Figura 2.1 *Separando despesas operacionais de financeiras.*

Para ilustrar, considere o caso de uma loja. Gastos operacionais corresponderiam, redundantemente, em gastos inerentes às suas operações. Ou seja, aluguéis, condomínios, salários, comissões, IPTU, honorários de contadores e outros. A loja pode ou não ser financiada por meio de dívidas. E as dívidas não guardam relação com as suas operações. Assim, gastos com dívidas não podem ser entendidos como operacionais. Os juros decorrem de uma decisão financeira de se endividar e não de uma decisão sobre a operação da loja.

Com o objetivo de separar os efeitos decorrentes das operações da empresa e os efeitos decorrentes dos seus financiamentos, é comum a separação das despesas operacionais próprias (administrativas e comerciais das operações do negócio) das despesas financeiras (juros decorrentes de dívidas, por sua vez decorrentes de decisões de financiamento ou de estrutura de capital).

Surge a figura do lucro operacional próprio ou lucro antes dos juros e IR (Lajir) como uma importante medida financeira da *performance* operacional do negócio. O Lajir será usado para pagar os juros ou despesas financeiras, o IR e, o que sobrar, se sobrar, corresponderá ao lucro líquido de uma operação. A separação das despesas permite identificar melhor se os problemas ou vantagens financeiras de um negócio decorrem das suas operações ou do seu endividamento financeiro.

O Lajir apresenta os ganhos decorrentes da operação, sem considerar juros. O Lair apresenta os ganhos, misturando os ganhos da própria operação e o impacto das despesas financeiras. A separação das despesas em despesas operacionais próprias (administrativas e comerciais da própria operação da empresa) e despesas financeiras (juros sobre dívidas) permite apresentar o cálculo do Lajir, que representa os ganhos da operação da empresa, que estarão disponíveis para terceiros (juros), sócios (lucros ou dividendos) e fisco (IR reconhecido e pago), conforme apresenta a Figura 2.2.

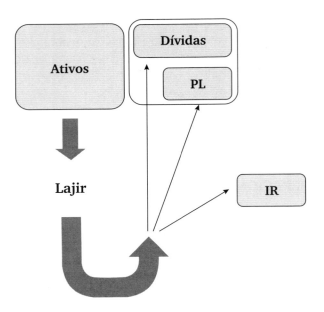

Figura 2.2 *Lajir e seus destinos.*

Na Figura 2.2, o Lajir corresponde ao lucro contábil da operação disponível para financiadores e fisco. É importante não confundi-lo com o fluxo de caixa contábil, o Lajida ou Ebitda.

LAJIR OU EBIT, LAJIDA OU EBITDA

Em inglês, o Lajir corresponde ao Ebit, iniciais de *Earnings Before Interest and Taxes*, ou lucros antes de encargos financeiros e impostos – que é uma medida do lucro disponível para todos os financiadores e o Fisco. É preciso tomar cuidado para não confundi-lo com a ideia de Lajida, lucros antes de juros, impostos, depreciações e amortizações ou Ebitda, iniciais de *Earnings Before Interest, Taxes, Depreciation and Amortization* e que representam, na verdade, uma medida de fluxo de caixa contábil, já que não considera gastos não desembolsáveis com depreciação e amortização. O Ebitda seria uma medida do caixa disponível para todos os financiadores e o Fisco, caixa este calculado sob uma perspectiva contábil mais simplificada.

Considerando a incidência do IR sobre o Lajir, a parcela que sobra corresponde ao Lucro Operacional Líquido, LOL. Conforme ilustrado na Figura 2.3, o LOL corresponde aos ganhos da operação destinados a credores e sócios, já que o IR sobre o lucro operacional já foi considerado em seu cálculo.

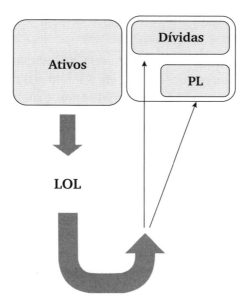

Figura 2.3   *LOL e seus destinos.*

Naturalmente, os ganhos operacionais líquidos representados por meio do LOL serão divididos entre sócios e credores. Quanto maior a parcela destinada a uma determinada fonte de financiamento, menor a parcela que caberá à outra fonte.[1]

Lucro *versus* fluxo de caixa

Outro ponto importante que ajuda a diferenciar finanças e contabilidade faz referência ao foco principal da análise feita por ambas. É comum a Contabilidade, baseada na análise da competência dos exercícios, enfatizar as variações do patrimônio, preocupando-se com a análise e a obtenção do lucro. Por outro lado, em Finanças existe a preocupação maior de entender a evolução do dinheiro no tempo, representada sob a forma do fluxo de caixa.

Em função das diferenças *filosóficas* entre competência e caixa, a DRE e o DFC desempenham funções diferentes. A função principal da DRE consiste em desenvolver e fornecer dados para medir o desempenho da empresa, avaliando sua posição financeira e determinando o pagamento dos impostos. No processo de registro do patrimônio, usa o regime de competência segundo o qual as recei-

---

[1] As discussões relativas à partição dos ganhos operacionais da empresa remete à análise da forma de financiamento da empresa, discutida com maior profundidade no Capítulo 6.

tas são reconhecidas no momento da venda e as despesas quando incorridas (ou consumidas).

Já a DFC enfatiza o fluxo de caixa. Ou seja, preocupa-se de forma primordial com as entradas e saídas de recursos financeiros líquidos da empresa. Ocupa-se com a manutenção da solvência da empresa, analisando e planejando o fluxo de caixa para satisfazer as obrigações e adquirir os ativos necessários às operações e aos lucros. Na gestão financeira, foca-se o regime de caixa, isto é, o reconhecimento de receitas e despesas quando do efetivo recebimento ou pagamento.

Para ilustrar as diferenças entre as visões contábil e financeira, veja o exemplo da Loja de Automóveis Usados Calhambeque. No mês inicial de suas atividades, a empresa comprou um veículo por $ 15.000,00, revendendo-o logo em seguida a prazo por $ 20.000,00. No final do exercício analisado, as visões de caixa e resultado do período podem ser vistas nas demonstrações do resultado e do fluxo de caixa. Ambas estão apresentadas na Figura 2.4.

Visão do resultado		Visão do caixa	
Vendas	$ 20.000,00	Entrada de Caixa	$ 0,00
Menos: Custos	$ 15.000,00	Menos: Saída de Caixa	($ 15.000,00)
Lucro Líquido	$ 5.000,00	Fluxo de Caixa Líquido	($ 15.000,00)

Figura 2.4 *Visão do resultado* versus *caixa*.

Enquanto um analista da DRE poderia ficaria satisfeito com um lucro de $ 5.000,00, um analista da DFC deveria ficar preocupado, já que o caixa apresentou um *déficit* igual a $ 15.000,00.

Entendendo o Lajida ou Ebitda

Uma alternativa de tentar entender a geração de caixa por meio das demonstrações contábeis, notadamente da DRE, pode ser representada por meio do cálculo do Lajida, iniciais de lucros antes de juros, impostos, depreciações e amortizações ou Ebitda, iniciais de *Earnings Before Interest, Taxes, Depreciation and Amortization*.

O Lajida ou Ebitda corresponde a uma medida de fluxo de caixa contábil, não considerando gastos não desembolsáveis com depreciação e amortização. Seria uma medida do caixa disponível para todos os financiadores e o Fisco, caixa este calculado sob uma perspectiva contábil mais simplificada, e representaria o quanto a empresa gera de recursos apenas em sua atividade, sem levar em consideração gastos não desembolsáveis ou efeitos financeiros e de impostos. É um indicador para avaliar a qualidade operacional da empresa, o que corresponde aos ganhos decorrentes dos seus ativos.

O Lajida ou Ebitda costuma ser calculado a partir do Lajir ou Ebit (lucro antes de juros e IR ou *Earnings Before Income Taxes*). O Lajir corresponde ao lucro na atividade. A sua diferença para o Lajida refere-se apenas à depreciação e amortização. O Lajir considera estes efeitos contábeis enquanto o Lajida não considera. Algebricamente, poderíamos apresentar o Lajida (Ebitda) a partir do Lajir.

Lajida ou Ebitda = Lajir + Depreciações + Amortizações

Um cuidado que precisamos ter faz referência às considerações dos gastos com Depreciações e Amortizações. Geralmente, ouvimos a expressão "despesas com depreciações". Porém, notadamente em empresas industriais ou de prestação de serviços, é preciso lembrar que outra parte da depreciação está presente nos custos, já que a depreciação de ativos consumidos na produção ou nos serviços prestados estará inserida nos custos. Assim, para calcular o Lajida ou Ebitda, precisaremos considerar as duas parcelas da depreciação.

Considerando os números da Cia. Ilustrativa no ano 1 e assumindo gastos com depreciação iguais a $ 5, poderíamos calcular o Ebitda conforme apresenta a Figura 2.5.

Cálculo do Lajida ou Ebitda	$
(=) Lajir	89,80
(+) Depreciação e amortização	5,00
(=) Lajida ou Ebitda	94,80

Figura 2.5   *Cálculo do Lajida ou Ebitda para a Cia. Ilustrativa (Ano 1).*

O valor calculado para o Ebitda seria igual a $ 94,80, indicando o valor do caixa disponibilizado pelas operações da empresa.

CONHECENDO AS DIFERENÇAS ENTRE O LAJIDA E O FLUXO DE CAIXA

O Lajida ou Ebitda representa uma tentativa de cálculo do fluxo de caixa do negócio a partir de uma visão contábil, notadamente de uma visão da DRE. Porém, é preciso deixar claro suas diferenças em relação ao fluxo de caixa financeiro de fato.

Quando referido apenas aos ativos do negócio, sem considerar gastos com passivos, como juros, ou amortizações de dívidas, o fluxo de caixa desalavancado costuma ser apresentado como fluxo de caixa livre, FCL. Caso se deseje construir o FLC a partir do Lajida, seria preciso efetuar alguns ajustes.

FCL = EBITDA – GF não desembolsáveis – IR e CS sobre lucro operacional + GF não desembolsável +/– Variações patrimoniais (ANC ou CDG)

Para pensar 2.1

a) Qual a importância da análise do Lajida ou Ebitda?
b) Uma empresa pode ter Lajida positivo e fluxo de caixa negativo?
c) Um Lajida alto é sempre sinônimo de um bom negócio?

Exercícios propostos

1. O que acontecerá com o Lajida ou Ebitda da empresa em cada uma das situações a seguir. Assinale: (a) será aumentado, (b) se manterá estável ou (c) será reduzido.

   I. Eu consegui reduzir o volume das minhas despesas operacionais.

   II. A alíquota de IR da minha empresa foi reduzida.

   III. As minhas receitas foram ampliadas.

   IV. Eu ampliei as minhas receitas financeiras.

   V. Eu venderei um imóvel da minha empresa, alugarei outro e usarei o dinheiro da venda para reduzir o meu nível de endividamento.

   VI. Uma empresa industrial possui um grande volume de aplicações financeiras que fazem com que ela receba uma grande quantidade de juros mensais. Ela pensa em usar boa parte destas aplicações para comprar parte de suas próprias ações.

2. Eu gerencio uma unidade com grande Lajida ou Ebitda e baixo lucro. Qual das alternativas a seguir NÃO pode ser uma explicação contributiva possível para esse fato?

   a) alta depreciação;

   b) grandes volumes de amortizações;

   c) altas receitas financeiras;

   d) pagamento de juros elevados;

   e) inexistência de juros.

3. Eu tenho que reduzir o volume dos recursos que a minha empresa mantém investidos no capital de giro. O que eu deveria fazer de modo a contribuir com este objetivo?

   a) aumentar o percentual das vendas a prazo em relação as vendas a vista;

   b) aumentar o prazo médio de recebimento;

   c) duplicar o valor dos meus estoques;

   d) reduzir o giro de fornecedores;

   e) cortar minhas despesas financeiras.

4. O Lajida ou Ebitda da minha empresa é alto. Porém, o fluxo de caixa do negócio é negativo. O que pode ser uma explicação para este fato?

   a) Vendas crescentes.

   b) Vendas decrescentes.

   c) Altos custos operacionais.

   d) Variações positivas do capital de giro.

   e) Baixos custos operacionais.

5. Canetas, caixa e competência. Iniciamos um grande negócio na sala de aula: a venda de canetas. Compramos 5 canetas por $ 1,00 cada, pagando 80% a vista. Vendemos 4 por $ 2,00 cada, sendo 3 pagas em espécie e uma paga com um cheque pré-datado. Pede-se calcular: (a) o lucro contábil no regime de competência; (b) o movimento de caixa.

6. Comercial dos Cadernos com Sucesso Ltda. O sucesso com a comercialização de canetas motivou um grupo de estudantes a montar uma operação de compra e venda de cadernos. Criou-se a empresa Comercial dos Cadernos com Sucesso Ltda., fundada mediante a integralização de $ 500,00 em espécie.

Pede-se construir o balanço inicial da empresa e (a) apresentar os saldos das contas existentes no BP.

Primeira semana dos Cadernos. Na sua primeira semana de atividades, a empresa comprou 30 cadernos, por $ 6,00 cada, pagando $ 100,00 no ato e o restante em 30 dias. Foram vendidos 10 cadernos por $ 15,00 cada, recebendo 50% a vista e o resto em 30 dias. Para este período de uma semana, pede-se construir a demonstração de resultado e: (b) calcular o lucro. Construir a demonstração de caixa: (c) destacando o movimento de caixa. Para o instante final da semana, pede-se construir o balanço patrimonial final, calculando: (d) caixa, (e) estoques.

7. Chocolates Deliciosos Ltda. Com o objetivo de faturar um dinheiro extra, um grupo de alunos da Faculdade Bom Saber resolveu montar uma operação de comercialização de chocolates antes das aulas. Compraram 40 unidades a $ 1,00 cada, pagando 60% a vista e o restante em 30 dias. O investimento total na operação foi igual a $ 50,00. Dos financiamentos obtidos, $ 24,00 originaram-se de empréstimos a longo prazo. Dos financiamentos recebidos por meio do capital próprio, deixaram $ 10,00 em notas de $ 1,00 para troco. Pede-se construir o balanço patrimonial inicial e calcular: (a) AC, (b) PNC. No primeiro dia, venderam 28 unidades a $ 2,00 cada, recebendo 70% a vista e o restante com vales para 30 dias. Construa o balanço patrimonial ao final do primeiro dia e calcule o valor da conta: (c) caixa, (d) estoques. Elabore a demonstração de resultado para o primeiro dia e calcule: (e) receitas, (f) resultado. Elabore a demonstração de fluxo de caixa do primeiro dia e calcule: (g) entradas, (h) saídas.

8. Loja dos Televisores Ltda. Tirei do meu bolso e coloquei $ 1 mil no caixa da operação. Comprei três televisores por $ 400 cada, pagando 75% no ato. Vendi 2 por $ 1 mil no total, recebendo $ 600 a vista e o restante com cheque pré para 30 dias. Paguei 5% de comissões e outros 5% de impostos (percentuais sobre vendas brutas). Sobre o lucro, recolhi 20% de IR. Todos já foram pagos. Pede-se: (a) Qual o saldo de caixa final? (b) Qual o estoque final? (c) Qual o valor final das obrigações? (d) Qual o lucro com as vendas? (e) Qual o custo com as vendas? (f) Quais as deduções? (g) Quais as despesas? (h) Qual o IR incorrido?

9. No início do mês de setembro do ano passado, a Limpa Mais Ltda., uma empresa prestadora de serviços executou um serviço no valor de $ 4 mil, sendo que 50% recebidos a vista e 50% recebidos após 60 dias. O serviço foi executado até o final do ano passado. Na mesma data, ela assinou contrato de seguro das suas instalações por 24 meses, com prêmio total igual a $ 4.800,00. Um

terço do valor do prêmio foi pago a vista e o restante deveria ser pago após 120 dias. Use apenas as informações aqui apresentadas. Pede-se: (a) calcule o resultado do ano passado usando o regime de competência, (b) calcule o movimento de caixa no mês de setembro.

10. A Mercantil Bilirrubina Ltda. apresenta os números e informações apresentados a seguir: (I) Despesas financeiras iguais a $ 70 mil por ano, (II) Provisão para imposto de renda igual a 30% do lucro real, (III) Despesas desembolsáveis com vendas iguais a $ 60 mil por ano, (IV) Deduções e abatimentos iguais a 10% das vendas brutas, (V) Despesas com depreciações de equipamentos comerciais iguais a $ 20 mil, (VI) Vendas brutas anuais iguais a $ 600 mil, (VII) Custo das vendas igual a 1/3 das vendas brutas; (VIII) Despesas administrativas iguais a $ 30 mil.

Parte I. Na situação original, calcule em termos anuais: (a) Lajir, (b) Ebitda.

Parte II. Supondo que as vendas aumentem em 20%, calcule em termos anuais: (c) Lajir, (d) Ebitda.

3

Conhecendo a Análise Financeira

"Há dois tipos de conhecimento: aquele que conhecemos, ou aquele que sabemos onde encontrar a informação."
Samuel Johnson

Objetivos do capítulo

Os motivos para a análise das demonstrações contábeis podem ser variados. Podemos tentar entender a evolução dos números durante o planejamento estratégico da empresa, para a elaboração de um plano de negócios ou de um plano de ação, para a avaliação de uma empresa, para a análise de competitividade, em atividades de fusões ou aquisições para a concessão de créditos ou para a análise da criação de valor – que demanda o estudo das rentabilidades do negócio.

Em relação às formas de análise, podemos falar em análise horizontal, análise vertical ou análise por índices. Esta última forma ainda pode ser apresentada em três tipos principais, envolvendo a análise de séries temporais, a análise de seção cruzada ou análise combinada.

Também é preciso compreender que, nem sempre, o futuro é continuação do passado e que, nem sempre, as informações contábeis passadas refletem o que irá ocorrer depois. É preciso ter senso crítico para identificar as mudanças contextuais que podem atrapalhar a análise da evolução dos números passados apresentados nas demonstrações contábeis.

Motivos para a análise financeira

Os objetivos da análise das demonstrações contábeis podem assumir diferentes configurações. A análise financeira pode ser empregada para mensurar riscos de crédito de correntes e potenciais clientes; julgar o desempenho esperado das firmas ou monitorar o progresso da firma em alcançar os objetivos desejados. Uma grande quantidade de exemplos com diferentes motivos para a condução da análise de demonstrações pode ser apresentada:

a) **planejamento estratégico:** envolveria a necessidade da identificação da estrutura econômica do negócio, da mensuração da *performance* das diferentes unidades da empresa e da análise de competitividade. Para isso seria preciso entender o crescimento das vendas e a evolução da rentabilidade, dos fluxos de caixa e do nível de utilização dos ativos;

b) **desenvolvimento do plano de negócios:** associado à projeção dos demonstrativos financeiros de projetos, à avaliação da viabilidade econômica do negócio, com a análise das projeções de fluxo de caixa, estimativas de valor terminal e obtenção de taxas de desconto ajustadas ao risco;

c) **avaliação do negócio:** envolveria a estimativa de um preço para a operação, geralmente por meio de um fluxo de caixa descontado, da análise de transações comparáveis e de padrões financeiros;

d) **análise de competitividade:** associada à estimativa da estrutura de custo para os competidores e à identificação de restrições financeiras;

e) **fusões e aquisições:** envolveria a busca pela estimativa de um preço de negociação, associado à quantificação do valor da decisão estratégica de aquisição. Envolve projeções sobre o fluxo de caixa combinado e o valor conjunto do negócio, o que também demanda o cálculo de taxas de desconto e a análise de índices.

Embora muitas possam ser as razões apontadas para a análise das demonstrações contábeis do negócio, dois principais grupos de motivos podem ser caracterizados.

f) **análise de crédito:** preocupa-se com o **curto prazo**, focando-se na análise da liquidez e do fluxo de caixa, preocupando-se com uma eventual incapacidade do negócio em honrar suas obrigações;

g) **análise de criação de valor:** enfatiza o **longo prazo** e se preocupa com a discussão dos efeitos sobre a rentabilidade do negócio.

Podemos afirmar que apenas duas grandes variáveis costumam ser analisadas em Finanças: dinheiro e tempo. A relação entre dinheiro e tempo fornece as medidas de rentabilidade. Na análise das demonstrações contábeis duas grandes medidas de *performance* financeira[1] costumam ser usadas:

> **ROIC:** iniciais da expressão inglesa *Return On Invested Capital* ou retorno sobre o capital investido, medida operacional da rentabilidade dos ativos do negócio, analisando a relação entre os lucros operacionais próprios após impostos e os seus investimentos. Algebricamente, temos que ROIC = (Lucros Operacionais Próprios Líquidos ou LOL)/(Investimentos ou Ativos Totais). O ROIC não considera o efeito dos juros no cálculo da rentabilidade, permitindo uma análise da eficiência operacional do negócio, independentemente do volume de juros pagos ou recebidos.
>
> **ROI:** iniciais da expressão inglesa *Return On Investment* ou retorno sobre o investimento, medida de rentabilidade da operação como um todo, analisando a relação entre os lucros líquidos da operação e os seus investimentos. Algebricamente, temos que ROI = (Lucros Líquidos)/(Investimentos ou Ativos Totais).
>
> **ROE:** iniciais da expressão inglesa *Return On Equity* ou retorno sobre o patrimônio líquido, medida de rentabilidade dos capitais próprios, analisando a relação entre os lucros líquidos da operação e os seus recursos próprios. Algebricamente, temos que ROE = (Lucros Líquidos)/(Patrimônio Líquido).

A análise do efeito das decisões financeiras sobre ROIC, ROI e ROE não pode ser ignorada. Indo além, uma análise da gestão financeira integrada precisa estudar a saúde geral da companhia, preocupando-se tanto com aspectos de curto (liquidez e sobrevivência) como aspectos de longo prazo (rentabilidade e crescimento).

A rentabilidade deve ser analisada em conjunto com a solvência e a análise deve contemplar os principais aspectos do trinômio sagrado das finanças, discutido no Capítulo 2 e representados na Figura 3.1.

---

[1] As medidas de rentabilidade estão discutidas com maior profundidade no Capítulo 9.

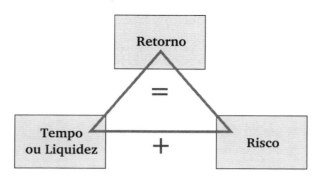

Figura 3.1   *Trinômio sagrado das finanças.*

O sacrifício do tempo (ou da liquidez) e o risco corrido devem ser recompensados pelo retorno da operação. Geralmente, a um maior retorno devemos associar um maior sacrifício temporal e uma maior exposição ao risco. As relações entre rentabilidade e risco precisam ser devidamente consideradas.

Assim, se a análise financeira tivesse o objetivo de um eventual investimento futuro, qualquer analista financeiro saberia precisar que a melhor aplicação financeira seria aquela com excelente rentabilidade, elevada liquidez e baixo risco. De forma similar, o melhor carro disponível para compra no mercado seria aquele que andasse como um Fórmula-1, gastasse como uma motocicleta 12 cilindradas e fosse confortável como uma limusine. Obviamente, um desejo impossível. Existe uma relação de perdas compensatórias ou *tradeoffs* entre as variáveis velocidade, economia e conforto. Para ganhar em uma, é preciso perder alguma coisa em outras.

Risco, retorno e liquidez são como desempenho, economia e conforto em um carro. São características mutuamente excludentes a partir de um certo ponto. Para conseguir um pouco mais de determinada característica, deve-se estar disposto a abrir mão de outra. Maior desempenho e conforto em um carro, por exemplo, devem estar associados a um maior consumo.

De forma similar ao ditado popular "quem não arrisca, não petisca", para "petiscar", isto é, para obter maiores retornos, o investidor deveria estar disposto a correr maiores riscos e a sacrificar uma parcela da liquidez. Assim, a análise financeira deve estar atenta a tais relacionamentos. As diversas formas de análise devem considerar os aspectos relativos ao retorno, ao sacrifício de tempo e ao risco das demonstrações.

As diferentes respostas demandadas pelas análises financeiras provocam a existência de diversos objetivos e a busca de informações distintas. Comumente, a análise financeira isolada para nada serve. É preciso torná-la relativa, efetuando comparações com dados passados da empresa (análise de tendências históricas) ou comparações com outras empresas similares (dentro da mesma indústria). As formas de analisar demonstrativos financeiros podem envolver dois tipos básicos de estudos, considerando o estudo dos números na horizontal ou na vertical ou o estudo de diferentes indicadores sintéticos.

Lucro, fluxo de caixa e criação de valor

As decisões tomadas em Finanças podem ser de dois grandes tipos: decisões de investimentos, sobre para onde vai o dinheiro, e decisões de financiamentos, sobre de onde vem o dinheiro. Na contabilidade, essas decisões podem ser vistas nos dois lados do balanço patrimonial, principal demonstrativo e fonte de informações contábeis. Do lado esquerdo, os ativos ou investimentos. Do lado direito, os passivos e patrimônio líquido, ou financiamentos.

Assim, do lado direito do balanço, o objetivo de controladores e administradores financeiros envolve a busca de investimentos que gerem o maior ganho possível, ponderando o risco. Do outro lado, do lado esquerdo, o objetivo envolve buscar fontes de financiamento com o menor custo possível. Ao tomar melhores decisões de investimentos e melhores decisões de financiamentos, gestores buscariam atingir o objetivo maior de Finanças, associado à criação de riqueza ou valor para os sócios.

Naturalmente, problemas práticos associados à busca deste objetivo maior surgem. Como nem sempre o dono consegue ele mesmo gerenciar os seus negócios, como fazer então para que executivos (representantes das vontades dos donos) ajam sempre de forma a criar valor ou riqueza para os sócios?

Incentivos variados foram pensados, a exemplo das remunerações variáveis baseadas em opções de compra de ações de companhias negociadas em bolsas de valores. Por meio das políticas de remunerações variáveis baseadas em opções de compra de ações, partes dos ganhos de executivos estariam associadas ao comportamento dos preços das ações da empresa. Quanto maior o preço, maior a riqueza dos sócios e maior a remuneração variável do executivo.

O mercado pensava que, com significativa parcela de remuneração variável, executivos sempre agiriam para aumentar a *riqueza* dos sócios. Porém, novos problemas éticos surgiram quando o mercado constatou que muitos executivos estavam preocupados apenas com os *preços* das ações – manipulados por meio de informações muitas vezes fraudulentas e forjadas.

Demonstrações contábeis passaram a ser forjadas com o objetivo de sempre revelar lucros crescentes, fossem estes verdadeiros ou não. Lucros crescentes inflacionaram preços de ações, gerando fortes remunerações variáveis para executivos.

Porém, quando o mercado se deu conta de tais práticas, os preços das ações das empresas manipuladoras de demonstrações contábeis desabaram e a realidade mostrou que nem sempre riqueza e preços de ações caminham juntos.

A ENRON E O PERIGO DOS INCENTIVOS

Fundada em 1984 em Houston, no Texas, pelo economista Kenneth Lay, a Enron foi uma das companhias beneficiadas pela desregulamentação do mercado de energia dos Estados Unidos e pela alta dos preços em 2000, quando o custo da energia no mercado atacadista americano subiu de US$ 32 para US$ 317.

A falta de divulgação das informações financeiras sobre a empresa era prática difundida junto aos funcionários pelo próprio Lay, então presidente da Enron. Tal estranho fato parecia não incomodar o mercado americano, já que suas ações sempre traziam lucros e era isso que importava. Com um faturamento anual de US$ 100 bilhões, a Enron chegou a valer US$ 64 bilhões em janeiro de 2001. Contudo, de forma surpreendente, no dia 2 de dezembro de 2001, a empresa pediu concordata, com dívidas superiores a US$ 22 bilhões.

Investigações posteriores mostraram que a Enron utilizou empresas coligadas e controladas por ela para inflar seu resultado. Por meio de entidades especiais, a empresa transferia passivos, camuflava despesas, alavancava empréstimos, *leasings*, securitizações e montava arriscadas operações com derivativos. Critérios contábeis nebulosos e subjetivos deram margem para manobras fraudulentas e furtivas dos seus principais executivos.

Motivados por remunerações variáveis significativas e atreladas ao comportamento dos preços das ações, os executivos não tiveram vergonha de usar má-fé e criatividade na manipulação fraudulenta das informações. Acionistas, empregados, clientes, comunidade e governo pagaram a conta.

Para pensar 3.1	a) O que fazer para evitar problemas como os revelados pela Enron? b) Em que consiste as regras de Governança Corporativa? c) Como estas regras vigoram no Brasil?

Análise vertical ou horizontal

A análise horizontal e vertical é feita quando a evolução dos números contidos nas diferentes contas contábeis é analisada ao longo dos anos (análise horizontal) ou quando a composição dos números é estudada em determinado ano (análise vertical).

Um exemplo simples sobre o uso de procedimentos associados à análise horizontal pode ser visto com base nos números da empresa Balde, Baldinho e Baldão Ltda., uma fabricante de artigos plásticos. A empresa produz e comercializa três produtos: Balde, Baldinho e Baldão. Os números referentes à produção em toneladas de cada um dos produtos pode ser visto na Figura 3.2.

Produção em toneladas	Ano 1	Ano 2	Ano 3
Baldinho	7	10	14
Balde	12	13	15
Baldão	18	19	21
Perdas	3	4	9
Soma	40	46	59

Figura 3.2   *Produção da Balde, Baldinho e Baldão.*

Análise horizontal. Busca verificar a evolução temporal do número a partir de um ano-base. Assumimos os valores de determinado ano como sendo igual a 100%. A partir daí, todos os demais valores são convertidos em percentuais do ano-base. Matematicamente, os números associados à análise horizontal podem ser apresentados como:

Valor da AH = (Valor original/Valor do ano-base) × 100

O exemplo da Balde, Baldinho e Baldão está apresentado na Figura 3.3, que considerou o ano 1 como ano-base.

AH	Ano 1	Ano 2	Ano 3
Baldinho	100	143	200
Balde	100	108	125
Baldão	100	106	117
Perdas	100	133	300
Soma	100	115	148

Figura 3.3   *Análise horizontal da Balde, Baldinho e Baldão.*

Os valores de todos os demais anos foram convertidos em percentuais dos valores do ano-base. Assim, na análise horizontal do produto Baldão para o ano 2, temos:

Valor da AH = (Valor original/Valor do ano-base) × 100 = 19/18 × 100 = 106 (aproximadamente).

Já na análise horizontal do produto Balde para o ano 3, temos:

Valor da AH = (Valor original/Valor do ano-base) × 100 = 15/12 × 100 = 125.

Análise vertical. Busca verificar os percentuais associados aos valores de determinado ano assumindo o total deste ano como sendo igual a 100%. A partir daí, todos os demais valores do ano são convertidos em percentuais do total. Matematicamente, os números associados à análise horizontal podem ser apresentados como:

Valor da AV = (Valor original/Valor total do ano analisado) × 100

A análise vertical dos números do ano 1 da Balde, Baldinho e Baldão pode ser vista na Figura 3.4.

Produção em toneladas	AV do ano 1 (%)
Baldinho	18
Balde	30
Baldão	45
Perdas	8
Soma	100

Figura 3.4 *Análise vertical dos números do ano 1 da Balde, Baldinho e Baldão.*

Os cálculos dos percentuais foram:

Valor da AV de Baldinho = (7/40) × 100 = 18%

Valor da AV de Balde = (12/40) × 100 = 30%

Valor da AV de Baldão = (18/40) × 100 = 45%

Valor da AV das Perdas = (3/40) × 100 = 8%

A análise vertical permite analisar a composição percentual do total. Assim, com base nos números da Figura 3.4, nota-se que o produto com maior participação no volume de produção da empresa é o produto Baldão, com 45% da produção, seguido pelo produto Balde com 30% e do produto Baldinho com 18%. As perdas representaram 8% da quantidade produzida.

Poderíamos tornar a análise ainda mais robusta com a compreensão da evolução horizontal dos percentuais da análise vertical. Um ponto importante da análise horizontal faz referência à compreensão da evolução de um número muito pequeno. Se, por exemplo, um valor oscilar de $ 1 no primeiro ano para $ 50 no segundo, a análise horizontal apresentará o expressivo percentual de 5.000% (em negrito na Figura 3.5), o que poderá induzir a um crescimento espantoso – o que seria verdadeiro sob o ponto de vista relativo já que o aumento foi de 4.900%, mas que não faria sentido sob o ponto de vista absoluto – a oscilação absoluta de $ 1 para $ 50 é de apenas $ 49.

Mercado	Vendas em $		AH	
	Ano 1	Ano 2	Ano 1	Ano 2
Externo	1,00	50,00	100	**5.000**
Interno	4.999,00	5.950,00	100	119
Soma	5.000,00	6.000,00	100	120

Figura 3.5 *Análise horizontal em exemplo hipotético.*

Assim, para amenizar tais distorções, podemos conduzir uma leitura (ou análise) horizontal dos percentuais verticais, conforme apresentam os números em negrito da Figura 3.6. Nesta situação, faríamos uma leitura da evolução temporal dos percentuais calculados na análise vertical de cada um dos anos.

Mercado	Vendas em $		AH		AV	
	Ano 1	Ano 2	Ano 1	Ano 2	Ano 1	Ano 2
Externo	1,00	50,00	100	5.000	**0,02**	**0,83**
Interno	4.999,00	5.950,00	100	119	99,98	99,17
Soma	5.000,00	6.000,00	100	120	100,00	100,00

Figura 3.6 *Analisando na horizontal os percentuais da análise vertical.*

Dessa forma, perceberíamos uma elevação de 0,02% na análise vertical do ano 1 para 0,83% no ano 2. Ou seja, o percentual continuou muito baixo nos dois anos. Assim, seria importante apresentar toda a evolução dos números da análise vertical, permitindo uma melhor análise da evolução dos percentuais.

Os números da análise vertical dos três anos do exemplo da Balde, Baldinho e Baldão está apresentado na Figura 3.7. Para cada um dos anos a soma da produção foi considerada como sendo igual a 100%.

AV	Ano 1	Ano 2	Ano 3
Baldinho	18	22	24
Balde	30	28	25
Baldão	45	41	36
Perdas	8	9	15
Soma	100	100	100

Figura 3.7 *Análise vertical dos números da Balde, Baldinho e Baldão.*

Assim, na análise vertical do produto Baldão para o ano 2, temos:

Valor da AV = (Valor original/Valor total do ano analisado) × 100 = 19/46 × 100 = 41 (aproximadamente).

Já na análise vertical do produto Balde para o ano 3, temos:

Valor da AV = (Valor original/Valor total do ano analisado) × 100 = 15/59 × 100 = 25 (aproximadamente).

Análise financeira baseada em indicadores

A análise se dá quando diferentes quocientes e indicadores[2] são construídos para permitir uma melhor leitura das informações contidas nas demonstrações contábeis e financeiras. Usualmente, as formas de empregar indicadores em análises financeiras podem ser de três tipos:

a) **análise de série temporal:** quando os índices de uma mesma empresa são analisados historicamente, e da sua análise evolutiva ao longo dos anos é possível extrair informações e prognósticos sobre a situação da entidade;

---

[2] Indicadores são medidas sintéticas do desempenho de uma entidade. Quando o indicador é apresentado sob a forma de número puro, adivensional, dizemos tratar-se de um índice. Assim, faturamento por funcionário é um indicador. Mas a relação entre ativo circulante e passivo circulante, além de ser um indicador é, também, um índice já que se trata de um número puro, adimissional.

78 A Análise Contábil e Financeira • Bruni

b) **análise de seção cruzada (*cross section*):** quando, em um mesmo momento, indicadores de diferentes empresas são comparados e, a partir daí, é possível identificar pontos fortes e fracos;

c) **análise combinada:** quando envolve os dois métodos anteriores. Dados da entidade e de outras correlatas são analisados de forma conjunta e ao longo do tempo.

Por exemplo, imagine que outros números fossem apresentados para a Balde, Baldinho e Baldão, relativos ao faturamento (em $ mil), lucro (em $ mil) e número de funcionários.

Produção em toneladas	Ano 1	Ano 2	Ano 3
Baldinho	7	10	14
Balde	12	13	15
Baldão	18	19	21
Perdas	3	4	9
Soma	40	46	59
Outros números			
Faturamento (em $ mil)	120	135	160
Lucro (em $ mil)	18	19	19
Número de funcionários	36	40	44

Figura 3.8 *Produção e outros números da Balde, Baldinho e Baldão.*

Com o objetivo de auxiliar o processo de análise da evolução dos números da empresa, poderíamos construir alguns indicadores que comparassem a evolução de pares de números da Figura 3.8. Por exemplo, poderíamos calcular os seguintes indicadores:

a) **faturamento por produção:** buscaria representar a *performance* do faturamento em $ por produção em tonelada. Quanto mais alto o indicador, maior seria o preço cobrado por tonelada, o que, em linhas gerais, indicaria uma melhoria da *performance* financeira da empresa. Por outro lado, quanto menor o indicador, menores relativamente seriam os preços praticados, indicando uma deterioração das condições mercadológicas vividas pela empresa;

b) **faturamento por funcionário:** corresponderia a um indicador de desempenho associado ao uso da mão de obra. Quanto maior o indicador, maior o faturamento em $ gerado, em média, por cada um dos funcionários;

c) **lucro por produção:** apresenta o quanto a empresa está lucrando em $ para cada tonelada vendida. Quanto mais alto o indicador, maior o lucro por tonelada e melhor a *performance* financeira;

d) **lucro por funcionário:** corresponde ao lucro em $ que a empresa consegue obter para cada funcionário presente em seus quadros. Seria um indicador do tipo quanto maior, melhor, já mais eficiente seria a operação, com maior lucro por uso de mão de obra;

e) **produção por funcionário:** apresenta indicador de desempenho associado ao uso da mão de obra, apresentando a produção em toneladas para cada funcionário presente nos quadros. Quanto maior o indicador, maior a produção em toneladas obtida, em média, de cada um dos funcionários.

Análise de série temporal

Um indicador isoladamente apresenta pouca ou nenhuma serventia. Para que seja útil ao processo de análise e gestão, é preciso compará-lo em uma análise temporal evolutiva, analisando a sua evolução ao longo dos anos, ou com empresas similares, buscando entender as forças e fraquezas da empresa sob análise. Uma análise da evolução temporal pode ser feita para os indicadores da Balde, Baldinho e Baldão, conforme apresenta a Figura 3.9.

Indicador de *performance*	Ano 1	Ano 2	Ano 3
Faturamento/produção	3,00	2,93	2,71
Faturamento/funcionário	3,33	3,38	3,64
Lucro/produção	0,45	0,41	0,32
Lucro/funcionário	0,50	0,48	0,43
Produção/funcionário	1,11	1,15	1,34

Figura 3.9   *Análise da evolução temporal da Balde, Baldinho e Baldão.*

Com base nos números calculados, poderíamos executar a análise de cada um dos indicadores:

a) **faturamento por produção:** é possível perceber uma redução gradual do indicador, que era igual a 3,00 (em $ mil/tonelada) no ano 1, indicando um preço médio praticado no ano igual a $ 3.000,00 por tonelada. O indicador foi reduzido para 2,93 no ano 2 e foi ainda mais reduzido para 2,71 no ano 3. Isso indica uma substancial redução dos preços por tonelada dos produtos vendidos pela empresa. O fato sugere um acirramento das condições de mercado. Possivelmente, para poder manter suas vendas a empresa tem concedido descontos;

b) **faturamento por funcionário:** neste indicador existe uma melhoria gradual do desempenho. O índice que era igual a 3,33 (em $ por funcionário) no ano 1 evoluiu para 3,38 no ano 2 e para 3,64 no ano 3. A evolução favorável do indicador sugere que a empresa está conseguindo vender mais por funcionário. O uso do quadro de pessoal está sendo otimizado;

c) **lucro por produção:** o indicador apresenta um desempenho similar ao do indicador faturamento/produção, indicando queda do desempenho. O indicador foi igual a 0,45 (em $ mil por tonelada), indicando um lucro de $ 450,00 por tonelada produzida no ano 1. Porém, o indicador cai para 0,41 no ano 2 e para 0,32 no ano 3. É possível perceber uma redução gradual dos lucros por tonelada produzida pela empresa;

d) **Lucro por funcionário:** o indicador apresenta um desempenho decrescente. O número foi igual a 0,50 (em $ mil por funcionário) no ano 1, indicando que cada funcionário contribuía com um lucro anual de $ 500,00 para o negócio. Posteriormente, esse indicador foi reduzido para 0,48 e 0,43 nos anos 2 e 3, respectivamente. Ou seja, o desempenho dos lucros da empresa medido de forma relativa ao número de funcionários foi gradualmente reduzido;

e) **produção por funcionário:** o desempenho foi positivo e crescente. O indicador foi igual a 1,11 (em toneladas por funcionário) no ano 1, indicando uma produção média de 1,1 tonelada por funcionário. Posteriormente, o indicador eleva-se para 1,15 no ano 2 e para 1,34 no ano 3.

Outra forma de análise de indicadores prevê a sua comparação com empresas similares. A comparação dos indicadores de diferentes empresas permite identificar os pontos fortes e fracos de cada uma das empresas.

Análise de seção cruzada

Uma análise de seção cruzada ou *cross section* realiza, como o nome revela, um corte transversal no tempo, comparando em um mesmo momento indicadores de diferentes empresas. Essa comparação permitiria identificar pontos fortes e fracos de cada uma das empresas.

Em relação ao exemplo da Balde, Baldinho e Baldão, imagine que os dados de uma outra empresa concorrente, denominada Pote, Potinho e Potão Ltda. estivessem disponíveis conforme apresenta a Figura 3.10.

Produção em toneladas	Ano 1	Ano 2	Ano 3
Potinho	54	55	61
Pote	36	38	43
Potão	21	28	40
Perdas	7	6	5
Soma	118	127	149
Outros números			
Faturamento (em $ mil)	370	420	510
Lucro (em $ mil)	56	62	76
Número de funcionários	143	150	167

Indicador de *performance*	Ano 1	Ano 2	Ano 3
Faturamento/produção	3,14	3,31	3,42
Faturamento/funcionário	2,59	2,80	3,05
Lucro/produção	0,47	0,49	0,51
Lucro/funcionário	0,39	0,41	0,46
Produção/funcionário	0,83	0,85	0,89

Figura 3.10   *Números da Pote, Potinho e Potão.*

Uma análise de seção cruzada poderia comparar alguns indicadores das duas empresas em um mesmo momento temporal. Assim, calculando os números dos indicadores faturamento por produção ($/kg), faturamento por funcionário ($ mil/funcionário) e lucro por produção ($/kg) teríamos os valores da Figura 3.11.

	Ano 1
Faturamento por produção ($/kg)	
Pote, Potinho e Potão	3,14
Balde, Baldinho e Baldão	3,00
Faturamento por funcionário ($ mil/funcionário)	
Pote, Potinho e Potão	2,59
Balde, Baldinho e Baldão	3,33
Lucro por produção ($/kg)	
Pote, Potinho e Potão	0,47
Balde, Baldinho e Baldão	0,45

Figura 3.11 *Análise de seção cruzada para as duas empresas.*

Na análise de seção cruzada com base nos números da Figura 3.11, podemos perceber algumas forças e fraquezas da Balde, Baldinho e Baldão. Como forças, apresentamos o maior faturamento por funcionário. Como fraquezas, notamos os menores valores relativos ao faturamento por produção ou lucro por produção.

Análise combinada

A análise combinada permite evoluir na análise financeira, empregando simultaneamente as técnicas envolvidas com a análise de série temporal e de seção cruzada. Dados da entidade e de outras correlatas são analisados de forma conjunta e ao longo do tempo.

A disponibilidade dos dados de uma empresa similar possibilita a análise comparativa de cada indicador, identificando os pontos fortes e fracos. Para facilitar a análise, os números das duas empresas foram reapresentados na Figura 3.12.

Faturamento por produção ($/kg)	Ano 1	Ano 2	Ano 3
Pote, Potinho e Potão	3,14	3,31	3,42
Balde, Baldinho e Baldão	3,00	2,93	2,71

Figura 3.12 *Comparando o índice "faturamento por produção".*

É possível perceber que a primeira empresa apresenta desempenho melhor nos três anos. Isso significa que a Pote, Potinho e Potão consegue vender mais por funcionário. Além disso, a evolução do indicador para a primeira empresa é positiva ao longo dos três anos, enquanto a segunda empresa vê um desempenho decrescente ano a ano. A comparação do indicador faturamento/produção indica uma situação mais confortável na primeira empresa.

Construindo outro indicador, poderíamos tentar representar a relação entre o faturamento e a quantidade de funcionários, conforme nos apresenta a Figura 3.13.

Faturamento por funcionário ($ mil/funcionário)	Ano 1	Ano 2	Ano 3
Pote, Potinho e Potão	2,59	2,80	3,05
Balde, Baldinho e Baldão	3,33	3,38	3,64

Figura 3.13 *Comparando o índice "faturamento por funcionário".*

A análise dos números da Figura 3.13 indica que a as duas empresas apresentam melhorias sucessivas. Estão conseguindo aumentar o faturamento por funcionário ao longo do tempo. Os números da Balde, Baldinho e Baldão são maiores, indicando que consegue vender mais por funcionário.

A análise da relação entre lucro e volume produzido pode ser feita com o auxílio da Figura 3.14.

Lucro por produção ($/kg)	Ano 1	Ano 2	Ano 3
Pote, Potinho e Potão	0,47	0,49	0,51
Balde, Baldinho e Baldão	0,45	0,41	0,32

Figura 3.14   *Comparando o índice "lucro por produção".*

Uma análise dos números da Figura 3.14 permite perceber que o lucro por volume produzido da Pote, Potinho e Potão é maior. Além disso, são crescentes no tempo. Por outro lado, os números da Balde, Baldinho e Baldão, além de menores quando comparados com os da Pote, Potinho e Potão, são decrescentes ano a ano – que deveria causar preocupações para os gestores desta empresa.

A Figura 3.15 apresenta o indicador lucro por funcionário. Os números são crescentes na empresa fabricante de potes e decrescentes na empresa fabricante de baldes. O indicador apresentou um desempenho superior na Balde, Baldinho e Baldão no ano 1, contudo, a *performance* cai no ano 1 e no ano 2 e volta a cair novamente no ano 3, fazendo com que o desempenho desta empresa torne-se cada vez mais inferior. Enquanto a Pote segue uma trajetória de melhorias sucessivas, a Balde vê a sua situação ir se agravando gradualmente.

Lucro por funcionário ($ mil/func.)	Ano 1	Ano 2	Ano 3
Pote, Potinho e Potão	0,39	0,41	0,46
Balde, Baldinho e Baldão	0,50	0,48	0,43

Figura 3.15   *Comparando o indicador "lucro por funcionário".*

Os números associados ao indicador produção por funcionário estão apresentados na Figura 3.16. Os números das duas empresas são crescentes, indicando que conseguem produzir mais quilos ou toneladas por funcionário. Os números da Balde são maiores, indicando um melhor desempenho desta empresa.

Produção por funcionário (tonelada/func.)	Ano 1	Ano 2	Ano 3
Pote, Potinho e Potão	0,83	0,85	0,89
Balde, Baldinho e Baldão	1,11	1,15	1,34

Figura 3.16   *Comparando o indicador "produção por funcionário".*

Assim, em linhas gerais, a construção de uma síntese das observações feitas para os diferentes indicadores permite constatar que a Balde, Baldinho e Baldão costuma apresentar desempenho superior no que se refere ao uso da mão de obra, apresentando maior produção e maior faturamento por funcionário. Porém, no que se refere à análise do lucro, vem perdendo *performance* ano a ano, o que revelou a análise dos índices lucro por funcionário e lucro por produção. Como razões para este fato poderíamos apresentar a tentativa de manter vendas mais elevadas mediante sucessivas reduções de preços – o que impactaria os lucros, ou a elevação dos seus custos de produção.

QUAL O MELHOR ÍNDICE?

Uma piada conta que em um determinado momento o copiloto alerta o piloto de um avião sobre a contínua perda de altitude. O piloto prontamente responde dizendo que não é preciso se preocupar, já que ele monitora o velocímetro continuadamente e a velocidade está ótima.

Ora, de nada adianta uma boa velocidade em direção ao chão! É preciso monitorar com atenção e de forma continuada todos os instrumentos do painel do avião. Para se manter em voo, todos os indicadores precisam estar em níveis aceitáveis.

A analogia vale para a análise de demonstrações contábeis. Uma dúvida usual costumeira faz referência à escolha do melhor índice. Existe um melhor índice? Possivelmente não. Cada índice apresenta vantagens e desvantagens. O ideal seria usar um conjunto de diferentes índices que tentassem representar da melhor forma a evolução do desempenho da empresa.

O domínio de análise financeira baseada em diferentes entendimentos complementa a visão da empresa, aumentando o conhecimento de suas fraquezas e dos seus pontos fortes.

Para pensar 3.2

Os exemplos das empresas Balde, Baldinho e Baldão e Pote, Potinho e Potão podem ter análises diferentes caso as perdas das duas empresas sejam expurgadas da análise. Assim, desconsidere as perdas das duas empresas e refaça as análises aqui apresentadas. Pede-se:
a) O que é possível concluir sobre a evolução dos números das duas empresas?
b) Qual análise específica podemos fazer das perdas?

86 A Análise Contábil e Financeira • Bruni

Exercícios propostos

1. A tabela seguinte apresenta um conjunto de informações das empresas Cardirrede e Netvisa, duas fictícias administradoras de cartões de crédito. Use as informações apresentadas a seguir para responder às próximas questões. Alguns valores apresentados na tabela estão aproximados.

	Ano 1	Ano 2	Ano 3
Cardirrede			
Total			
Nº de Cartões (milhões)	277	338	379
Nº de Transações (bilhões)	2,9	3,7	4,3
Valor das Transações (R$ bilhões)	164,1	203,2	246,3
Cartões de crédito			
Nº de Cartões (milhões)	53	68	79
Nº de Transações (bilhões)	1,4	1,7	2,0
Valor das Transações (R$ bilhões)	101,3	123,0	151,2
Cartões de débito			
Nº de Cartões (milhões)	138	171	187
Nº de Transações (bilhões)	1,1	1,4	1,6
Valor das Transações (R$ bilhões)	44,2	58,2	69,4
Cartões de lojas (*private label*)			
Nº de Cartões (milhões)	86	99	112
Nº de Transações (bilhões)	0,5	0,6	0,7
Valor das Transações (R$ bilhões)	18,6	22,0	25,7
Netvisa			
Cartões de crédito			
Nº de Transações (bilhões)	0,8	0,9	1,1
Valor das Transações (R$ bilhões)	60,2	65,1	71,2
Cartões de débito			
Nº de Transações (bilhões)	0,69	0,76	0,84
Valor das Transações (R$ bilhões)	31,2	35,5	39,6

Parte I. Considerando apenas a evolução do número individual de cada tipo de cartão (crédito, débito e *private label*) da Cardirrede, apresente a evolução dos números usando a análise: (a) vertical, (b) horizontal.

Parte II. Construa o indicador valor de cada transação (valor das transações por número de transações) para as duas empresas, comparando a evolução das duas ao longo dos três anos. Considere os números para: (c) cartões de crédito, (d) cartões de débito.

2. Alguns números da Fábrica de Refrigerantes Espumantes Ltda. encontram-se apresentados a seguir.

Descrição	Ano 1	Ano 2	Ano 3
Produção por sabor			
Cola (em mil litros)	170	204	235
Limão (em mil litros)	180	198	214
Laranja (em mil litros)	220	308	400
Guaraná (em mil litros)	450	518	674
Produção total (em mil litros)	1.020	1.228	1.523
Outros números			
Faturamento (em $ mil)	670	830	970
Lucro (em $ mil)	134	127	275
Número de pontos de vendas	58	78	110

Pede-se:

a) Efetue a análise vertical e horizontal para os volumes produzidos. Para a análise horizontal considere o ano 3 como ano-base.

b) Calcule a evolução anual dos seguintes indicadores: faturamento por produção ($/mil litros), lucro por produção ($/mil litros), faturamento por ponto de venda ($/ponto), lucro por ponto de venda ($/ponto). Comente a evolução de cada um dos indicadores.

c) Imagine que o sindicato nacional de indústrias de bebidas tenha apresentado as seguintes estatísticas médias sobre cada um dos indicadores. Com base nessas informações, analise e comente a evolução dos números da Fábrica Refrigerantes Espumantes Ltda.

Média do setor	Ano 1	Ano 2	Ano 3
Faturamento por produção	0,50	0,52	0,51
Lucro por produção	0,15	0,12	0,20
Faturamento por ponto de venda	9,42	9,47	8,55
Lucro por ponto de venda	2,45	1,87	2,69

3. A Indústria de Tecidos Jabiraba produz dois produtos, apresentados como Liso e Estampado. No primeiro ano, a produção de Tecido Liso foi igual a 40 mil m², crescendo 20% no ano 2 e 30% no ano 3. Por outro lado, a produção de Tecido Estampado foi igual a 25 mil m² no ano 1, caindo 10% no ano 2 e crescendo 50% no ano 3. Com base nessas informações e assumindo o ano 1 como base, calcule os percentuais para os anos 2 e 3: (a) associados à análise horizontal do Tecido Liso, (b) associados à análise horizontal do Tecido Estampado, (c) associados à análise vertical do Tecido Liso, (d) associados à análise vertical do Tecido Estampado.

4. Ainda em relação à Indústria de Tecidos Jabiraba, sabe-se que o lucro da empresa em cada um dos três anos foi igual a $ 250 mil, $ 270 mil e $ 280 mil. O consumo de algodão em toneladas foi igual a 1.200, 1.300 e 1.500. Construa e analise os indicadores apresentados a seguir, indicando em qual dos anos a *performance* da empresa foi melhor, considerando: (a) lucro por produção, (b) consumo de algodão por produção.

5. Alguns números da produção da Entrelaçada Tecidos estão apresentados a seguir. Os números correspondem à produção da empresa por tipo de tecido em mil metros quadrados. Use o ano 2 como ano-base. Calcule o que se pede a seguir: (a) Qual o percentual da análise vertical do tecido Sarja no ano 2? (b) Qual o percentual da análise vertical do tecido Brim no ano 1? (c) Qual o percentual da análise horizontal do tecido Tafetá no ano 4? (d) Qual o percentual da análise horizontal do tecido Cetim no ano 3?

Tecido	Ano 1	Ano 2	Ano 3	Ano 4
Tafetá	1	2	3	3
Sarja	14	17	20	25
Cetim	8	11	14	17
Brim	10	12	14	18

Conhecendo a análise financeira **89**

6. O valente Jacó. A história das empresas do grupo Jacó foi marcada pela presença de muitos desafios. O seu fundador, José Jacó, ficou órfão de mãe aos 11 anos e do pai aos 16, quando herdou alguns imóveis e uma loja de tecidos com dez funcionários. Antes de completar 18 anos, a loja já não ia bem e a falência era iminente.

Porém, contrariando todos os prognósticos, o valente Jacó arregaçou as mangas e seguiu em frente. Conseguiu ser emancipado antes dos 18 anos. Com luta e afinco, procurou inovar, competir nos preços e levantar o padrão das mercadorias.

Em 1954, passou a ter a primeira loja da cidade. Jacó decidiu, então, construir uma loja nova. Porém, para seu espanto, o dinheiro acabou antes do fim da obra. A obra descapitalizou a empresa. O erro tornou-se uma lição duradoura: – a empresa passou a diferenciar os recursos destinados às operações (capital de giro) dos recursos destinados à imobilização (gastos de capital). Nas palavras de Jacó:

– "Nossos homens para o operacional, não têm praticamente limite de decisão. Mas, para a imobilização, dependem da aprovação orçamentária. Imobilização é avaliada criteriosamente. Tem que ser estratégica ou muito atraente. Ficamos, também, mais sensíveis para a importância do capital de giro e tomamos uma decisão que consideramos muito importante: primeiro ganhar para depois investir. Isto nos custou algum tempo sem expansão, mas nosso crescimento se fez muito solidamente."

E o valente Jacó não parou. Em 1957, conseguiu inaugurar a nova loja, já com o nome Lojas Valente. Foi quando a empresa inovou, iniciando o crediário, antes limitado apenas a bens de consumo duráveis. O passo seguinte foi abrir uma nova loja em uma cidade vizinha. Havia uma grande clientela na cidade que insistia na conveniência de a Valente se instalar lá. O investimento se pagou em meses. Nesse período, a empresa desenvolveu o crediário como forma de pagamento, o que a tornou pioneira no crédito direto ao consumidor, o que antes só era visto em operações com bens de consumo duráveis.

No entanto, uma limitação do negócio se tornou evidente: a moda muda sem parar e é diferente de um local para o outro, de uma estação do ano para a outra. Nas palavras de Jacó: – "Um erro de avaliação era prejuízo certo. Não havia ganho com o aumento da escala por causa do excesso de particularidades dos diferentes mercados e clientes."

A solução apareceu com os eletrodomésticos. Na época, sua comercialização era incipiente. O comércio não se esforçava para vender. Era o cliente que se esforçava para comprar. As Lojas Valente resolveram, então, experimentar a comercialização de eletrodomésticos. Os funcionários protestaram. Acreditavam que a empresa não era do ramo e, portanto, não iria ter sucesso. Jacó bateu pé firme e argumentou: – "Se não vender dou de presente."

Como primeiro teste, comprou seis liquidificadores na mão do representante da Zapatta, uma importante marca. E fez as primeiras vendas com prejuízo, já que as seis unidades foram vendidas abaixo do custo. Os concorrentes, que vendiam, todos juntos, seis unidades por ano, ficaram indignados. Questionaram a Zapatta por ter vendido para uma loja que não era do ramo. Naturalmente, Jacó não ouviu as críticas dos concorrentes. Foi em frente e negociou com a Zapatta um pedido a vista de 100 unidades. Combinou a iniciativa com uma campanha promocional e nunca mais deixou de vender produtos da marca.

O crescimento trouxe desafios. Com três lojas em locais diferentes, a administração a distância revelava-se difícil. O trabalho era triplicado, o que fez a empresa parar para organizar, o que, para Jacó, foi um equívoco:

– "Foi um grande erro. Perdemos muito tempo em busca de uma perfeição impossível. Até que o óbvio surgiu: progredir é desorganizar. O processo é dinâmico. Mudou para mais, para menos, desorganizou. É como uma criança que ao crescer fica com a canela à vista. Assim, a empresa tem que ir fazendo as coisas simultaneamente, crescendo e organizando."

A empresa sobreviveu à década de 60, testemunhando o fato de grande parte de seus concorrentes terem sucumbido às políticas militares de combate a inflação. Aproveitou, neste período, um mercado com poucos concorrentes. Porém, ainda assim, sofreu com as políticas econômicas e se viu descapitalizada. Estava na hora de decidir o que fazer com os poucos recursos que sobraram. Para melhorar seus esforços, Jacó acreditava que precisava definir uma estratégia para seu crescimento. Assim, optou por deixar a comercialização de tecidos para focar na venda de eletrodomésticos – o que se revelou bastante eficaz. Em função da recessão, a empresa conseguiu assumir vários novos pontos sem custo inicial. Buscando ampliar sua atuação, a empresa adquiriu o Banco Pecúnia.

No ano de 1966, ciente da existência do crédito ao consumidor nos EUA, Jacó começou a tentar adaptar o sistema.

– "Cheguei até a abordar um diretor do Banco Central, numa palestra, sobre a ideia e ele a descartou categoricamente. Eu insisti e perguntei se não havia alguma maneira de adaptar o sistema para o Brasil. Recebi a taxativa resposta que não teria. Mas o diretor sinalizou que tudo iria mudar dentro de poucos meses."

A sinalização ocorreu de fato. O crédito direto ao consumidor passou a ser uma operação obrigatória para as financeiras. Como a empresa já tinha comprado o Banco Pecúnia, a Valente passou a ser a primeira e única a financiar o consumidor por quase dez anos.

No início da década de 70, a empresa já contava com quase 100 lojas. A expansão da rede garantiu que no período do "milagre brasileiro" do governo Médici a empresa fosse capaz de alavancar a diversificação de seus negócios com a aquisição de empresas e novos investimentos. A empresa ampliou o seu escopo de atuação, ingressando em novos ramos, como os da construção civil (Construtora Pégassus) e alimentos (Chocolates Saborosos), já tendo operações anteriores no setor bancário (Banco Pecúnia). Essa diversificação era explicada por Jacó:

– "A nossa inauguração de quase cem lojas no período entre 1966 e 1971, incluindo a inauguração de lojas na capital do estado de São Paulo, garantiu que a empresa estivesse pronta para aproveitar as oportunidades de expansão. Ainda em 1971, a empresa já gerava recursos suficientes para iniciar uma fase de diversificação dos negócios através de novos investimentos e da aquisição de empresas existentes. A primeira opção foi investir no setor de construção civil, que parecia promissor em função do desenvolvimento do Sistema Financeiro da Habitação. Daí surgiu a Pégassus, a empresa que mais deu resultado em relação ao capital, tempo e trabalho empregados em toda a história do grupo. Anos depois, em 1973, ainda gerando mais recursos do que conseguia absorver, decidimos entrar em alguma atividade de capital intensivo, que não impusesse limitações geográficas, com administração centralizada, de modo a diversificar o risco, naquela época determinado pelos bens de consumo duráveis e pelos imóveis. Optando, assim, pela indústria de alimentos. 'Escolhemos uma empresa pequena – a Chocolates Saborosos – para poder bancar o aprendizado, formar pessoal e aguardar confiança para crescer'."

O início da década de 80 foi marcado pela crise da dívida externa brasileira. A empresa foi obrigada a adotar critérios de expansão mais rígidos, só expandindo quando era conveniente do ponto de vista estratégico e passou a preservar a liquidez ao máximo. Ainda assim, comprou outro banco em 1982, inaugurou uma fábrica de extratos de tomate em 1984 (Italiana Derivados de Tomate), comprou uma fábrica de eletrodomésticos (Elétricos Industrial) e os pontos de uma rede varejista no Rio de Janeiro em 1985.

No início dos anos 1990, as coisas mudaram. A razão era apontada por Jacó:

– "No final da década de 1980, eu resolvi ir com um grupo dos meus executivos para os Estados Unidos. Queríamos conhecer a operação de redes como a Radio Shack, a Best Buy e a Circuit City, donas de faturamentos de cerca de 7 bilhões de dólares anuais. Voltamos convencidos de que era preciso mudar o foco dos negócios. À época, éramos o líder nacional nas vendas de móveis e eletroeletrônicos. O faturamento chegava a 800 milhões de dólares e os lucros apareciam nos balanços. Muitas das nossas ineficiências eram ocultadas pela inflação. Estávamos em um momento excelente. Mas sabíamos que se não transformássemos nosso negócio não teríamos competitividade internacional. Seríamos uma empresa sem futuro."

Foi aí que a empresa optou por um recuo estratégico. De uma só tacada, fechou 120 lojas. A linha de produtos foi reduzida de 7.500 para 700 itens. A empresa, que chegou a ter em seus estoques de televisores a tapetes e cristais, concentrou suas vendas em eletroeletrônicos. Em apenas três anos, o faturamento caiu de 800 milhões de dólares para 430 milhões. Nas palavras de Jacó:

– "O mercado achou que estávamos malucos. Ninguém entendia por que estávamos mexendo num time que estava ganhando. Mas havia uma lógica por trás da mudança. A especialização nos trouxe aumento de escala e poder de compra era algo que estava se tornando fundamental no varejo mundial. Quem não for grande o suficiente para negociar com os fornecedores perde competitividade e acaba sendo engolido pela concorrência. As grandes redes de varejo dominam cerca de 90% das vendas nos Estados Unidos. No Brasil, mais cedo ou mais tarde, a mesma coisa vai acontecer."

O que pode ter parecido uma decisão equivocada fez com que a Valente conseguisse em poucos anos se tornar a maior empresa varejista do Brasil. Com a especialização, a empresa conseguiu focar o negócio e ganhou escala, tendo assim maior poder de barganha com seus fornecedores, gerando melhores margens para a empresa.

A empresa percebia que o mercado passaria por grandes transformações e trabalhou firme para se preparar para a estabilidade – ocorrida após a implantação do Plano Real, ocorrida em meados de 1994. Uma realidade turbulenta marcada por altas e instáveis oscilações de preços foi alterada para um panorama de baixos e baixíssimos níveis de inflação. O financiamento das vendas, impensável em anos anteriores, tornou-se possível.

Antes do Plano Real, o mercado, incluindo a Valente, pouco vendia a prazo. Raros eram os financiamentos e, ainda assim, quando feitos eram marcados por prazos muito curtos. Depois do Real, o mercado foi à forra. Dividindo as vendas em muitas parcelas mensais, as empresas catapultaram suas vendas. A demanda reprimida por anos fazia escoar imensos volumes de vendas. Os consumidores queriam geladeiras novas, fogões novos, camas novas ... Uma avalanche de carnês chegava ao mercado.

Os números de 1996 da Valente tornaram-se vistosos. Suas vendas aumentaram mais de 50% em relação ao ano anterior, ultrapassando US$ 2 bi anual. Seus lucros alcançaram US$ 114 mi, crescendo mais de 250% em um ano. Uma importante revista de negócios escolheu a empresa como a melhor empresa do setor de comércio varejista no ano. Em outubro do ano anterior, as ações da Valente foram lançadas no mercado. Desde o lançamento, os papéis tiveram uma valorização superior a 300%. Ao final de 1996, a Valente era puro sucesso.

A razão dessa façanha se devia em grande parte ao financiamento aos consumidores. Cerca de três quartos das vendas da empresa eram feitas a prazo, mediante operações do Banco Pecúnia – o braço financeiro do grupo. As lojas vendiam a vista. Caso o cliente desejasse prazo, o banco se incumbia de pagar a loja, entregar o bem ao cliente, recebendo em troca as parcelas do carnê. Para Jacó, os ganhos eram duplos. Ele podia ganhar algum dinheiro com a venda das geladeiras e demais mercadorias. Mas ganhava muito mais dinheiro com os juros embutidos no financiamento das vendas. Os carnês somaram $ 1,5 bi em compras. Pouca gente na concorrência teria uma estrutura parecida.

O dinheiro necessário para o financiamento das vendas vinha do mercado financeiro. A operação captava o dinheiro a um custo médio de 2% ao mês e financiava suas mercadorias com juros mensais de 6%. As operações de captação junto ao mercado financeiro ocorriam em prazos inferiores aos financiamentos concedidos aos clientes. As dívidas contraídas precisavam ser renovadas sucessivamente.

Apesar do sucesso afirmado dois anos antes, em 1998 as operações estavam em colapso. A renovação de empréstimos se mostrou insustentável. A empresa enfrentou sérias dificuldades financeiras. No mês de julho se tornou concordatária. Em 1998, as Lojas Valente se tornaram sinônimo de fracasso.

O que poderia justificar essa brusca mudança de comportamento que converteu um grande caso de sucesso em um tremendo exemplo de fracasso? A razão está no ano de 1997. Embora o sucesso da empresa pudesse ser visto nas páginas dos meios de comunicação, a realidade junto aos bancos era muito diferente. A empresa captava desesperadamente. Bancos se tornaram cautelosos. Além disso, a crise asiática fez com que as taxas praticadas no mercado fossem elevadas – o que aumentou o comprometimento da Valente com juros e reduziu seus lucros.

Para piorar, a gota que faltava veio com o reconhecimento dos créditos incobráveis. Um estudo cuidadoso revelou que a inadimplência crescente se agravou com as ondas de demissões associadas à crise asiática. A empresa precisou reconhecer uma PDD, uma provisão para devedores duvidosos, da ordem de $ 360 milhões.

Embora a empresa achasse que os preços incorporassem um percentual com folga para a cobertura da inadimplência histórica, o futuro revelou-se surpreendentemente desconectado do passado. O Plano Real era uma grande curva em uma estrada nada linear. Antes do Plano Real, a empresa praticamente não fazia vendas financiadas. Caso isso ocorresse, os cuidados seriam muitos e poucas outras alternativas de compras financiadas existiriam para o cliente. Consequentemente, a inadimplência histórica da empresa era relativamente baixa – o que não se mostrou verdadeiro no período posterior ao Real.

A valente aventura chegava ao fim. O desafio de sobreviver aos anos seguintes a 1998 tornou-se impossível. O que era um exemplo meritório de dedicação e superação se tornou um caso exemplar de muitos equívocos financeiros.

Analise o caso da Valente e responda: quais as principais razões para o seu insucesso?

4

 Analisando Demonstrações Contábeis

"Quem não tem dinheiro, meios e paz, carece de três bons amigos."
William Shakespeare

Objetivos do capítulo

As particularidades das demonstrações contábeis demandam cuidados adicionais, anteriores ao estudo dos números nelas contidos. É preciso conferir a coerência de alguns valores e de algumas informações. Ajustes diversos podem ser precisos, como os que envolvem a movimentação de contas do curto para o longo prazo ou vice-versa ou ainda a correção de valores imprecisos, como os ativos de realização difícil ou impossível.

Após os ajustes, a análise inicial dos números contidos nas demonstrações contábeis das empresas pode ser feita de diferentes formas. Uma das formas mais simples consiste na compreensão da evolução dos números de uma conta ano a ano, o que pode ser feito com base na análise horizontal, que analisa a evolução dos números a partir de um ano-base, ou da análise vertical, que analisa a evolução da composição percentual das demonstrações.

Este capítulo discute os ajustes iniciais e necessários das demonstrações contábeis e apresenta os usos e aplicações de análises simples, como as análises vertical e horizontal das demonstrações.

Passado *versus* futuro

Um fato comum na realização de análises financeiras consiste em nos basearmos na análise da evolução dos números passados com o objetivo de entender a evolução do futuro, conforme apresenta a Figura 4.1.

Figura 4.1   *Relacionando passado e futuro.*

O cuidado que precisamos tomar refere-se ao fato de que nem sempre o futuro é uma evolução linear do passado. O avô de um amigo seu pode ter tido muito sucesso no passado em função da fábrica de chapéus que possuía. Os números passados da empresa revelariam este sucesso. Porém, as pessoas deixaram de usar chapéus – o que tornaria a fábrica de chapéus um empreendimento com futuro nebuloso.

Um dos desafios sempre presentes na análise da evolução do passado com o objetivo de predizer o futuro consiste em identificar mudanças na empresa ou no seu setor de atuação, ainda não refletido nas suas demonstrações contábeis, mas presentes nas expectativas futuras.

Dois exemplos didáticos podem ser vistos na Figura 4.2. Valores de PL estão apresentados para duas empresas: Natural Cosméticos e Cia. Elétrica do Brasil. Dois tipos diferentes de valores estão apresentados: o valor contábil, presente no Balanço Patrimonial, e o valor de mercado, obtido por meio das cotações dos totais de ações, subtraído das dívidas.

Empresa	Valor contábil do PL	Valor de mercado do PL
Natural Cosméticos	$ 788 milhões	$ 13 bilhões
Cia. Elétrica do Brasil	$ 84 bilhões	$ 32 bilhões

Figura 4.2   *Comparando os valores contábeis e de mercado do PL.*

É notável a diferença dos números. Enquanto a Natural Cosméticos apresenta um valor contábil de PL igual a $ 788 milhões, seu valor de mercado alcança $ 13 bilhões. Ou seja, o mercado vê um futuro promissor para a empresa, o que muito eleva o seu valor de mercado.

Por outro lado, no caso da Cia. Elétrica do Brasil constatamos um valor contábil igual a $ 84 bilhões e um valor de mercado igual a menos da metade do valor contábil, alcançando $ 32 bilhões. Ou seja, o futuro previsto pelo mercado não é tão promissor – o que penaliza os números.

Ajustes iniciais necessários

Um exemplo particular de análise financeira faz referência ao uso das demonstrações contábeis, notadamente do Balanço Patrimonial e da Demonstração de Resultado do Exercício. De modo geral, nos baseamos na análise da evolução dos números passados com o objetivo de entender a evolução do futuro. Os ajustes necessários respondem a questionamentos acerca do fato de os ativos serem realizáveis de fato, dos passivos estarem devidamente dimensionados e apresentados e de quaisquer outras considerações que interfiram no patrimônio ou na geração de resultados.

As principais considerações na análise financeira envolvem a questão da qualidade dos dados, o que consiste na verificação das fontes, do fato de serem auditados ou não e dos procedimentos contábeis adotados pela empresa. Naturalmente, se os dados não forem confiáveis, a análise será de pouca serventia.

O PERIGO DAS FRAUDES NAS DEMONSTRAÇÕES CONTÁBEIS

A empresa Parmalat foi fundada em 1961 nas proximidades da cidade de Parma, na Itália, por Calisto Tanzi. Ao longo dos anos, o empresário conseguiu transformar o pequeno negócio de embutidos que pertencia à sua família no oitavo maior conglomerado italiano e numa das marcas do setor de alimentos mais conhecidas em todo o mundo.

Desde a sua fundação, a Parmalat teve uma ascensão vitoriosa, transformando-se de uma simples empresa familiar do norte da Itália numa multinacional de mais de 35.000 empregados em cerca de 30 países. Em 1990, a Parmalat abriu seu capital, passando a ser negociada no mercado acionário. Como resultado dessa transformação, expandiu-se e diversificou seus produtos. Faturou, em 2002, a cifra de 7,6 bilhões de euros. Com esse bom desempenho, a Parmalat gozava de ótima reputação nos mercados, com ações recomendadas à clientela pelos bancos de investimentos, sendo fiscalizada por mais de uma empresa de auditoria.

Porém, a Parmalat assustou o mundo, ao evidenciar uma série de sucessivos erros contábeis. Na primeira metade dos anos 2000, a reputação da companhia virou pó perante sua declaração de insolvência. O controle da empresa foi assumido pelo governo italiano, atônito sobre o que fazer com uma companhia afundada até o pescoço e um rombo financeiro que poderia chegar a 10 bilhões de euros.

Os responsáveis utilizaram o expediente de maquiar o balanço da companhia, sobrevalorizando os seus bens de forma a obter lucros contábeis fictícios, maiores do que os reais. Forjando esses resultados satisfatórios, a Parmalat se habilitava a novos créditos junto a bancos, financiando assim a sua política de crescimento. Com aparência sólida, a companhia conseguiu captar, entre os anos de 2001 a 2003, US$ 5 bilhões.

O mundo da Parmalat caiu no exato dia em que a empresa não conseguiu honrar uma dívida de alguns milhões de dólares, vencida em dezembro de 2003. A Parmalat assustou os mercados mundiais ao revelar no dia 19 dezembro de 2003 um rombo de quase quatro bilhões de euros em seu balanço. Na época, alguns diretores da empresa foram acusados de forjar um documento em que aparecia um depósito no valor do rombo numa agência do Bank of América no paraíso fiscal das Ilhas Cayman. O banco declarou que a conta nunca existiu.

O centro de todo o esquema de fraude seria liderado pelo próprio fundador com mais seis grandes executivos. Calisto Tanzi teve a sua prisão decretada, sendo acusado, também, de apropriação indébita de 800 milhões de euros em fundos da Parmalat. Publicamente, assumiu que desviou 500 milhões de euros.

Além da análise da confiabilidade dos dados, outro ponto relevante diz respeito à necessidade de eventuais ajustes. Para poder estudar com maior confiabilidade os dados apresentados nos demonstrativos contábeis e financeiros de qualquer entidade são necessários alguns cuidados, ajustes e reclassificações. Veja os exemplos apresentados a seguir.

a) **duplicadas descontadas:** representam, na verdade, um empréstimo para o capital de giro. Caso os emitentes das duplicatas descontadas junto às instituições financeiras não as quitem, caberá à entidade que as descontou assumir estes compromissos. Logo, devem ser retiradas do ativo circulante e alocadas no passivo circulante;

b) **empréstimos feitos a interligadas:** se estiverem classificados no ativo circulante, deverão ser realocados para o realizável a longo prazo. Como existe uma relação direta entre credores e devedores, normalmente as operações não têm data fixa para a quitação. Por precaução, devem ser transferidos para o longo prazo;

c) **empréstimos recebidos de diretores ou interligadas:** se existirem valores registrados no exigível a longo prazo, deverão ser realocados no passivo circulante. Corresponde a uma situação inversa à anterior. Já que existe uma relação direta entre a entidade devedora e seus credores, estes valores podem ser exigidos a qualquer momento. Logo, torna-se necessário o ajuste;

d) **deduções do Patrimônio Líquido[1]:** correspondem a contrapartida a valores não realizáveis do ativo e que devem ser baixados do balanço patrimonial. As principais retificações dos ativos patrimoniais estão apresentadas a seguir:

- **bens obsoletos:** bens sem valor de uso ou venda, que, porém, continuam registrados no balanço patrimonial. Devem ser excluídos da análise financeira, da mesma forma que a contrapartida no patrimônio líquido;

- **débitos não cobráveis:** feitos por diretores, cotistas e solidários ou de empresa do mesmo grupo econômico cuja realização seja duvidosa;

- **depósitos judiciais:** valores depositados em juízo, enquanto a empresa discute dívidas de caráter fiscal, trabalhista ou de outro tipo;

- **excessos na reavaliação de bens do imobilizado:** quando os ativos estiverem registrados por valor acima daquele considerado razoável, deve ser feita uma retificação;

- **insuficiência da provisão para devedores duvidosos:** ou mesmo no caso da inexistência dessa provisão. Os valores provisionados devem ser coerentes com a situação operacional e financeira da entidade. Quando a provisão for considerada inadequada, deve ser feito ajuste, com a contrapartida devidamente abatida do valor do patrimônio líquido;

- **outros valores de difícil realização:** eventuais bens e direitos de realização impossível ou improvável devem ser excluídos dos ativos, com a consequente dedução do patrimônio líquido.

Para ilustrar a importância dos ajustes iniciais feitos antes da análise das demonstrações contábeis, considere o exemplo da Beleléu Indústrias Ltda. O Balanço Patrimonial apresentado pela Contabilidade da empresa está apresentado na Figura 4.3.

---

[1] Geralmente da conta reserva de lucros.

Ativos	$	Passivos e PL	$
AC		**PC**	
Caixa	800,00	Fornecedores	1.500,00
Clientes	1.800,00	Financiamentos CP	800,00
(–) PDD	(360,00)	Salários a pagar	900,00
(–) Dupl. Descontadas	(720,00)	**Subtotal PC**	**3.200,00**
Estoques	2.400,00		
Empréstimos a controladas	800,00		
Subtotal AC	**4.720,00**		
ANC		**PNC**	
Veículos	6.600,00	Empréstimos junto aos diretores	1.200,00
(–) Depr. Acum. Veículos	(1.320,00)	Financiamentos LP	2.800,00
Subtotal ANC	**5.280,00**	**Subtotal PNC**	**4.000,00**
		PL	
		Capital	1.000,00
		Reserva de lucros	1.800,00
		Subtotal PL	**2.800,00**
Total dos ativos	**10.000,00**	**Total dos passivos e PL**	**10.000,00**

Figura 4.3   *Balanço Patrimonial da Beleléu Indústrias Ltda. sem ajustes.*

Uma análise inicial dos números contidos no Balanço Patrimonial da empresa demanda a realização de alguns ajustes iniciais.

Ajuste (a). É preciso mover as duplicatas descontadas do ativo circulante para o passivo circulante. As duplicatas descontadas correspondem a empréstimo para o capital de giro e devem ser alocadas no passivo circulante. É preciso observar a mudança do sinal dos números da conta de duplicatas descontadas.

Destino ou débito: Duplicatas descontadas (AC) $ 720,00
Origem ou crédito: Duplicatas descontadas (PC) $ 720,00

Ajuste (b). Empréstimos feitos a controladas precisam ser deslocados do ativo circulante para o não circulante, em decorrência da relação direta entre credores e devedores.

Destino ou débito: Empréstimos a controladas (ANC) $ 800,00

Origem ou crédito: Empréstimos a controladas (AC) $ 800,00

Ajuste (c). É preciso mover os empréstimos recebidos de diretores ou interligadas do longo prazo para o circulante em função da relação direta entre a entidade devedora e seus credores.

Destino ou débito: Empréstimos junto aos diretores (PC) $ 1.200,00

Origem ou crédito: Empréstimos junto aos diretores (PNC) $ 1.200,00

Apresentando os ajustes a, b e c em uma tabela, podemos construir a representação da Figura 4.4.

Ativos	Original	(a)	(b)	(c)	Parcial
AC					
Caixa	800,00				800,00
Clientes	1.800,00				1.800,00
(–) PDD	(360,00)				(360,00)
(–) Dupl. Descontadas	(720,00)	720,00			–
Estoques	2.400,00				2.400,00
Empréstimos a controladas	800,00		(800,00)		–
Subtotal AC	**4.720,00**				**4.640,00**
ANC					
Empréstimos a controladas			800,00		800,00
Veículos	6.600,00				6.600,00
(–) Depr. Acum. Veículos	(1.320,00)				(1.320,00)
Subtotal ANC	**5.280,00**				**6.080,00**
Total dos ativos	**10.000,00**				**10.720,00**
Passivos e PL					
PC					
Duplicatas Descontadas		720,00			720,00
Fornecedores	1.500,00				1.500,00
Financiamentos CP	800,00				800,00
Salários a pagar	900,00				900,00
Empréstimos junto aos diretores				1.200,00	1.200,00
Subtotal PC	**3.200,00**				**5.120,00**
PNC					
Empréstimos junto aos diretores	1.200,00			(1.200,00)	–
Financiamentos LP	2.800,00				2.800,00
Subtotal PNC	**4.000,00**				**2.800,00**
PL: Capital	1.000,00				1.000,00
Reserva de lucros	1.800,00				1.800,00
Subtotal PL	**2.800,00**				**2.800,00**
Total dos passivos e PL	**10.000,00**				**10.720,00**

Figura 4.4 *Ajustes iniciais no Balanço Patrimonial da Beleléu Indústrias Ltda.*

A última coluna da Figura 4.4, intitulada Parcial, apresenta o Balanço Patrimonial da Beleléu após os ajustes iniciais.

Adicionalmente, ainda em relação aos números da empresa, considere a apresentação das novas informações relatadas a seguir.

---

d) Cerca de 30% do estoque da empresa é formado por mercadorias obsoletas, sem valor de mercado.

e) Do valor existente no grupo de contas a receber de clientes, $ 200,00 correspondem ao cliente Trambique é Com Nós Ltda., que faliu recentemente.

f) Do valor remanescente do contas a receber, é preciso assumir uma provisão para devedores duvidosos igual a 25%.

As informações adicionais apresentadas no quadro anterior correspondem a ativos que não serão realizados. Logo, ajustes devem ser feitos mediante contrapartidas ou deduções do Patrimônio Líquido. Valores não realizáveis do ativo devem ser baixados do balanço patrimonial, reduzindo, também, o patrimônio dos sócios.

Ajuste (d). É preciso ajustar o valor dos estoques, removendo a quantia correspondente à parcela obsoleta, sem valor comercial. Calculando 30% de $ 2.400,00, obtemos $ 720,00.

Destino ou débito:	Reserva de lucros	$ 720,00
Origem ou crédito:	Estoques	$ 720,00

Ajuste (e). É preciso ajustar o valor das contas a receber de clientes, deduzindo o valor correspondente ao cliente que faliu.

Destino ou débito:	Reserva de lucros	$ 200,00
Origem ou crédito:	Clientes	$ 200,00

Ajuste (f). É preciso calcular a necessidade de um eventual aumento da provisão para devedores duvidosos. Com a subtração do valor feita no ajuste (e), o saldo de clientes seria igual a $ 1.600,00. Assim, 25% de $ 1.600,00 seriam iguais a $ 400,00. Como a provisão remanescente seria de apenas $ 360,00, seria preciso aumentar a provisão em $ 40,00. Assim, um novo ajuste seria necessário.

Destino ou débito:	Reserva de lucros	$ 40,00
Origem ou crédito:	Provisão para devedores duvidosos	$ 40,00

A Figura 4.5 apresenta a incorporação dos novos ajustes. A última coluna apresenta o Balanço Patrimonial ajustado.

104   A Análise Contábil e Financeira • Bruni

Ativos	Parcial	(d)	(e)	(f)	Ajustado
AC					
Caixa	800,00				800,00
Clientes	1.800,00		(200,00)		1.600,00
(–) PDD	(360,00)			(40,00)	(400,00)
(–) Dupl. Descontadas	–				–
Estoques	2.400,00	(720,00)			1.680,00
Empréstimos a controladas	–				–
Subtotal AC	**4.640,00**				**3.680,00**
ANC					
Empréstimos a controladas	800,00				800,00
Veículos	6.600,00				6.600,00
(–) Depr. Acum. Veículos	(1.320,00)				(1.320,00)
Subtotal ANC	**6.080,00**				**6.080,00**
Total dos ativos	**10.720,00**				**9.760,00**
Passivos e PL					
PC					
Duplicatas Descontadas	720,00				720,00
Fornecedores	1.500,00				1.500,00
Financiamentos CP	800,00				800,00
Salários a pagar	900,00				900,00
Empréstimos junto aos diretores	1.200,00				1.200,00
Subtotal PC	**5.120,00**				**5.120,00**
PNC					
Empréstimos junto aos diretores	–				–
Financiamentos LP	2.800,00				2.800,00
Subtotal PNC	**2.800,00**				**2.800,00**
PL: Capital	1.000,00				1.000,00
Reserva de lucros	1.800,00	(720,00)	(200,00)	(40,00)	840,00
Subtotal PL	**2.800,00**				**1.840,00**
Total dos passivos e PL	**10.720,00**				**9.760,00**

Figura 4.5   *Outros ajustes no Balanço Patrimonial da Beleléu Indústrias Ltda.*

Assim, após os ajustes, poderíamos apresentar o Balanço Patrimonial da Beleléu conforme a Figura 4.6.

Ativos	$	Passivos e PL	$
AC		**PC**	
Caixa	800,00	Duplicatas Descontadas	720,00
Clientes	1.600,00	Fornecedores	1.500,00
(–) PDD	(400,00)	Financiamentos CP	800,00
Estoques	1.680,00	Salários a pagar	900,00
		Empréstimos junto aos diretores	1.200,00
Subtotal AC	**3.680,00**	**Subtotal PC**	**5.120,00**
ANC		**PNC**	
Empréstimos a controladas	800,00	Financiamentos LP	2.800,00
Veículos	6.600,00	**Subtotal PNC**	**2.800,00**
(–) Depr. Acum. Veículos	(1.320,00)	**PL**	
Subtotal ANC	**6.080,00**	Capital	1.000,00
		Reserva de lucros	840,00
		Subtotal PL	**1.840,00**
Total dos ativos	**9.760,00**	**Total dos passivos e PL**	**9.760,00**

Figura 4.6   *Balanço Patrimonial ajustado da Beleléu Indústrias Ltda.*

A análise vertical

As análises horizontal e vertical consistem nas duas formas mais elementares de análise de demonstrativos financeiros que existem. Assumem um parâmetro (ano inicial na análise horizontal ou total dos ativos na análise vertical) como base, calculando os demais dados analisados em relação ao parâmetro estudado.

A análise vertical estuda a estrutura de composição dos itens ao longo do tempo. Para isso, assume total dos ativos ou total dos passivos e PL igual a 100% no Balanço Patrimonial ou Receitas Líquidas iguais a 100% na DRE e a partir desta conta assumida como base (100%) analisa a evolução dos números. Para ilustrar o cálculo e interpretação das análises vertical e horizontal e dos índices de análise contábil financeira, alguns indicadores serão extraídos dos Demonstrativos Contábeis da empresa Comercial Ilustrativa Ltda. apresentados na Figura 4.7.

BP: Ativo	Ano 1	Ano 2	Ano 3
Ativo Circulante			
Disponibilidades	12	8,25	9
Clientes	12	18	15
Estoques	12	24,75	15
Subtotal AC	36	51	39
Ativo Não Circulante			
Aplicações realizáveis a longo prazo	8	7	5
Investimentos	9	12	13
Imobilizado	80	82	84
Subtotal ANC	97	101	102
Total do Ativo	133	152	141

BP: Passivo	Ano 1	Ano 2	Ano 3
Passivo Circulante			
Empréstimos CP	11,4	24,1	11,5
Fornecedores	8	14,85	10
Impostos CP	3,6	4,05	4,5
Subtotal PC	23	43	26
Passivo Não Circulante			
Empréstimos LP	10	9	15
Subtotal PNC	10	9	15
Patrimônio líquido	100	100	100
Total Passivo e PL	133	152	141

DRE	Ano 1	Ano 2	Ano 3
Receita Bruta	288	324	360
(–) Deduções	– 43,2	– 48,6	– 54
Receita Líquida	244,8	275,4	306
(–) CMV	– 144	– 178,2	– 180
Lucro Bruto	100,8	97,2	126
(–) Despesas	– 13,14	– 21	– 14
Administrativas e comerciais	– 11	– 17,69	– 11,35
Financeiras	– 2,14	– 3,31	– 2,65
Lair	87,66	76,2	112
(–) IR	– 26,298	– 22,86	– 33,6
LL	61,362	53,34	78,4

Figura 4.7   *Demonstrações contábeis da Comercial Ilustrativa Ltda.*

Para a análise vertical do Balanço Patrimonial, o total dos ativos ou dos passivos e PL assumem base igual a 100%. A partir desse total todos os demais percentuais são calculados. Veja o exemplo da Figura 4.8.

Ativo	AV do Ano 1	Passivo	AV do Ano 1
Ativo Circulante		Passivo Circulante	
Disponibilidades	9	Empréstimos CP	9
Clientes	9	Fornecedores	6
Estoques	9	Impostos CP	3
Subtotal AC	27	Subtotal PC	17
Ativo Não Circulante		Passivo Não Circulante	
Aplicações realizáveis a longo prazo	6	Empréstimos LP	8
Investimentos	7	Subtotal PNC	8
Imobilizado	60	Patrimônio líquido	75
Subtotal ANC	73		
Total do Ativo	100	Total do Passivo e PL	100

Figura 4.8   *Análise vertical do Balanço Patrimonial da Ilustrativa no ano 1.*

A análise vertical dos números da Ilustrativa está apresentada na Figura 4.8. Nos ativos é possível perceber a relevância dos recursos investidos no Imobilizado (60%). Nos passivos e PL é possível perceber a relevância dos recursos captados por meio do PL (75%).

Porém, uma compreensão mais efetiva da evolução dos números da empresa mediante o uso da análise vertical pode ser feita com a leitura horizontal dos percentuais verticais, conforme explicado anteriormente. Ou seja, poderíamos tentar compreender a evolução cronológica dos percentuais da análise vertical. Para isso, seria preciso apresentar os percentuais verticais dos outros anos. A evolução dos números verticais do grupo dos ativos do BP da Ilustrativa está apresentada na Figura 4.9.

108 A Análise Contábil e Financeira • Bruni

Ativo	Ano 1	Ano 2	Ano 3
Ativo Circulante			
Disponibilidades	9	5	6
Clientes	9	12	11
Estoques	9	16	11
Subtotal AC	27	34	28
Ativo Não Circulante			
Aplicações realizáveis a longo prazo	6	5	4
Investimentos	7	8	9
Imobilizado	60	54	60
Subtotal ANC	73	66	72
Total do Ativo	100	100	100

Figura 4.9 *Análise vertical dos Ativos do Balanço Patrimonial da Ilustrativa.*

A análise da evolução da composição percentual dos ativos da empresa apresentada na Figura 4.9 revela um crescimento notável das contas operacionais relativas a Clientes e Estoques do ano 1 para o ano 2 e uma posterior redução do ano 2 para o ano 3.

Passivo	Ano 1	Ano 2	Ano 3
Passivo Circulante			
Empréstimos CP	9	16	8
Fornecedores	6	10	7
Impostos CP	3	3	3
Subtotal PC	17	28	18
Passivo Não Circulante			
Empréstimos LP	8	6	11
Subtotal PNC	8	6	11
Patrimônio líquido	75	66	71
Total Passivo e PL	100	100	100

Figura 4.10 *Análise vertical dos Passivos e PL do Balanço Patrimonial da Ilustrativa.*

Por outro lado, a análise da evolução da composição percentual dos passivos e PL da empresa apresentada na Figura 4.10 igualmente revela um crescimento notável das contas operacionais relativas a Fornecedores e Impostos CP do ano 1 para o ano 2 e uma posterior redução do ano 2 para o ano 3. Também é possível perceber uma evolução dos Empréstimos de Longo Prazo, que subiram sua participação de 8% no ano 1 para 11% no ano 3.

Quando a análise vertical da Demonstração de Resultados é executada, a **receita líquida** assume base igual a 100%. Um exemplo de análise vertical da DRE pode ser apresentado na Figura 4.11, que traz a análise dos números da Comercial Ilustrativa.

AV do DRE	Ano 1	Ano 2	Ano 3
Receita Bruta	118	118	118
(–) Deduções	– 18	– 18	– 18
Receita Líquida	100	100	100
(–) CMV	– 59	– 65	– 59
Lucro Bruto	41	35	41
(–) Despesas	– 5	– 8	– 5
Lair	36	28	37
(–) IR	– 11	– 8	– 11
LL	25	19	26

Figura 4.11 *Análise vertical da DRE da Comercial Ilustrativa.*

Percebe-se na análise vertical da Figura 4.11 uma elevação do CMV e das despesas no ano 2 em relação aos demais anos. O percentual das deduções permanece o mesmo ao longo dos três anos.

A IMPORTÂNCIA DE USAR A RECEITA LÍQUIDA DE VENDAS COMO BASE DA AV

Na análise vertical, é importante destacar o uso da receita líquida como denominador empregado no cálculo dos percentuais. A forma líquida da receita apresenta um número menos impreciso que a receita bruta, já que traz um número deduzido das eventuais devoluções, descontos ou impostos sobre vendas.

Em relação à análise vertical da DRE é importante destacar que alguns números da coluna dos percentuais recebem denominações especiais.

Índice de margem bruta: o percentual referente ao resultado ou lucro bruto (lucro bruto por vendas líquidas) costuma ser denominado de índice de margem bruta.

Índice de margem líquida: por fim, o percentual referente ao lucro líquido (lucro líquido por vendas líquidas) costuma ser denominado de índice de margem líquida.

AV do DRE	Ano 1	Ano 2	Ano 3
Lucro Bruto (índice de margem bruta)	41	35	41
LL (índice de margem líquida)	25	19	26

Figura 4.12 *Números especiais da análise vertical da DRE da Comercial Ilustrativa.*

Os dois índices estão calculados na Figura 4.12.

Caso o Lajir estivesse igualmente apresentado, também seria possível calcular o índice de margem operacional, percentual referente ao resultado ou lucro antes dos juros e do IR (Lajir por vendas líquidas).[2]

A análise horizontal

A análise horizontal estuda a evolução das contas patrimoniais ao longo do tempo, onde o ano inicial assume um valor-base igual a 100% e os valores nos demais anos são calculados em relação ao valor do *ano-base*. Outra forma seria calcular as *variações* percentuais em relação ao *ano-base*. Leia o comentário no quadro seguinte.

ANALISANDO O PERCENTUAL DO TODO OU A VARIAÇÃO?

O uso da análise horizontal pode ser feito de duas formas distintas: mediante o cálculo de um percentual em relação aos números do ano-base ou mediante o cálculo de uma variação percentual (o percentual subtraído de 100%). Eu prefiro o cálculo de um percentual. Acho que facilita a interpretação dos dados e deixa mais claro que a evolução é calculada a partir do ano-base e não do ano anterior.

---

[2] Os índices de margem ou lucratividade são discutidos com maior profundidade no Capítulo 7 deste livro.

Para os números da Ilustrativa podem-se executar os cálculos apresentados na Figura 4.13. No exemplo, o ano-base assumiu um valor igual a 100%. Os demais foram calculados em relação ao valor-base. Para facilitar a leitura das informações, os símbolos de percentagem ("%") são suprimidos.

Ativo	Ano 1	Ano 2	Ano 3
Ativo Circulante			
Disponibilidades	100	69	75
Clientes	100	150	125
Estoques	100	206	125
Subtotal AC	100	142	108
Ativo Não Circulante			
Aplicações realizáveis a longo prazo	100	88	63
Investimentos	100	133	144
Imobilizado	100	103	105
Subtotal ANC	100	104	105
Total do Ativo	100	114	106

Figura 4.13   *Análise horizontal dos ativos da Ilustrativa.*

Em relação aos ativos, é possível perceber um grande crescimento do ano 1 para o ano 2 das contas clientes (evoluiu para 150%) e estoques (evoluiu para 206% do valor no ano 1). Porém, ambas as contas se reduzem para 125% do valor originalmente apresentado no ano 1. É também notável a evolução dos Investimentos, que aumentam para 133% no ano 2 e para 144% no ano 3.

Passivo	Ano 1	Ano 2	Ano 3
Passivo Circulante			
Empréstimos CP	100	211	101
Fornecedores	100	186	125
Impostos CP	100	113	125
Subtotal PC	100	187	113
Passivo Não Circulante			
Empréstimos LP	100	90	150
Subtotal PNC	100	90	150
Patrimônio líquido	100	100	100
Total Passivo e PL	100	114	106

Figura 4.14   *Análise horizontal dos passivos da Ilustrativa.*

A análise horizontal dos passivos pode ser vista na Figura 4.14. Do ano 1 para o ano 2 nota-se uma substancial evolução dos Empréstimos CP (eleva-se para 211%) e dos Fornecedores (evolui para 186%). Porém, os empréstimos de longo prazo são reduzidos para 90%. Do ano 2 para o ano 3 percebe-se que os Empréstimos CP caem para 101% e a conta Fornecedores cai para 125%. Porém, nota-se do ano 2 para o ano 3 uma significativa evolução dos Empréstimos LP que são elevados para 150% do valor do ano 1 (ano-base).

DRE	Ano 1	Ano 2	Ano 3
Receita Bruta	100	113	125
(–) Deduções	100	113	125
Receita Líquida	100	113	125
(–) CMV	100	124	125
Lucro Bruto	100	96	125
(–) Despesas	100	160	107
Lair	100	161	103
(–) IR	100	155	124
LL	100	87	128

Figura 4.15   *Análise horizontal da DRE da Ilustrativa.*

A análise da evolução horizontal da DRE pode ser vista na Figura 4.15. Nota-se uma evolução das vendas brutas e líquidas para 113% no ano 2 (crescimento de 13%) e para 125% no ano 3 (crescimento de 25%). No ano 2, é possível perceber um crescimento mais que proporcional do CMV (evoluiu para 124%) e a consequente redução do lucro bruto para 96%. Este crescimento do CMV poderia ser explicado por piores compras, com custos mais altos, ou piores vendas, com descontos maiores e preços menores. No ano 2, é notável a evolução das despesas (160%), com crescimento (60%) muito maior que o crescimento (13%) das vendas. O lucro é reduzido para 87% (queda de 13% em relação ao ano-base). Porém, no ano 3, a evolução do CMV indica igualdade em relação às vendas (percentuais iguais a 125%) e o lucro líquido evoluiu para 128%. A análise sugere que a empresa "perdeu as rédeas" da sua operação no ano 2, voltando a bem controlá-la no ano 3.

A análise vertical e a análise horizontal fornecem *insights* iniciais sobre a situação da empresa. Porém, essa análise pode ser ampliada com o uso dos indicadores apresentados nos capítulos seguintes.

Exercícios propostos

1. Os ativos da Comercial Pai e Filhos Ltda. correspondem, exclusivamente, ao que a empresa possui em bancos, contas a receber e estoques. Entre o final do ano antepassado e o final do ano passado, a análise horizontal do balanço indicou que o total dos ativos cresceu 30%. Sabendo que o grupo contas a receber e estoques cresceu 20%, calcule o que se pede nas questões seguintes.

    I.   Qual foi o crescimento anual dos valores mantidos na conta bancos?
        a) Menor que 10%.
        b) Menor que 20%.
        c) Entre 20 e 25%.
        d) Entre 25 e 30%.
        e) Maior que 30%.

    II. Na análise vertical do balanço feita no final do ano passado o que é possível perceber quando os números são comparados com a análise vertical do ano antepassado?
        a) O percentual do grupo contas a receber aumentou.

b) O percentual dos estoques aumentou.

c) O percentual do grupo contas a receber ficou estável.

d) O percentual do contas a receber tornou-se igual ao do estoque.

e) O percentual dos estoques foi reduzido.

2. O Balanço Patrimonial apresentado a seguir traz os números da Fábrica de Cumbucas Ltda. Dos valores apresentados no grupo de imóveis, $ 300 se referem a um terreno da empresa que foi invadido e com chances muito remotas de ser reavido ou de merecer o recebimento de qualquer tipo de indenização. Além disso, a provisão para devedores duvidosos deveria ser igual a 15% do total da conta Clientes.

Ativos	$	Passivos e PL	$
AC		**PC**	
Caixa	300,00	Fornecedores	600,00
Clientes	900,00	Empréstimos CP	400,00
(–) Prov. Devedores Duvidosos	(90,00)	Impostos a pg CP	200,00
(–) Duplicatas Descontadas	(405,00)		
Empréstimos a coligadas	855,00		
ANC		**PNC**	
Imóveis	1.800,00	Empréstimos LP	600,00
(–) Depreciação Acumulada de Imóveis	(360,00)		
		PL	
		Capital	200,00
		Reserva de lucros	1.000,00
Total	**3.000,00**	**Total**	**3.000,00**

Um analista financeiro pensa em analisar os números da empresa. Para isso, ele precisa reclassificar algumas das contas apresentadas e recalcular os números de outras contas usando as regras discutidas neste capítulo.

Após os ajustes e analisando apenas os números gerenciais ajustados, calcule o valor do: (a) AC, (b) PC, (c) PL.

3. Analise os números da Cia. Zaz Traz S. A. apresentados a seguir.

> Saldo da conta-corrente igual a $ 35 mil.
>
> Empréstimos de curto prazo feitos a sócios no valor de $ 30 mil.
>
> Terreno no valor de $ 500 mil.
>
> Empréstimo de longo prazo feito há seis meses no valor de $ 200 mil com juros compostos iguais a 3% a. m.
>
> Veículo comprado por $ 80 mil há três anos com vida útil e contábil igual a 5 anos.
>
> Financiamento de longo prazo no valor de $ 90 mil.
>
> Dívidas junto a fornecedores iguais a $ 60 mil.
>
> Contas a receber iguais a $ 90 mil, sendo que 40% deste valor havia sido descontado em bancos.

Parte I. Usando apenas as informações do quadro anterior e sem fazer nenhum ajuste, calcule: (a) AC, (b) ANC, (c) PC, (d) PNC, (e) PL.

Parte II. Em relação aos números da empresa, alguns comentários importantes devem ser feitos:

I.   Em relação ao empréstimo de longo prazo, nada foi pago e os juros foram acumulados ao valor da dívida.

II. Cerca de 30% do terreno foi desapropriado em função da passagem de uma nova avenida. Na ocasião, a empresa foi indenizada, mas os recursos desta indenização não entraram no caixa da empresa. O valor por metro quadrado de aquisição do terreno corresponde ao valor por metro quadrado atual.

III. Imagina-se que o percentual com recebíveis de clientes incobráveis alcance 15%. Nenhuma provisão para devedores havia sido feita.

IV. Cerca de 40% do financiamento vencerá antes do final do próximo exercício social da empresa.

Após realizar os ajustes devidos, calcule: (f) AC, (g) ANC, (h) PC, (i) PNC, (j) PL.

4. Um dos sócios da Cruz Credo Produções Ltda. solicitou sua retirada da sociedade. Ele era proprietário de 30% das cotas da entidade e resolveu te contratar para determinar o valor justo de sua parcela na sociedade. A empresa estava em franca decadência. As vendas diminuíam ano a ano e o mercado em que

116 A Análise Contábil e Financeira • Bruni

se inseria não mostrava nenhum sinal de reação. O sócio achava justo, então, calcular um valor ajustado de realização de ativos.

Parte I. O balanço patrimonial da empresa está apresentado a seguir.

Ativos	Passivos e PL
Caixa e bancos: $ 12.000,00	Fornecedores: $ 40.000,00
Clientes: $ 80.000,00	Empréstimos: $ 30.000,00
Automóvel: $ 60.000,00	
(–) Depreciação acum. do automóvel: ???	
Terreno: $ 100.000,00	PL: ???
Total: ???	Total: ???

Parte II. Porém, uma auditoria dos números conduzida por você revelou informações importantes que precisam ser incorporadas.

As informações relevantes consistem em: (I) As disponibilidades contidas em caixa e bancos eram de apenas $ 7.000,00; (II) Do valor contido na rubrica clientes, $ 10.000,00 correspondiam a vendas feitas para a Stelio Natario e Filhos Ltda., cliente de reputação mais do que duvidosa. Do valor remanescente, ainda assim, seria preciso provisionar 15% para a inadimplência; (III) O valor de mercado do terreno seria 50% maior do que o valor contábil e o automóvel com via útil e contábil igual a cinco anos e comprado há quatro anos teria um valor de mercado igual a $ 22 mil. Sobre os ganhos de capital obtidos, seria preciso arcar com 15% de IR sobre ganho de capital. Assim, calcule os valores patrimoniais ausentes no balanço patrimonial da original da empresa e obtenha o valor justo para a parte do sócio dissidente considerando: (a) os números da parte I, (b) os números da parte II após os devidos ajustes.

5. Analisando horizontalmente o balanço da Marruá Ltda. do ano 1 para o ano 2, percebi que as obrigações aumentaram 40% e todo o passivo e PL cresceram 30%. Os números da análise vertical ao final do ano 1 revelavam que o financiamento por meio de capital próprio era igual a 80% de todo o investimento feito na empresa. Em uma análise vertical feita ao final do ano 2, qual o percentual correspondente ao PL?

6. No final do ano 1, a Salsaparilha Ltda. possuía recursos aplicados nas contas caixa, estoques e imóvel. O valor do estoque era o triplo do valor do caixa. O valor do imóvel era igual a 150% do valor dos ativos circulantes. Para cada $ 1 colocado pelos sócios (capital), a empresa obteve o dobro de recursos de terceiros (empréstimos a curto prazo).

   Sabendo que eu tinha $ 12 mil em estoques, calcule o que se pede nas próximas questões: (a) Qual o valor do caixa? (b) Qual o valor do imóvel? (c) Qual o valor dos empréstimos de curto prazo? (d) Qual o valor do capital?

   Em uma análise vertical de balanço feita ao final do ano 1, calcule o que se pede: (e) Qual o percentual do caixa? (f) Qual o percentual do imóvel? (g) Qual o percentual de empréstimos de curto prazo?

7. Eu investi $ 400 mil para criar a minha empresa no ano 0. Originalmente, todos os recursos foram próprios. No final do primeiro ano, a minha empresa obteve lucros no valor de $ 100 mil que foram incorporados no negócio, sob a forma de subscrição e integralização de novo capital social. Também no final do primeiro ano eu obtive outros $ 300 mil de dívidas de longo prazo, empregadas nas operações da empresa. Use o ano zero como ano-base e considere o final do ano 1. Pede-se: (a) Na AH de Balanço ao final do ano 1, qual o percentual correspondente ao PL? (b) Na AV de Balanço ao final do ano 1, qual o percentual correspondente às dívidas de longo prazo?

8. No ano 1, a Onomatopeia Ltda. registrou vendas brutas iguais a $ 50 mil. As deduções foram iguais a 20% da receita bruta. Os gastos fixos correspondem a $ 15 mil e os gastos variáveis correspondem a 30% das receitas brutas. O IR incide sobre o lucro real, com alíquota igual a 20%. No final do ano 2 eu percebi que as vendas brutas aumentaram 20%. A alíquota do IR, os percentuais de deduções e de gastos variáveis e o volume em $ de gastos fixos permaneceram inalterados. Considere o ano 1 como ano-base. Pede-se: (a) Na AH da DRE ao final do ano 2, qual o percentual correspondente ao LL? (b) Na AV da DRE ao final do ano 2, qual o percentual correspondente ao Lair?

9. Analise as informações apresentadas a seguir e responda ao que se pede.

   Mês 0. Criei meu próprio negócio com um capital de $ 2.000,00. Deixei $ 500,00 no caixa e usei o valor restante para comprar 50 cadernos. Comprei uma motocicleta no valor de $ 8.000,00. Concordei em pagar a motocicleta após 30 dias. Registrei a dívida como financiamento da motocicleta.

Mês 1. Vendi 20 cadernos por $ 50,00 cada. Recebi $ 800,00 a vista e o restante fiquei de receber em 30 dias. Paguei $ 100,00 a título de impostos sobre vendas usando o dinheiro do caixa. Paguei despesas do próprio mês no valor de $ 150,00 usando o dinheiro do caixa.

Usando os números do final do mês zero como base, calcule o que se pede.

Percentual da análise horizontal da conta: (a) Caixa no final do mês zero. (b) Estoques no final do mês 1. (c) PL no final do mês 1.

Percentual da análise vertical da conta: (d) Caixa no final do mês zero. (e) Estoques no final do mês 1. (f) PL no final do mês 1. (g) Receita bruta no final do mês 1. (h) Despesas no final do mês 1.

10. Minha empresa possui gastos fixos da ordem de $ 5.000,00 e gastos variáveis iguais a 30% das vendas brutas. Além disso, eu pago 10% sobre vendas brutas a título de impostos sobre vendas e IR sobre lucro real com alíquota de 30%. No primeiro mês minhas vendas brutas foram iguais a $ 12.000,00. No segundo mês, minhas vendas brutas aumentaram 40%. Use os números apurados no final do primeiro mês como base. Analise e responda: (a) Na AH da DRE, qual percentual corresponde ao LL no final do mês 2? (b) Na AV da DRE, qual percentual corresponde ao LL no final do mês 2?

FACILITANDO AS ANÁLISES!

Para poder resolver os exercícios apresentados a seguir, é preciso usar o aplicativo AnaliseFacil.xls, disponível para *download* no *site* do livro (<www.MinhasAulas.com.br>). Suas aplicações estão discutidas no último capítulo.

---

11. Carregue o aplicativo **AnaliseFacil.xls**. Solicite os números disponíveis para os anos **2** a **7** das Forjas Bigorna (código 15). Analise as informações disponíveis e responda o que se pede.

Parte I. Considere apenas a análise vertical. (a) Em qual ano o percentual do passivo circulante foi maior? (b) Qual o maior percentual associado aos ativos circulantes? (c) Em qual ano o percentual do lucro operacional próprio, Lajir ou Ebit, foi menor? (d) Qual o valor do menor percentual do Lajir anual?

Parte II. Considere apenas a análise horizontal. Use o ano **2** como ano-base. (e) Nos ativos, qual conta apresenta maior variação ao longo dos anos? (f) Nos passivos, qual conta apresenta menor variação ao longo dos anos? (g) Na DRE, qual o crescimento percentual da receita bruta de vendas entre o ano 2 e o ano 7? (h) Na DRE, qual o crescimento percentual do lucro líquido entre o ano 2 e o ano 7. (i) Analise os números apresentados nos quesitos (g) e (h) anteriores.

Parte III. Análise geral dos números. (j) Comente, em geral, a evolução dos números da empresa ao longo dos anos 2 a 7. O que é possível concluir?

12. Carregue o aplicativo **AnaliseFacil.xls**. Solicite os números disponíveis para os anos 8 a 10 da Eucachapas (código 13) e da Durachapas (código 14). Analise as informações disponíveis para as duas empresas e responda o que se pede.

Parte I. Análise do BP e da DRE. (a) Qual a maior empresa, considerando os ativos totais? (b) Qual a maior empresa, considerando a receita líquida de vendas?

Parte II. Considere apenas a análise vertical. (c) Qual empresa apresenta maior nível de imobilização? (d) Qual empresa apresenta maior nível de financiamento por meio de recursos próprios? (e) Qual é a empresa mais lucrativa? (f) Qual empresa apresenta maior CMV?

Parte III. Considere apenas a análise horizontal. (g) Qual empresa apresentou melhor evolução da receita bruta de vendas? (h) Qual empresa apresentou melhor evolução dos lucros?

5

 Analisando os Índices e Enfatizando a Liquidez

"Nada estabelece limites tão rígidos à liberdade de uma pessoa quanto a falta de dinheiro."
John F. Kennedy

Objetivos do capítulo

Uma das mais desafiadoras tarefas da gestão financeira de qualquer empresa faz referência à gestão dos recursos líquidos capazes de assegurar todos os pagamentos vindouros. A manutenção de recursos em aplicações com grande liquidez pode exercer impacto negativo na rentabilidade – já que juros menores poderiam estar sendo recebidos do que os seriam possíveis em aplicações com prazos mais longos. Porém, se poucos recursos forem mantidos à disposição, menor será o custo financeiro desta manutenção, mas maior será a probabilidade da empresa de encontrar dificuldades para honrar os seus pagamentos. A gestão da liquidez torna-se atividade fundamental para as empresas.

Uma forma de analisar a solvência ou a capacidade de uma empresa realizar os seus pagamentos planejados pode ser feita com o auxílio dos índices de liquidez, também chamados índices de solvência, que buscam analisar a capacidade da empresa em cumprir seus compromissos acertados, como o pagamento de fornecedores; quitação de empréstimos e financiamentos bancários. O estudo da solvência consiste, basicamente, em analisar o relacionamento entre fontes diferenciadas de capital. Seus principais quocientes costumam ser apresentados por meio dos índices de liquidez geral, liquidez corrente, liquidez seca e liquidez imediata.

Este capítulo busca discutir a questão da liquidez, apresentando e ilustrando o uso dos diferentes indicadores.

Os indicadores e suas diferentes informações

A análise vertical e horizontal ajuda a extrair informações iniciais das demonstrações contábeis, que podem ser complementadas pela análise de índices, que envolve os métodos de cálculo e a interpretação de indicadores sintéticos ou resumidos com o objetivo de avaliar o desempenho e a situação da empresa.

Os insumos básicos para a análise baseada em indicadores são a demonstração de resultados e o balanço patrimonial da empresa referentes aos períodos a serem examinados. Naturalmente, a manipulação destas informações pode existir. Em estado bruto, os dados das demonstrações contábeis podem estar distorcidos por fatores extraordinários ou atípicos, práticas diferenciadas de depreciação, provisões, tratamento de despesas e outras, interpretação incomum das regras de contabilidade, ou, simplesmente, pura má-fé. Quanto mais informal a apresentação dos relatórios contábeis, maiores as probabilidades de falhas. Porém, mesmo informações que possuam maior rigor e formalidade podem estar sujeitas a fraudes, como exemplificaram os casos da Enron, World Com ou Parmalat.

Em essência, o trabalho de análise envolvendo indicadores é comparativo. Se o balanço patrimonial de um ano tem valor limitado, a análise de vários anos de resultados dá mais consistência aos números; se é difícil chegar a uma conclusão sobre a qualidade da empresa, uma comparação com outras firmas no mesmo setor ajuda esclarecer a questão. O trabalho é também cumulativo no sentido que qualquer conclusão depende da consideração de um conjunto de indicadores.

O cálculo e análise de indicadores individuais e únicos pouca utilidade apresentam. É difícil afirmar se um número está alto ou baixo em termos absolutos. Sempre é necessário relativizá-lo, comparando-o com indicadores da própria empresa em períodos diferentes ou com indicadores de outras empresas com características similares.

Os indicadores usualmente empregados nas análises de demonstrações contábeis podem ser apresentados em alguns grupos principais:

> **Indicadores de liquidez:** estudam a solvência ou a capacidade de honrar as obrigações assumidas pela entidade;
>
> **Indicadores de endividamento:** também chamados de indicadores de estrutura de capital. Estudam a estruturação das composições de fontes de financiamentos assumidas pela entidade e a relação existente entre capitais recebidos pelos sócios e de terceiros, de curto e de longo prazo;

Indicadores de lucratividade: analisam os ganhos relativos da operação em função do seu volume de vendas, podendo considerar os custos, os gastos operacionais ou todos os gastos;

Indicadores de atividade: analisam o reflexo das atividades operacionais da empresa sobre as demonstrações financeiras. São analisados fatores como os prazos concedidos e recebidos pela empresa nas suas operações e os seus impactos sobre ativos, passivos e capital de giro;

Indicadores de rentabilidade: estudam a remuneração relativa das fontes de capital da empresa, representadas pelas fontes totais, sócios e terceiros, ou apenas sócios;

Indicadores dinâmicos: analisam os números da empresa mediante uma compreensão diferenciada das contas do Balanço Patrimonial e enfatizando os aspectos relativos à gestão do capital de giro.

Os aspectos relativos à análise da liquidez da empresa estão discutidos com maior profundidade neste capítulo.

Os efeitos da liquidez sobre a rentabilidade

Os indicadores de liquidez estudam a solvência ou a capacidade de honrar as obrigações assumidas pela empresa e podem exercer impactos sobre a rentabilidade. Para poder discutir os impactos dos diferentes níveis de liquidez da empresa sobre a rentabilidade, podemos usar o retorno sobre investimentos (ROI ou LL/Ativos) ou o retorno sobre PL (ROE ou LL/PL).

Complementando a análise da rentabilidade, o trinômio sagrado das finanças nos alerta para a necessidade de considerar os aspectos associados à relação entre rentabilidade e risco. Quando uma empresa opta por manter elevado nível de solvência, isso quer dizer que precisará manter elevados recursos em aplicações com maior liquidez. Em função disso, tais aplicações com grande liquidez costumam apresentar menor rentabilidade. Assim, a solvência tem um custo financeiro que precisa ser devidamente considerado.

LIQUIDEZ, RISCO E RETORNO

Muitas podem ser as ênfases associadas às análises das demonstrações contábeis. Podemos conduzir as análises preocupados com o entendimento de aspectos específicos do endividamento, da lucratividade, da atividade ou de diversas outras possibilidades. Alguns destes aspectos podem ser analisados de forma coletiva.

Uma análise conjunta sempre presente é a que envolve o trinômio liquidez, risco e retorno. Geralmente, costumamos associar maior liquidez com maior capacidade de quitação de dívidas de curto prazo, o que eleva a percepção das condições de solvência e reduz a percepção do risco da empresa.

Contudo, conforme explicado em alguns dos exemplos apresentados a seguir, maior liquidez pode estar igualmente associada a uma redução da rentabilidade. A análise da relação conjunta entre liquidez, risco e retorno é fundamental no estudo das demonstrações contábeis.

Para ilustrar a relação entre solvência e rentabilidade, considere os números das empresas Bolsinho e Bolsão apresentados a seguir.

	Bolsinho	Bolsão
Ativos	1.000	2.000
Caixa e bancos	400	1.400
Outros ativos	600	600
Passivos	1.000	2.000
Dívidas	200	1.200
PL	800	800
Lajir	500	500
(–) Juros	– 40	– 240
Lair	460	260
(–) IR	– 138	– 78
LL	322	182

Figura 5.1   *Números das empresas Bolsinho e Bolsão.*

As empresas operam em um mesmo setor e apresentam *performances* operacionais medidas pelo Lajir idênticas e iguais a $ 500 anuais. O que as diferencia significativamente é a preferência da Bolsão pela manutenção de grande liquidez. A empresa mantém uma quantidade maior de recursos mantidos em caixa e bancos, o que garante todos os seus pagamentos de curto prazo. Contudo, este valor precisou ser captado no mercado. As dívidas da empresa são igualmente maiores.

Sabendo que as duas empresas pagam juros aparentes iguais a 20% a. a., nota-se que os juros pagos pela Bolsão serão maiores, o que reduz o seu lucro líquido. Analisando a rentabilidade das duas empresas mensurada pelo ROI e pelo ROE apresentados na Figura 5.2 podemos perceber os efeitos da solvência sobre a rentabilidade.

	Bolsinho	Bolsão
ROI (LL/Ativos)	32,20%	9,10%
ROE (LL/PL)	40,25%	22,75%

Figura 5.2   *ROI e ROE de Bolsinho e Bolsão.*

Embora a Bolsão seja mais solvente, ela é menos rentável. A relação de perdas compensatórias entre a solvência e a rentabilidade torna-se evidente.

A gestão da liquidez nas empresas é um dos maiores desafios da gestão financeira.

Índice de liquidez geral

O índice de liquidez geral (ILG) possui o propósito de estudar a saúde financeira da empresa no longo prazo. Basicamente, compara todas as possibilidades de realizações de ativos da empresa, sem incluir aqueles essencialmente necessários para a manutenção da entidade, com todas as obrigações de fato existentes da empresa.

Algebricamente, o índice de liquidez geral representa a relação entre os ativos realizáveis de fato, que poderiam ser convertidos em dinheiro como os ativos circulantes e as aplicações realizáveis a longo prazo, com os passivos onerosos, que demandarão o desembolso de recursos financeiros para a sua quitação. Geralmente, os ativos classificados como Investimentos, Imobilizados e Intangíveis de difícil realização não poderiam ser considerados como realizáveis de fato.

Porém, certos investimentos classificados nos ativos não circulantes que, porém, apresentariam, em caso de extrema necessidade financeira da empresa, um grau relativamente elevado de liquidez. Por exemplo, uma participação acionária estratégica em empresa negociada em bolsa. No caso de um agravamento de sua situação financeira, a detentora das ações poderia vendê-las, realizando, de forma quase imediata, o investimento. Nesta situação, estes investimentos liquidáveis deveriam fazer parte do numerador do ILG.

O ILG poderia ser apresentado da seguinte forma:

ILG = (Ativo Circulante + Aplicações Realizáveis a LP)/(Passivo Circulante + PNC)

Podemos entender o ILG como "quanto reais temos a receber para cada um real que temos a pagar". Em uma análise da evolução temporal da empresa, quanto mais reduzido o índice se tornar, maior a preocupação com as dívidas e as perspectivas de solvência do negócio. Os problemas do índice de liquidez geral estão associados à análise de contas com graus de risco e realização diferenciadas. No caso deste índice, estes problemas são agravados, já que as contas analisadas possuem maior horizonte de análise.

A evolução do ILG da Ilustrativa pode ser vista na Figura 5.3.

Índices	Ano 1	Ano 2	Ano 3
Subtotal AC	36	51	39
Aplicações realizáveis a longo prazo	8	7	5
Subtotal (Numerador)	44	58	44
Subtotal PC	23	43	26
Subtotal PNC	10	9	15
Subtotal (Denominador)	33	52	41
ILG	1,33	1,12	1,07

Figura 5.3 *Evolução do ILG da Comercial Ilustrativa.*

De modo geral, nota-se uma deterioração do índice, que era igual a 1,33 no ano 1 (indicando que a empresa possuía $ 1,33 a receber para cada $ 1,00 a pagar), 1,12 no ano 2 e 1,07 no ano 3. Ou seja, o volume do que a empresa tem a pagar tem aumentado em relação ao volume dos recursos que a empresa tem a receber.

Índice de liquidez corrente

Uma forma mais rotineira de se analisar a liquidez de uma empresa costuma enfatizar a solvência de curto prazo e a análise de contas dos ativos e passivos circulantes.

Geralmente, a forma mais comum para se analisar a relação entre os ativos e os passivos de curto prazo pode envolver o cálculo simples do capital de giro,[1] CDG, também apresentado como capital circulante líquido.

Embora o CDG, na realidade, não seja um índice, já que apresenta um valor em unidades monetárias, $, ele é comumente usado na medição da liquidez de curto prazo da empresa. O CDG corresponde aos recursos aplicados *em excesso* no curto prazo como forma de assegurar a manutenção do *gap* de caixa da empresa, diferença temporal entre pagamento da aquisição de materiais e insumos e recebimento das vendas efetuadas.

Sendo um indicador de solvência, sob o ponto de vista da capacidade de efetuar pagamentos, o capital de giro corresponde a um índice do tipo quanto maior melhor. Quanto mais *sobras* de recursos estiverem aplicadas na empresa sob a forma de capital de giro, menor a probabilidade de insolvência da empresa no curto prazo.

Por outro lado, recursos excedentes aplicados no capital de giro podem reduzir a rentabilidade da empresa. Se uma empresa opta por manter, por exemplo, uma grande quantidade de recursos em caixa, poderá pagar todos os seus compromissos com vencimento em breve com grande facilidade. Porém, os excessos de caixa implicarão o pagamento de juros dos financiamentos contraídos para a obtenção destes recursos ou o abandono do recebimento de juros referentes a estes recursos que poderiam ser aplicados no mercado financeiro.

O CDG pode ser calculado como:

CDG = Ativo Circulante – Passivo Circulante

---

[1] O CDG será estudado com maior profundidade no Capítulo 10, que discute a análise financeira dinâmica.

Embora não apresente grande utilidade na comparação entre empresas diferentes, é bastante útil para controle interno. Alguns contratos de empréstimos a longo prazo podem especificar um nível mínimo de CDG que a empresa deve manter. Dessa forma, pretende-se obrigar a empresa a manter uma certa liquidez operacional e garantir o pagamento dos débitos contraídos.

Para o exemplo da empresa Comercial Ilustrativa, cujos demonstrativos foram apresentados no Capítulo 3, o cálculo do capital de giro pode ser visto na Figura 5.4.

Conta	Ano 1	Ano 2	Ano 3
Subtotal AC	36	51	39
Subtotal PC	23	43	26
CDG = AC − PC	13	8	13

Figura 5.4 *Evolução do CDG da Comercial Ilustrativa.*

O CDG da empresa cai de $ 13 no ano 1 para $ 8 no ano 2, voltando a subir para $ 13 no ano 3. A situação enfrentada no ano 2 indica uma situação perigosa, com possível comprometimento das condições de solvência ou da capacidade de honrar os pagamentos de curto prazo em função da redução substancial do CDG.

Porém, a análise única do CDG torna-se difícil, quando sabemos que o volume de vendas aumentou. Assim, embora o CDG dos anos 1 e 3 tenha sido igual, uma análise relativa do quociente CDG sobre volume de vendas indicaria uma redução relativa do capital de giro do ano 1 para o ano 3, o que poderia indicar um comprometimento da solvência. Uma análise de índices adimensionais resolveria este problema.

De modo geral, o aumento do nível de capital de giro de uma empresa sugere uma melhoria da solvência de curto prazo. Uma análise mais cuidadosa deveria estudar a *composição* das contas do circulante.

Outra forma comumente usada para analisar a relação entre ativos e passivos circulantes consiste no cálculo do índice de liquidez corrente (ILC), que relaciona as disponibilidades e obrigações de curto prazo. Convencionalmente, é representada pelo ativo circulante dividido pelo passivo circulante. É uma medida da capacidade da empresa de pagar suas obrigações correntes (ou circulantes ou de curto prazo).

Algebricamente, o ILC pode ser apresentado como:

> ILC = Ativo Circulante/Passivo Circulante

O ILC representa quantos reais a realizar no curto prazo a empresa possui para cada real a pagar dentro de um horizonte de 12 meses. Por exemplo, um índice de liquidez corrente igual a 1,50 indica que a empresa possui cerca de $ 1,50 a realizar em 12 meses para cada $ 1,00 que registra a pagar no mesmo horizonte temporal.

A vantagem do uso do ILC em relação ao CDG refere-se ao fato do índice apresentar um número puro, adimensional – o que permite comparações dos índices de diferentes empresas. O CDG, por outro lado, apresenta um número em unidades monetárias ($), o que compromete e dificulta comparações entre CDGs de diferentes empresas com diferentes portes ou tamanhos.

Sob o ponto de vista da solvência da empresa, quanto maior o valor da liquidez corrente, maior a solvência no curto prazo da empresa e menor o risco oferecido. Porém, sob o ponto de vista da rentabilidade, um excesso de liquidez pode prejudicar a rentabilidade. Para ilustrar, se uma empresa possuir em caixa todo o seu faturamento de um ano, esse montante permitirá o pagamento provavelmente com folga de todos os compromissos acordados no curto prazo. Por outro lado, em função de um grande volume de recursos ter sido colocado no caixa, sem render juros, pior será a rentabilidade geral da empresa.

O maior problema decorrente do emprego do índice de liquidez corrente consiste no fato de o índice comprar contas com grau de risco e realização diferenciadas, a exemplo das contas estoques e duplicatas a receber. Em relação ao grau de realização, por exemplo, o índice compara todo o ativo circulante, independentemente dos períodos de realização das diferentes contas, com todo o passivo circulante, independentemente do período de quitação das diferentes contas.

Outro ponto problemático presente no índice de liquidez corrente diz respeito à análise de contas com graus de risco bastante diferenciados. Dúvidas e questionamentos são usuais, por exemplo, em relação à realização dos estoques e das contas a receber. Alguns questionamentos sempre se farão presentes. Será que os estoques são vendáveis? Será que as contas a receber são, de fato, recebíveis?

Como forma de amenizar este problema decorrente do risco associado às duas contas, devem ser analisados com maior cautela os valores registrados em ambas as contas e as metodologias de provisionamentos e registros efetuados. Em relação ao grupo das contas a receber, deve-se verificar as necessidades de ajustes na conta de provisão para devedores duvidosos. Em relação aos estoques, alguns novos procedimentos podem ser empregados com o objetivo de ponderar melhor o seu grau de realização, que serão discutidos com maior profundidade no índice de Liquidez Seca.

Alguns autores chegam a sugerir que um índice de liquidez corrente aceitável deveria ser superior a 2. Porém, a análise isolada de índices apresenta pouca utilidade. Uma análise mais cuidadosa dependerá, em grande parte, do setor ou indústria na qual a empresa opera.

A evolução do ILC da Ilustrativa pode ser vista na Figura 5.5.

Conta	Ano 1	Ano 2	Ano 3
Subtotal AC	36	51	39
Subtotal PC	23	43	26
ILC = AC/PC	1,57	1,19	1,50

Figura 5.5   *Evolução do ILC da Ilustrativa.*

De modo geral, nota-se uma deterioração do índice, que era igual a 1,57 no ano 1 (indicando que a empresa possuía $ 1,57 disponíveis ou a receber no curto prazo para cada $ 1,00 a pagar no curto prazo), 1,19 no ano 2 e 1,50 no ano 3. Ou seja, existe uma redução do volume do que a empresa tem a receber no curto prazo em relação ao volume dos recursos que a empresa tem a pagar – o que poderia indicar um comprometimento das condições de solvência. Esse comprometimento é mais facilmente percebido no ILC do que no CDG.

Índice de liquidez seca

Um dos maiores problemas do índice de liquidez corrente consistiria no fato de trabalhar com a comparação e análise de contas com níveis de risco e realização diferenciadas, a exemplo dos estoques. Será que os estoques são, de fato, vendáveis?

O REI DO CORCEL II!

Um caso sugestivo para os problemas relativos aos estoques que costumo explorar nas minhas aulas é o da oficina mecânica "O Rei do Corcel II". Durante muitos anos era um centro de referência no segmento de serviços automotivos, atendendo com qualidade e presteza os proprietários deste modelo da Ford. Para isso, a empresa mantinha um grande e confortável estoque de peças de Corcel II, o que garantia a rapidez na execução dos mais diferentes serviços. Porém, os anos se passaram, o Corcel II sumiu das ruas, mas a empresa continuou mantendo nos seus estoques os valores referentes às peças do modelo. É claro que em uma análise financeira sensata, os valores referentes a esses estoques de difícil venda ou realização deveriam ser baixados, sendo ignorados na análise.

O índice de liquidez seca (ILS), resolve parte destes problemas, subtraindo dos ativos circulantes os valores registrados no estoque. Representa o quanto a empresa possui a realizar no curto prazo, sem considerar a venda dos estoques, para cada real registrado a pagar. Por exemplo, um índice de liquidez seca igual a 1,20 indicada para cada real que a empresa deverá quitar nos próximos 12 meses possui registrado a realizar no ativo circulante a importância de $ 1,20, sem considerar a eventualidade da venda dos estoques.

O quociente do ILS poderia ser apresentado da seguinte forma:

ILS = (Ativo Circulante – Estoques)/Passivo Circulante

Sob o ponto de vista da solvência e do risco oferecido pela empresa no curto prazo, o ILS seria um índice do tipo quanto maior melhor. Porém, essa análise apenas deveria ser feita de forma comparativa e integrada.

Uma análise do ILS da Comercial Ilustrativa pode ser vista na Figura 5.6.

Conta	Ano 1	Ano 2	Ano 3
Subtotal AC	36	51	39
Estoques	12	24,75	15
Subtotal PC	23	43	26
ILS = (AC – Estoques)/PC	1,04	0,61	0,92

Figura 5.6 *Evolução do ILS da Comercial Ilustrativa.*

132 A Análise Contábil e Financeira • Bruni

De forma similar ao verificado na análise do ILS, é possível notar uma redução do ILS de 1,04 no ano 1 para 0,61 no ano 2 e para 0,92 no ano 3. Em linhas gerais, as condições de solvência são substancialmente pioradas no ano 2, melhorando do ano 2 para o 3. Mas comparando o ano inicial (ano 1) com o ano final (ano 3), nota-se uma queda da liquidez imediata da empresa – o que indica um comprometimento da capacidade de pagamento de curto prazo.

ÍNDICE DE LIQUIDEZ SECA MODIFICADO. Em função da dificuldade e dos problemas decorrentes da consideração dos estoques no grupo dos ativos circulantes, é possível apresentar o Índice de Liquidez Seca Modificado (ILSM), que subtrairia dos ativos circulantes apenas a parcela não realizável estimada do estoque. Para isso, seria necessário estimar um percentual k de não realização dos estoques.

Algebricamente, o ILSM poderia ser apresentado segundo a forma seguinte:

$$ILSM = (Ativo\ Circulante - k.\ Estoques)/Passivo\ Circulante$$

Onde: k = parcela não vendável do estoque.

Índice de liquidez imediata

O índice de liquidez imediata (ILI) representa o valor que dispõe imediatamente para saldar dívidas de curto prazo. As disponibilidades representam os recursos que já estão convertidos em dinheiro como caixa e bancos ou que poderiam ser convertidos em dinheiro com grande liquidez, como as aplicações financeiras de liquidez imediata.

O ILI é um índice bastante conservador, onde o numerador representa os fundos imediatamente disponíveis e o denominador equivale às obrigações com vencimentos de 30, 60, 90 ... até 360 dias.

MICROSOFT DEFENDE "PROBLEMA" DE EXCESSO DE CAIXA

Sob pressão dos investidores da Microsoft, que estão ansiosos por obter um retorno de parte dos US\$ 35 bilhões da reserva de caixa da empresa e ver as ações retomarem trajetória de alta, o presidente-executivo da maior produtora de *software* do mundo, Steve Ballmer, defendeu na quarta-feira o "problema de primeira classe" de ter muito dinheiro. Ballmer, em reunião com investidores na conferência Sanford

C. Bernstein Strategic Decisions, disse que a Microsoft prefere ter o dinheiro à mão para correr riscos com novas tecnologias e temas importantes para as operações da empresa.

"Provavelmente eu terei essa discussão com vocês por muitos anos", disse Ballmer na conferência. "Ao mesmo tempo, eu creio que é justo dizer que queremos dar um retorno em dinheiro aos acionistas." Ballmer citou que a Microsoft pagou US$ 87 bilhões em dinheiro para seus acionistas desde 30 de junho de 2001 e afirmou que entende os desejos dos investidores de que o caixa da empresa seja mais usado para pagar dividendos e recomprar ações.

A Microsoft começou a pagar dividendos anuais aos acionistas pela primeira vez em 2003, desde que a empresa teve ações negociadas em bolsa em 1986. Em 2004, a companhia pagou US$ 32 bilhões em um dividendo especial de US$ 3 por ação.

A companhia surpreendeu os investidores em abril, ao anunciar que vai sacrificar bilhões de dólares de lucro no próximo ano para investir em novas áreas de negócios. Analistas estimaram que a companhia planeja gastar US$ 2 bilhões além das previsões iniciais. O preço da ação da empresa caiu após o anúncio, marcando o mais recente recuo de um papel que vem apresentando *performance* abaixo da registrada pelos principais mercados dos Estados Unidos desde o início de 2002. Às 11h37 de 31 de maio de 2006 (horário de Brasília), as ações da Microsoft eram negociadas a US$ 23,23, com alta de 0,17%, depois de caírem para a mínima de US$ 23,07 neste pregão.

Fonte: Reuters. Disponível em: <http://www.adrenaline.com.br/noticias/tecnologia/microsoft_defende_%22problema%22_de_excesso_de_caixa/>.
Acesso em: 23 ago. 2008.

Outro problema decorrente do emprego do ILI diz respeito ao fato de analisar as contas do Passivo Circulante agrupadas e somadas nominalmente, independentemente do período programado para a sua realização.

ILI = Disponibilidade/Passivo Circulante

O valor obtido no índice de liquidez imediata indica quantos reais a empresa já possui com disponibilidade imediata para cada real que deverá pagar nos próximos 12 meses. Por exemplo, um índice de liquidez imediata igual a 0,60 indica que para cada R$ 1,00 que a empresa possui a pagar, nos próximos 12 meses, já existe R$ 0,60 disponíveis.

Para os dados da empresa Ilustrativa, a evolução do ILI ao longo dos anos pode ser vista na Figura 5.7.

Conta	Ano 1	Ano 2	Ano 3
Disponibilidades	12	8,25	9
Subtotal PC	23	43	26
ILS = (AC – Estoques)/PC	0,52	0,19	0,35

Figura 5.7   *Evolução do ILS da Comercial Ilustrativa.*

As disponibilidades são compostas, apenas, pelos recursos rapidamente transformados em dinheiro. Os dados encontrados indicam que, por exemplo, no ano 1, para cada $ 1,00 a pagar nos próximos 12 meses, registrado no Passivo Circulante, a empresa dispunha de $ 0,52 já disponíveis. Ao longo dos anos é possível notar uma deterioração dos índices de liquidez imediata. Seus valores foram iguais a 0,19 e 0,35 nos anos 2 e 3, respectivamente.

Exercícios propostos

1. A Bordadura Artigos Finos Ltda. apresenta uma evolução crescente do seu índice de liquidez corrente e uma evolução decrescente do seu índice de liquidez seca. Assinale a alternativa que seria a melhor explicação para este fato.

    a)   Redução das vendas.

    b)   Aumento das vendas.

    c)   Elevação dos estoques.

    d)   Redução da conta fornecedores.

    e)   Manutenção de vendas estáveis.

2. A Cia. Explêndida S. A. elevou substancialmente seus índices de liquidez corrente, seca e imediata. Sabe-se que, para a empresa, a rentabilidade de ativos de curto prazo é relativamente baixa. Analise a consequência deste fato. Sob o ponto de vista das análises da solvência e da rentabilidade da empresa, o que é INCORRETO afirmar?

    a)   O ROI da empresa foi reduzido.

b) O ROE foi aumentado.

c) O crescimento dos ativos de curto prazo foi maior que o dos ativos de longo prazo.

d) O risco de inadimplência da empresa no curto prazo foi reduzido.

e) A facilidade de obter novos empréstimos de curto prazo será maior.

3. Todos os ativos de uma empresa cresceram. Porém, o seu ILC aumentou e o seu ILS diminuiu. O que é INCORRETO afirmar?

a) O crescimento do AC foi maior do que o do PC.

b) Os estoques cresceram menos que os demais AC.

c) Os indicadores de liquidez costumam ser associados à solvência da empresa.

d) Estoques e AC cresceram de forma diferente.

e) PC e AC cresceram de forma diferente.

4. Minha empresa acabou de vender a vista uma parcela substancial dos seus estoques. O preço de venda foi igual ao custo unitário de aquisição. O que é correto afirmar?

a) O AC aumentou.

b) O AC diminuiu.

c) O ILC foi reduzido.

d) O ILS aumentou.

e) O CDG aumentou.

5. Os últimos balanços da Tagarela S. A. indicam ILI aumentando e ILC estável. O que pode explicar esta situação?

a) Venda a prazo de estoques sem lucros.

b) Venda lucrativa e a vista de estoques.

c) Venda a vista de estoques sem lucros.

d) Venda de estoques a prazo com prejuízo.

e) Venda de estoques a vista com prejuízo.

6. Uma empresa possui os mesmos valores em todos os anos de ILC e ILS. O que pode explicar este fato?

a) Estoques altos.

b) Ativos maiores que passivos.

136 A Análise Contábil e Financeira • Bruni

    c)   Estoques baixos.

    d)   Grandes lucros.

    e)   Estoques inexistentes.

7.   A Expresso Foguete Ltda. possui um $ILC = 1,30$ e um $ILS = 1,25$. Sabendo que o PC da empresa é igual a \$ 50 mil, calcule o que se pede a seguir: (a) Qual o valor do AC? (b) Qual o valor do Estoque?

8.   As contas patrimoniais e seus respectivos valores para a Cia. Rapsódia S. A. consistem em: Bancos = 500, Clientes = 800, Empréstimos CP = 800, Estoques = 1.500, Fornecedores = 400, Imóvel = 3.000, Obrig. LP = 1.200, PL = ?.

    Parte I. Para a situação e os números apresentados, calcule os índices ou valores solicitados a seguir: (a) liquidez geral; (b) capital de giro; (c) liquidez corrente; (d) liquidez seca; (e) liquidez imediata.

    Parte II. A empresa contratou um financiamento no valor de \$ 800 (30% de curto prazo e 70% de longo prazo). Juntou mais \$ 200 retirados da sua conta corrente e comprou um imóvel no valor de \$ 1.000. Para essa nova situação, calcule os índices ou valores solicitados a seguir: (f) liquidez geral; (g) capital de giro; (h) liquidez corrente; (i) liquidez seca; (j) liquidez imediata.

9.   A Matraca e Cia. possui \$ 50 em caixa e bancos, \$ 80 em aplicações financeiras de liquidez imediata, \$ 90 em contas a receber de clientes, \$ 120 em estoque e \$ 410 em imóveis. Seu passivo circulante é igual a \$ 150 e suas obrigações com terceiros de longo prazo são iguais ao dobro do passivo circulante. Usando estas informações, calcule o que se pede: (a) ILG, (b) CDG, (c) ILC, (d) ILS, (e) ILI.

10.   Suponha que a Matraca e Cia. do exercício anterior tenha tomado um empréstimo de longo prazo no valor de \$ 300, deixando 30% em caixa e usando o restante do dinheiro para comprar estoques. Usando estas novas informações, calcule: (a) ILG, (b) CDG, (c) ILC, (d) ILS, (e) ILI.

11.   A Fábrica dos Tamboretes Ltda. possui \$ 100 na conta corrente, \$ 150 em aplicações financeiras de liquidez imediata, \$ 200 em valores a receber de clientes (70% deste valor corresponde a duplicatas descontadas), \$ 300 em estoques e \$ 1.000 em imóveis. Apresenta um financiamento de curto prazo igual a \$ 400 e seu passivo não circulante é igual a \$ 300. Usando estas informações, calcule o valor do capital da empresa. Posteriormente, calcule: (a) ILG, (b) CDG, (c) ILC, (d) ILS, (e) ILI.

12. Alguns números do Balanço Patrimonial da Carcará Representações podem ser vistos a seguir. Em relação aos valores apresentados, algumas observações precisam ser feitas: cerca de 20% do valor do estoque é formado por mercadorias obsoletas, sem valor comercial; o percentual real para provisão para devedores duvidosos deveria ser igual a 15%; em relação aos imóveis, a empresa perdeu um terreno adquirido irregularmente no valor de $ 2 mil e não espera receber nenhuma parcela deste valor.

Ativos	$	Passivos e PL	$
AC		**PC**	
Caixa	1.200,00	Fornecedores	2.400,00
Clientes	3.600,00	Empréstimos CP	1.600,00
(–) Prov. Devedores Duvidosos	(360,00)	Impostos a pg CP	800,00
(–) Duplicatas Descontadas	(1.620,00)		
Estoques	3.200,00		
Empréstimos feitos ao dono da empresa	3.740,00		
ANC		**PNC**	
Imóveis	12.800,00	Empréstimos LP	2.400,00
(–) Depreciação Acumulada de Imóveis	(2.560,00)		
		PL	
		Capital	2.800,00
		Reserva de Lucros	10.000,00
Total	20.000,00	Total	20.000,00

Ajuste o balanço da empresa com o objetivo de iniciar uma análise cuidadosa da demonstração contábil. Após os ajustes, calcule: (a) AC, (b) PC, c) PL, (d) ILG, (e) CDG, (f) ILC, (g) ILS, (h) ILI.

13. A saga da Companhia Dois Irmãos S. A. é uma história de gente que faz. A trajetória da empresa é marcada por gente que continua aceitando o desafio de encarar de frente a aventura da industrialização brasileira. A grande indústria que é hoje surgiu a partir da migração para São Paulo dos irmãos José e Augusto Sacramento por volta da década de 1910. Os irmãos passaram de aprendiz de ferreiro a donos de uma pequena oficina onde produziam e reparavam "elementos de transmissão" utilizando uma forja manual. Poucos anos depois, a Companhia Dois Irmãos adquiriu seu primeiro torno e instalaram sua primeira fundição. Nos anos 1920, sua produção de máquinas para serrarias atingiu uma escala considerada alta para os padrões da época.

138 A Análise Contábil e Financeira • Bruni

A saga continuou marcada por esforço e sucesso. Em finais dos anos 1920, a empresa fabricou a primeira ponte rolante brasileira e em seguida iniciou a produção de aços trefilados. Na década de 1940, com o nome mudado para Companhia Dois Irmãos Indústrias Mecânicas S. A., a firma iniciou a fabricação de vergalhões de aço. E após incorporar pontes rolantes siderúrgicas, turbinas hidráulicas e equipamentos hidromecânicos à linha de produção nas décadas de 1950 e 1960, a firma mudou para Bom Jardim, São Paulo. Foi lá onde, a partir de 1970, as operações da empresa passaram a ser concentradas. Uma segunda unidade industrial entrou em operação em Belo Campo em início dos anos 1980. Outras empresas menores, coligadas ou controladas pela Dois Irmãos foram surgindo ao longo dos anos, aproveitando o sucesso empresarial dos Sacramentos. Finalmente, na década passada, foi criada a mais importante das empresas associadas ao grupo, a Dois Irmãos Instalações Industriais, uma firma de montagem de equipamentos.

Com o passar dos anos, a empresa cresceu e apareceu. E a família Sacramento prosperou. No final do ano passado, acionistas com seu sobrenome possuem acima de 80% das ações ordinárias, com 37% registradas em nome do presidente do conselho e da diretoria, José Sacramento Júnior, e 15% (indiretamente) no nome do vice-presidente do conselho Otávio Sacramento, filho do outro fundador.

Em $ milhões[2]	Ano 1	Ano 2	Ano 3	Ano 4	Ano 5
Receita Líquida	91,60	84,60	78,70	94,50	123,50
– Custo Produtos Vendidos	(65,70)	(70,90)	(105,80)	(103,90)	(107,40)
Lucro Bruto	25,80	13,70	(27,00)	(9,40)	16,10
– Despesas Operacionais próprias	(20,90)	(20,90)	(23,10)	(28,90)	(29,70)
Lajir	4,90	(7,20)	(50,10)	(38,30)	(13,60)
+/– Resultado financeiro	62,90	41,10	43,50	50,00	37,00
Lair	67,90	33,80	(6,50)	11,70	23,50

Hoje, a empresa é, sem dúvida, uma firma familiar, marcada pela dedicação ao trabalho, pelo empenho e pelo sucesso. Seu negócio principal e oficial, representando talvez 85% de vendas, é a fabricação de equipamentos pesados para, na maior parte, usinas de geração de energia elétrica, plantas metalúrgicas (principalmente o setor siderúrgico) e portos. Os produtos incluem comportas, condutos forçados, grades, pontes e pórticos rolantes, laminadores, máquinas de lingotamento contínuo, linhas

---

[2] Os números estão aproximados.

de processamento e carregadoras de navio, entre muitos outros itens. O segundo negócio da empresa, representando talvez 10% das vendas, é a fabricação em série de barras de aço a partir de um processo de laminação e trefilação.

Contudo, uma análise cuidadosa da DRE da empresa nos permite "ver" o verdadeiro, embora não "oficial", negócio da empresa: auferir substanciais resultados financeiros em função das aplicações financeiras de curto prazo mantidas pela Dois Irmãos. A explicação para estes números está na história recente do negócio e na passagem de bastão promovida pelos fundadores para a segunda geração.

Ao longo das últimas duas décadas, planejando uma retirada do negócio, os fundadores resolveram reduzir o tamanho da empresa, facilitando o seu processo de gestão – que seria assumido pelos mais novos da empresa. Diversas das empresas coligadas ou controladas foram vendidas em bons negócios – aproveitando a boa fase vivida pela economia nos últimos anos.

Porém, ao invés de ser devolvido aos sócios, o dinheiro apurado com a venda foi aplicado pela empresa em operações de curto prazo, aproveitando as generosas taxas de juros registradas pelos mercados financeiros nacionais nos últimos anos. Os números podem ser vistos nos Balanços Patrimoniais da empresa apresentados a seguir.

Em $ milhões	Ano 1	Ano 2	Ano 3	Ano 4	Ano 5
Ativo Total	297,3	307,7	376,6	402,6	359,8
Ativo Circulante	125	107,3	133,8	273,6	245,9
.Disponibilidades	41,9	34,9	15,3	147,2	167,4
.Clientes	44,1	44,6	75,4	99	36,5
.Estoques	17	11,8	15,1	9,8	10,1
.Outros AC	22	8,1	28	17,7	31,9
Ativo Não Circulante	172,3	200,3	242,7	128,9	113,9
Passivo Total	297,3	307,7	376,6	402,6	359,8
Passivo Circulante	46,1	34	105,2	136,3	100
.Fornecedores	7,6	4,2	9	13,3	16,6
.Impostos sobre vendas	0,5	0,7	0,1	1,6	7,6
.Outros PC	38	29,1	96,1	121,4	75,8
Passivo Não Circulante	14,9	10	9,8	34	32,3
Patrimônio Líquido	236,2	263,7	261,6	232	227,5

140   A Análise Contábil e Financeira • Bruni

Usando os seus conhecimentos sobre análise de liquidez, interprete a evolução dos números da Cia. Dois Irmãos. Pede-se: (a) Para você, o que é possível constatar? (b) Quais as vantagens e desvantagens associadas a esta constatação? (c) Como você poderia explicar isso?

14. Carregue o aplicativo **AnaliseFacil.xls**. Solicite os números disponíveis para os anos 2 a 7 das Forjas Bigorna (código 15). Analise as informações disponíveis e responda o que se pede.

Parte I. Análise da evolução do índice de liquidez geral. Considere apenas o ILG para responder às próximas perguntas: (a) Qual o seu valor para o ano 4? (b) O que este número representa? (c) Em que ano esse indicador foi máximo? (d) Qual o valor máximo do indicador? (e) Em que ano o indicador foi mínimo?

Parte II. Análise da evolução do índice de liquidez corrente. Pede-se: (f) Qual o valor do ILC no ano 5? (g) O que este valor significa?

Parte III. Análise da evolução do índice de liquidez seca. Pede-se: (h) Qual o valor do ILS no ano 2? (i) O que este valor significa?

Parte IV. Análise da evolução geral dos índices de liquidez. Pede-se: (j) Analise o que vem acontecendo ao longo dos anos para as Forjas Bigorna. A liquidez tem aumentado ou reduzido?

15. Carregue o aplicativo **AnaliseFacil.xls**. Solicite os números disponíveis para os anos 1 a 6 da Pinguim Comercial S.A. (código 16) e das Lojas Corcovado S. A. (código 17). Analise as informações disponíveis e responda o que se pede.

Parte I. Análise da evolução do índice de liquidez geral. Compare a evolução dos índices das duas empresas ano a ano. Pede-se: (a) Qual empresa apresenta maior liquidez geral? (b) Qual empresa tem liquidez geral crescente? (c) Qual empresa apresenta liquidez geral decrescente?

Parte II. Análise da evolução do índice de liquidez corrente. Compare a evolução dos índices das duas empresas ano a ano. Pede-se: (d) Qual empresa apresenta maior liquidez corrente? (e) Qual empresa tem liquidez corrente decrescente? (f) Como a liquidez corrente da Corcovado se comportou ao longo dos anos?

Parte III. Análise da evolução do índice de liquidez seca. Compare a evolução dos índices das duas empresas ano a ano. Pede-se: (g) Qual empresa apresenta menor liquidez seca? (h) Qual empresa tem liquidez seca decrescente? (i) Qual empresa tem liquidez seca estável?

Parte IV. Análise da evolução do índice de liquidez imediata. Pede-se: (j) O que ocorreu com o ILI da Corcovado no ano 4? O que explicaria este fato?

6

Analisando o Endividamento

"O cofre do banco contém apenas dinheiro. Frustrar-se-á quem pensar que nele encontrará riqueza."
Carlos Drummond de Andrade

Objetivos do capítulo

Um dos mais importantes aspectos relativos à análise das demonstrações contábeis faz referência ao estudo da evolução do endividamento ou da estrutura de capital da empresa. Os efeitos associados à dívida precisam ser considerados, a exemplo do benefício fiscal decorrente do uso dos juros enquanto despesas financeiras dedutíveis do IR em empresas tributadas por lucro real. Outro aspecto relevante faz referência à análise dos efeitos da alavancagem – a capacidade de melhorar o desempenho financeiro mediante o uso de capitais vindos de credores.

Uma análise da estrutura de capital ou da forma que a empresa escolheu para se financiar precisa considerar as perdas compensatórias associadas às dívidas. Se por um lado o uso do capital de terceiros mais barato permite alavancar a *performance* dos capitais próprios, por outro o desembolso com juros e principal pode comprometer a solvência da empresa – indicando a elevação dos riscos.

Este capítulo objetiva discutir o endividamento, analisado mediante o uso das demonstrações contábeis e o emprego de diferentes indicadores.

Compreendendo os efeitos da alavancagem

Os indicadores de endividamento ou de estrutura de capital buscam analisar os efeitos da alavancagem financeira sobre os resultados e, principalmente, sobre o risco da empresa. Quanto maior a alavancagem financeira de uma empresa, maior o risco por ela oferecido. Por alavancagem financeira entende-se o compromisso decorrente do pagamento de despesas financeiras fixas, não associadas ao desempenho operacional da empresa.

ENDIVIDAMENTO, RISCO E RETORNO

Sob o ponto de vista da análise conjunta entre retorno e risco, a elevação do endividamento da empresa costuma provocar uma elevação da percepção do seu risco. Empresas mais endividadas apresentam maior comprometimento de resultados e fluxos de caixa associados ao pagamento de juros e à amortização das parcelas das dívidas.

Porém, conforme exibido em alguns dos exemplos deste capítulo, um maior endividamento, contraído com taxas de juros relativamente baixas, pode elevar a rentabilidade dos capitais próprios da operação.

De forma idêntica ao conceito aplicado na Física e ilustrado na citação atribuída a Arquimedes de que com uma alavanca e um ponto de apoio seria capaz de mover o mundo, em Finanças, o conceito de alavancagem está associado a um aumento mais que proporcional no lucro líquido em decorrência de variações menores nas vendas.

A análise financeira costuma estudar três diferentes tipos de alavancagem:

a) **alavancagem operacional:** faz referência aos gastos das operações da empresa, notadamente aos efeitos das variações das vendas sobre o Lucro Antes dos Juros e IR (Lajir), e que destaca as consequências decorrentes dos gastos fixos, que não oscilam conforme as variações das vendas;

b) **alavancagem financeira:** analisa os efeitos dos juros sobre as variações dos lucros, compreendendo as variações do Lucro Líquido (LL), em função das variações do Lajir – o que seria uma consequência relativa ao pagamento de juros ou despesas financeiras fixas, que não oscilam em função de oscilações nas vendas;

c) **alavancagem combinada:** considera os efeitos conjuntos das alavancagens operacional e financeira, buscando analisar as variações do LL em função das variações das vendas.

Para ilustrar, veja os exemplos fornecidos pelas Demonstrações de Resultado de Exercício das empresas Tranquilinha e Nervosona apresentadas na Figura 6.1.

DRE	Tranquilinha	Nervosona
Receitas	100	100
(–) Gastos fixos	– 20	– 40
(–) Gastos variáveis	– 40	– 20
Lajir	40	40
(–) Juros	0	0
Lair	40	40
(–) IR	– 12	– 12
LL	28	28

Figura 6.1   *DREs da Tranquilinha e da Nervosona.*

Entendendo a alavancagem operacional

Embora possuam *performances* idênticas, com mesmos volumes de vendas e custos que resultam em um mesmo lucro, igual a $ 28, a estrutura de gastos das duas empresas apresenta diferenças importantes. A Tranquilinha possui gastos fixos menores e gastos variáveis maiores. A Nervosona possui o inverso: gastos fixos maiores e gastos variáveis menores. Na situação apresentada, ambas não possuem dívidas e não pagam juros.

Maior presença de gastos fixos ocasiona maior alavancagem da *performance* da empresa em função de variações nas vendas, o que pode ser constatado na Figura 6.2, que supõe variações nas vendas iguais a 10%.

DRE	Tranquilinha			Nervosona		
	– 10%	Base	10%	– 10%	Base	10%
Receitas	90	100	110	90	100	110
(–) Gastos fixos	– 20	– 20	– 20	– 40	– 40	– 40
(–) Gastos variáveis	– 36	– 40	– 44	– 18	– 20	– 22
Lajir	34	40	46	32	40	48
(–) Juros	0	0	0	0	0	0
Lair	34	40	46	32	40	48
(–) IR	– 10,2	– 12	– 13,8	– 9,6	– 12	– 14,4
LL	23,8	28	32,2	22,4	28	33,6

Figura 6.2   *DREs da Tranquilinha e da Nervosona com variação de 10%.*

As variações das vendas afetam muito mais os números da Nervosona do que os números da Tranquilinha. Na situação base, o Lajir das duas empresas é idêntico e igual a $ 40. Porém, supondo uma variação positiva de 10% nas vendas, o Lajir da Tranquilinha aumenta para $ 46 enquanto o Lajir da Nervosona aumenta para $ 48. O maior gasto fixo da Nervosona, que não oscila com as vendas, faz com que o seu desempenho seja mais agressivo. Em função do maior gasto fixo, a empresa possui maior alavancagem operacional, o que faz o Lajir aumentar com maior intensidade que o aumento das vendas.

Porém, caso as vendas caíssem 10%, o inverso seria verdade. Em função da maior alavancagem operacional (maior presença de gastos fixos), a redução seria mais sentida no Lajir da Nervosona, que cai para $ 32, do que no da Tranquilinha, que cai para $ 34.

A alavancagem operacional representa este efeito. Uma menor variação positiva ou negativa das vendas é ampliada ou alavancada no Lajir. A alavancagem operacional aumenta o retorno esperado, caso projetemos variações positivas das vendas, mas eleva o risco em função de quedas indesejáveis ou imprevistas das vendas.

Supondo variações nas vendas positivas e negativas iguais a 10%, nota-se uma variação muito mais ampla nos resultados da empresa Nervosona. Com a variação positiva das vendas em 10%, o Lajir da Tranquilinha aumenta 15% e o da Nervosona aumenta 20%. Caso as vendas caíssem, os percentuais seriam iguais a – 15% e – 20% respectivamente.

DRE	Tranquilinha			Nervosona		
	– 10%	Base	10%	– 10%	Base	10%
Lajir	34	40	46	32	40	48
Variação %	– 15%	0%	15%	– 20%	0%	20%

Figura 6.3   *Variação percentual do Lajir.*

Enquanto variações de 10% nas receitas causam variações iguais a 15% no Lajir da Tranquilinha, esses mesmos percentuais de variações ocasionam mudanças iguais a 20% no Lajir da Nervosona. Esse fato revela que a lucratividade da Nervosona é mais influenciada pelas variações das vendas – revelando um maior nível de risco oferecido.

Entendendo a alavancagem financeira

Os efeitos dos gastos fixos operacionais podem ser ampliados em decorrência da existência de gastos fixos com juros, relativos às dívidas assumidas pela empresa. O efeito de juros fixos sobre a *performance* financeira ocasiona a alavancagem financeira. Para analisá-la, considere, ainda, os exemplos da Tranquilinha e da Nervosona.

Considere, agora, que ambas as empresas resolveram se endividar, assumindo o compromisso de juros anuais iguais a $ 10. As novas DREs para as duas empresas estão apresentadas na Figura 6.4.

146 A Análise Contábil e Financeira • Bruni

DRE	Tranquilinha			Nervosona		
	– 10%	Base	10%	– 10%	Base	10%
Receitas	90	100	110	90	100	110
(–) Gastos fixos	– 20	– 20	– 20	– 40	– 40	– 40
(–) Gastos variáveis	– 36	– 40	– 44	– 18	– 20	– 22
Lajir	34	40	46	32	40	48
(–) Juros	– 10	– 10	– 10	– 10	– 10	– 10
Lair	24	30	36	22	30	38
(–) IR	– 7,2	– 9	– 10,8	– 6,6	– 9	– 11,4
LL	16,8	21	25,2	15,4	21	26,6

Figura 6.4 *DREs com juros da Tranquilinha e da Nervosona.*

O efeito dos juros fixos faz com que a oscilação do lucro líquido seja ainda maior quando comparada às variações do Lajir. Observe os cálculos percentuais apresentados na Figura 6.5.

Lucros e variações	Tranquilinha			Nervosona		
	– 10%	Base	10%	– 10%	Base	10%
Lajir	34	40	46	32	40	48
Variação %	– 15%	0%	15%	– 20%	0%	20%
LL	16,8	21	25,2	15,4	21	26,6
Variação %	– 20%	0%	20%	– 27%	0%	27%

Figura 6.5 *Variação percentual do LL.*

Supondo uma variação positiva das vendas igual a 10%, o Lajir da Tranquilinha aumenta 15% e o seu LL, agora afetado pelo pagamento de juros fixos, aumenta 20%. No caso da Nervosona, o efeito é ainda maior. As vendas aumentam 10%, mas seu Lajir aumenta 20% e o seu LL aumenta 27%. A alavancagem financeira apresenta essa capacidade dos juros de ampliarem a variação no LL em função de variações no Lajir.

A alavancagem operacional faz referência ao estudo das variações do Lajir em função de variações de vendas, o que não considera o impacto das despesas financeiras ou juros. A alavancagem financeira estuda o impacto direto provocado pelo pagamento de juros fixos, não associados ao comportamento das vendas, e que implica na análise da relação entre as variações do lucro líquido em relação às variações do Lajir. Quando analisamos de forma conjunta os efeitos da alavancagem operacional e da alavancagem financeira, temos a alavancagem combinada, que analisa os efeitos sobre o lucro líquido em função de variações nas vendas.

Algebricamente, poderíamos calcular os graus de alavancagem de uma empresa por meio das seguintes equações.

Grau de Alavancagem Operacional, GAO = (Variação % do Lajir)/ (Variação % das Vendas)

Grau de Alavancagem Financeira, GAF = (Variação % do LL)/ (Variação % do Lajir)

Grau de Alavancagem Combinada, GAC = GAO × GAF

ou

GAC = (Variação % do LL)/(Variação % das Vendas)

Os graus de alavancagem das empresas Tranquilinha e Nervosona podem ser vistos na Figura 6.6.

Grau	Tranquilinha	Nervosona
GAO	1,5000	2,0000
GAF	1,3333	1,3333
GAC	2,0000	2,6667

Figura 6.6   *Graus de alavancagem para as duas empresas.*[1]

---

[1] Buscando maior precisão no cálculo dos diferentes graus de alavancagem, todas as contas foram feitas com base nas DREs apresentadas na Figura 6.4. As variações percentuais foram calculadas com quatro casas decimais a partir dos valores originais das DREs.

Para as empresas Tranquilinha e Nervosona, é possível constatar um GAO igual a 1,5 e 2 respectivamente, o que indica que para cada 1% de variação percentual das vendas, encontraríamos uma variação de 1,5 × no Lajir da Tranquilinha e 2 × no Lajir da Nervosona. O maior grau de alavancagem operacional da Nervosona indica o seu maior comprometimento com gastos fixos operacionais.

Em função do pagamento de juros iguais, o GAF das duas empresas é igual a 1,3333, o que indica que para 1% de variação no Lajir teríamos 1,3333 × de variação no LL de ambas as empresas.

O efeito conjunto das duas alavancagens pode ser mensurado no GAC, igual a 2 para a Tranquilinha e 2,6667 para a Nervosona, o que indica que cada 1% de variação nas vendas estaria associada a uma variação de 2 × no LL da Tranquilinha e de 2,6667 × no LL da Nervosona.

Entendendo as razões para a existência de alavancagem financeira

A compreensão das razões para o endividamento por parte das empresas pode ser percebida na comparação entre a rentabilidade de uma operação e o custo do capital de terceiros. Sempre que for possível captar recursos de terceiros mais baratos que a rentabilidade de uma operação, o resultado é a elevação dos ganhos financeiros da operação.

Para ilustrar, considere o exemplo na situação base da Tranquilinha, representado novamente na Figura 6.7.

Endividamento	0%	50%	90%
Ativos	100	100	100
Dívidas (20% a. a.)	0	50	90
PL	100	50	10
Lajir	40	40	40
(–) Juros	0	– 10	– 18
Lair	40	30	22
(–) IR	– 12	– 9	– 6,6
LL	28	21	15,4

Figura 6.7 *DREs da Tranquilinha com diferentes endividamentos.*

A Figura 6.7 apresenta os números da Tranquilinha supondo diferentes endividamentos, com índices iguais a 0%, 50% e 90%.

Analisando o efeito do endividamento sobre a rentabilidade

O endividamento pode exercer impactos sobre a rentabilidade. Para poder discutir os impactos dos diferentes níveis de endividamento precisaremos usar duas medidas de *performance* financeira,[2] o ROI ou retorno sobre o investimento, medida de rentabilidade da operação como um todo que calcula a relação entre os lucros líquidos da operação e os seus investimentos ou o ROE, retorno sobre o patrimônio líquido, medida de rentabilidade dos capitais próprios.

Em relação aos números da Tranquilinha, na situação base, sem dívidas, é importante notar que a rentabilidade dos investimentos feitos na operação (ROI) seria igual ao lucro anual dividido pelos investimentos, no caso igual a 28/100 = 28% a. a. Como não existem dívidas e a operação é integralmente financiada com patrimônio líquido, o valor do retorno do PL (ROE) seria idêntico e igual a 28% a. a. Os cálculos estão apresentados na Figura 6.8.

Endividamento	0%	50%	90%
LL	28	21	15,4
Ativos	100	100	100
PL	100	50	10
ROI	28%	21%	15%
ROE	28%	42%	154%

Figura 6.8   *ROI e ROE.*

Quando aumentamos o nível de endividamento da operação, percebemos uma redução do seu ROI, o que é notado na Figura 6.8. Para um endividamento de 50%, o ROI foi de 21% a. a. Para um endividamento de 90%, o ROI é reduzido

---

[2] As medidas de rentabilidade estão discutidas com maior profundidade no Capítulo 9.

para 15% a. a. A explicação seria simples: à medida que aumentamos o endividamento, elevamos o pagamento de juros e reduzimos o ROI, conforme constatado.

Porém, quando analisamos a elevação do endividamento sob a ótica dos capitais próprios, a situação torna-se diferente. Considerando níveis de endividamento iguais a 0%, 50% e 90%, percebemos ROE crescentes, iguais a 28%, 42% e 154% a. a. Ou seja, embora estejamos pagando juros maiores, a rentabilidade do nosso capital se eleva. Embora contraditório (juros maiores com maior rentabilidade dos capitais próprios) a explicação é simples: no exemplo estaríamos captando recursos a um custo mais barato do que a rentabilidade da operação.

Calculando o custo efetivo do capital de terceiros

Um ponto importante na análise dos efeitos do endividamento envolve a consideração do custo efetivo do capital de terceiros. No exemplo da Tranquilinha, o custo aparente da dívida é igual a 20% a. a. Porém, sabendo que os juros são despesas financeiras, dedutíveis do IR, o custo efetivo da dívida deve levar em consideração o benefício fiscal do uso das despesas financeiras.

Endividamento	0%	50%	
Ativos	100	100	
Dívidas (20% a. a.)	0	50	
PL	100	50	
Lajir	40	40	
(–) Juros	0	– 10	← *Desembolso aparente = – 10*
Lair	40	30	
(–) IR	– 12	– 9	
LL	28	21	

Desembolso efetivo
= 21 – 28 = – 7

Figura 6.9   *Desembolso aparente e efetivo.*

Em relação aos números da Figura 6.9, que considera apenas duas situações com o endividamento de 0% e de 50%, podemos constatar o efeito do benefício fiscal da dívida. Embora o desembolso aparente associado ao pagamento de juros tenha sido igual a – $ 10, na prática constatamos um desembolso efetivo de – $ 7. Ou seja, uma parte dos juros pagos, igual ao produto da alíquota de IR (30%) com a taxa aparente da dívida (20% a. a.) e com o volume das dívidas ($ 50). A economia fiscal associada aos juros é igual a 30% × 20% × 50 = 0,3 × 0,2 × 50 = $ 3. Assim, o desembolso efetivo é igual à diferença entre o desembolso aparente ($ 10) e o benefício ou economia fiscal decorrente dos juros ($ 3) ou $ 10 – $ 3 = $ 7.

Algebricamente, podemos dizer que o custo percentual efetivo da dívida pode ser calculado como:

$$Kd = Ka \cdot (1 - IR)$$

Onde: Kd é o custo efetivo da dívida, Ka é o custo contratual ou aparente da dívida e IR é a alíquota percentual do IR.

Assim, embora o custo aparente da dívida seja igual a 20% a. a., o custo efetivo é igual a 20% . (1 – 0,30) = 14% a. a.

Como o custo efetivo da dívida (14% a. a.) é menor que a rentabilidade (ROI), da operação, igual a 28%, o uso de dívidas tem a capacidade de alavancar a *performance* da rentabilidade dos capitais próprios (ROE).

Na primeira situação, sem dívidas, com endividamento igual a 0%, o lucro da operação seria igual a $ 28. A rentabilidade dos capitais próprios, ROE (do inglês *Return On Equity*) seria igual à relação entre lucro anual e PL ou 28/100 = 28% a. a. Na segunda situação, o endividamento é de 50%. A rentabilidade dos capitais próprios ROE elevou-se para 42% a. a. Na terceira situação, com um endividamento de 90%, o ROE eleva-se para 154% a. a.

Ou seja, sempre que o custo efetivo das dívidas for inferior à rentabilidade da operação, podemos alavancar a rentabilidade dos capitais próprios mediante o uso de recursos de terceiros.

OS LIMITES AO ENDIVIDAMENTO

A análise da DRE revela um importante ponto relativo à remuneração de credores e sócios. Os juros são pagos antes da apuração dos lucros. Em decorrência de uma prioridade no recebimento, o risco corrido por credores seria menor. Logo, o custo do capital da dívida deveria ser menor que o retorno demandado pelos sócios. Assim, imaginando a inexistência da possibilidade de falência ou de eventuais perdas a ela associadas, poderíamos prever que quanto maior o índice de endividamento, melhor a rentabilidade dos capitais próprios.

Porém, como falências e perdas dela decorrentes podem se fazer presentes, o aumento do endividamento faz com que o risco da empresa seja igualmente elevado. Assim, o custo das dívidas não será constante e não será independente do nível de endividamento ou da estrutura de capital da empresa. Maior nível de endividamento provocará a elevação do custo das dívidas, fazendo com que a sua atratividade diminua. Possivelmente, a partir de um determinado nível, o custo efetivo das dívidas será maior que a rentabilidade da operação (ROIC), tornando-as indesejáveis. Neste momento, estaríamos encontrando a estrutura ótima de capital da empresa, correspondente ao nível de endividamento ideal a ser alcançado pela operação.

Índice de endividamento

O índice de endividamento (IE) ou a relação expressa pela participação dos capitais de terceiros sobre recursos totais também é conhecido como *debt ratio* (taxa de endividamento em inglês). Este índice expressa a percentagem que o endividamento representa sobre os fundos totais. Ou, em outras palavras, a percentagem do ativo total financiada com recursos de terceiros.

Matematicamente, o IE pode ser apresentado da seguinte forma:

$$IE = \text{Capital de Terceiros}/(\text{Capital de Terceiros} + \text{Patrimônio Líquido}) = \text{Capital de Terceiros}/\text{Ativos}$$

Sob a ótica do risco de falência da empresa, é um indicador do tipo quanto maior, pior. Porém, conclusões significativas somente deveriam ser apresentadas após uma análise completa dos demais indicadores e da situação macro da empresa. Se as vendas da empresa são crescentes, maiores índices da participação de capitais de terceiros sobre recursos totais podem estar associados a aumentos mais significativos na rentabilidade. O dilema da estrutura de capital, pagamento de juros fixos e alavancagem da rentabilidade do patrimônio líquido, discutida anteriormente, devem ser sempre ponderados nas análises.

Para a empresa Ilustrativa, que vem sendo apresentada como exemplo, o cálculo dos índices de endividamento pode ser visto na Figura 6.10. De modo geral, nota-se uma elevação do índice. Seu valor foi igual a 0,25 no ano 1, indicando que para cada $ 1,00 investido na empresa, havia sido captado aproximadamente $ 0,25 de terceiros.

Conta	Ano 1	Ano 2	Ano 3
Subtotal PC	23	43	26
Subtotal PNC	10	9	15
Patrimônio líquido	100	100	100
IE = (PC + PNC)/(PC + PNC + PL)	0,25	0,34	0,29

Figura 6.10 *Evolução do IE da Ilustrativa.*

No ano 2, o IE aumenta para 0,34 e no ano 3 assume o valor igual a 0,29. A análise do endividamento indica maior uso do capital de terceiros, o que sugere maior possibilidade de melhoria da *performance* financeira dos capitais próprios em função da alavancagem, mas que igualmente constata a elevação do risco, decorrente do comprometimento com o pagamento de juros e principal da dívida.

Índice de participação do capital de terceiros

A participação de capitais de terceiros sobre capitais próprios indica outra forma de expressar a relação entre os recursos colocados por terceiros e investimentos feitos pelos sócios. O quociente obtido indica quanto de terceiros a empresa captou para cada $ 1,00 colocado pelos sócios.

Algebricamente, a participação de capitais de terceiros sobre capitais próprios pode ser apresentada da seguinte forma:

IPCT = Capital de Terceiros/Patrimônio Líquido

De forma similar ao índice de endividamento, sob a ótica da solvência, a relação entre capitais de terceiros e dos sócios seria do tipo quanto maior, pior. Porém, não podemos esquecer os efeitos benéficos da alavancagem sobre a *performance* dos capitais próprios. Maior endividamento implica na possibilidade de maior retorno, associada a maior risco.

A evolução do IPCT da Comercial Ilustrativa pode ser vista na Figura 6.11.

Conta	Ano 1	Ano 2	Ano 3
Subtotal PC	23	43	26
Subtotal PNC	10	9	15
Patrimônio líquido	100	100	100
IPCT = (PC + PNC)/PL	0,33	0,52	0,41

Figura 6.11 *Evolução do IPCT da Ilustrativa.*

A análise do IPCT é similar à do IE. Existe uma elevação da presença de capitais de terceiros no período analisado.

Índice de alavancagem dos recursos próprios

O índice de alavancagem dos recursos próprios (IARP) analisa a relação entre os recursos totais investidos na entidade e a parcela investida pelos sócios. Algebricamente, corresponde à relação entre ativos totais e patrimônio líquido, podendo ser apresentado por meio da equação seguinte.

$$IARP = Ativo/Patrimônio \ Líquido$$

O IARP indica a alavancagem ou o múltiplo dos recursos próprios que foram destinados para a empresa analisada. Um IARP igual a 4 indica que para cada $ 1 investido pelos sócios, um total de $ 4 foi investido na empresa. Ou seja, outros $ 3 foram obtidos de diferentes fontes.

Conta	Ano 1	Ano 2	Ano 3
Ativos	133	152	141
Patrimônio líquido	100	100	100
IARP = AT/PL	1,33	1,52	1,41

Figura 6.12   *Evolução do IARP da Ilustrativa.*

Os números da Mercantil Ilustrativa podem ser vistos na Figura 6.12. O IARP foi igual a 1,33 no ano 1, sendo elevado para 1,52 no ano 2 e reduzido para 1,41 no ano 3.

Índice de composição do endividamento

O índice de composição do endividamento (ICE) expressa a *natureza* do endividamento, revelando o percentual do endividamento concentrado no curto prazo. É um indicador do tipo quanto maior, pior. Ou seja, quanto mais elevado for o valor obtido no índice, maiores serão os compromissos da empresa concentrados no curto prazo.

Algebricamente, pode ser obtido através da seguinte expressão:

ICE = (Passivo Circulante/Capital de Terceiros)

Uma evolução dos números da Mercantil Ilustrativa pode ser vista na Figura 6.13.

Conta	Ano 1	Ano 2	Ano 3
Subtotal PC	23	43	26
Subtotal PNC	10	9	15
ICE = PC/(PC + PNC)	0,70	0,83	0,63

Figura 6.13   *Evolução do ICE da Ilustrativa.*

O valor do índice foi igual a 0,70 no ano 1, indicando que 0,70 ou 70% das dívidas da empresa estavam concentradas no curto prazo. Para cada $ 1 de dívidas existia $ 0,70 no curto prazo. O quociente aumentou para 0,83 no ano 2 e foi reduzido para 0,63 no ano 3. Assim, a análise da evolução da composição do endividamento revela uma redução do curto prazo entre o ano 1 e o ano 3. A redução das dívidas de curto prazo e a elevação das dívidas de longo prazo mostram uma melhoria das condições de solvência da empresa.

Índice de imobilização do patrimônio líquido

O quociente expresso pelo índice de imobilização do patrimônio líquido representa o quanto dos recursos próprios está aplicado no ativo imobilizado. Ou seja, para cada $ 1,00 colocado pelos sócios, quanto está investido e *preso* no ativo imobilizado.

> IIPL = Ativo Imobilizado/Patrimônio Líquido

Sob a ótica da solvência da empresa, seria um indicador do tipo quanto menor, melhor. Quanto menos recursos dos sócios estiverem aplicados no Imobilizado, melhor seria a folga financeira da empresa.

Conta	Ano 1	Ano 2	Ano 3
Imobilizado	80	82	84
Patrimônio líquido	100	100	100
IIPL = Ativo Imobilizado/Patrimônio Líquido	0,8	0,82	0,84

Figura 6.14   *Evolução do IIPL da Ilustrativa.*

Os números da Comercial Ilustrativa estão apresentados na Figura 6.14. A evolução do IIPL mostra-se crescente ao longo dos anos. O quociente foi igual a 0,8 no ano 1, 0,82 no ano 2 e 0,84 no ano 3. Ou seja, tem ocorrido um comprometimento crescente dos recursos dos sócios investidos no ativo imobilizado. Com isso, a capacidade de usar "sobras" de recursos dos sócios não comprometidos com o imobilizado para quitar dívidas tem sido reduzida.

Índice de imobilização dos recursos não correntes

O índice de imobilização dos recursos não correntes (IIRNC) amplia as constatações do índice de imobilização do patrimônio líquido. Analisa o quanto nos recursos de longo prazo (não correntes) está imobilizado. Ou seja, para cada $ 1 de recursos de longo prazo obtido juntos aos sócios ou junto a terceiros, quantos $ foram imobilizados.

IIRNC = (Investimento + Imobilizado + Intangíveis)/(ELP + Patrimônio Líquido)

Analisando sob o prisma da solvência da empresa, o IIRNC é um indicador do tipo quanto menor, melhor. Quanto menos recursos de longo prazo estiverem aplicados no Imobilizado, melhor seria a folga financeira da empresa.

Conta	Ano 1	Ano 2	Ano 3
Investimentos	9	12	13
Imobilizado	80	82	84
Intangíveis			
Subtotal A (Investimento + Imobilizado + Intangíveis)	89	94	97
Subtotal PNC	10	9	15
Patrimônio líquido	100	100	100
Subtotal B (ELP + Patrimônio Líquido)	110	109	115
IIRNC = (Investimento + Imobilizado + Intangíveis)/(ELP + Patrimônio Líquido)	0,81	0,86	0,84

Figura 6.15 *Evolução do IIRNC da Ilustrativa.*

Os números da Comercial Ilustrativa podem ser vistos na Figura 6.15. O quociente foi igual a 0,81 no ano 1, eleva-se para 0,86 no ano 2 e é ligeiramente reduzido para 0,84 no ano 3.

Exercícios propostos

1. O ICE de uma empresa tem sido elevado ao longo dos anos. O que é explicitamente verdadeiro em qualquer situação?
   a) A empresa captou novas dívidas de curto prazo.
   b) A empresa captou novas dívidas de longo prazo.
   c) O quociente entre PL e dívidas de longo prazo tem sido reduzido.
   d) O quociente entre dívidas de longo prazo e dívidas de curto prazo tem sido reduzido.
   e) O quociente entre dívidas de longo prazo e PL tem sido ampliado.

2. Os números recentes da Fidalgo Confecções indicam IE crescente e ICE decrescente. O que NÃO pode ser justificativa para o fato?
   a) Aumento das dívidas.
   b) Diminuição das dívidas.
   c) Manutenção de um patamar constante de dívidas.
   d) Troca de dívidas de curto prazo por dívidas de longo prazo.
   e) Troca de dívidas de longo prazo por dívidas de curto prazo.

3. A Cia. do Balacobaco S. A. é lucrativa e tributada pelo lucro real. A empresa estuda a possibilidade de elevar seu nível atual de endividamento. Sabendo que os gestores da empresa são racionais e agem para maximizar a rentabilidade dos capitais dos acionistas investidos na operação, o que seria correto esperar? Considere as seguintes proposições: I. Kd maior que Ka. II. Kd igual a zero. III. Crescimento do ROI na nova situação. IV. Kd menor que ROI na situação original. Quantas são as proposições corretas? (a) 0, (b) 1, (c) 2, (d) 3, (e) 4.

4. A Carcará Confecções foi montada com grandes investimentos. Para cada $ 1 colocado pelos sócios, foram obtidos $ 6 de terceiros. As dívidas de longo

prazo correspondiam ao dobro das dívidas de curto prazo. Calcule: (a) IE, (b) IPCT, (c) IARP, (d) ICE.

5. Se o índice de participação de capitais de terceiros de uma empresa é igual a 1,5, qual seu índice de endividamento?

6. O índice de participação de capitais de terceiros de uma empresa é igual a 1,8 e o índice de composição do endividamento é de 0,50. Em uma análise vertical de balanço, a que percentual corresponde o PC?

7. Se o índice de endividamento de uma empresa é igual a 0,40, qual o seu IPCT?

8. A Redondinha S. A. possui gastos fixos operacionais próprios anuais (sem considerar despesas financeiras) iguais a $ 40 mil e gastos variáveis iguais a 30% das receitas líquidas, atualmente iguais a $ 100 mil por ano. A empresa possui alíquota de IR de 30% e dívidas no valor de $ 50 mil, sobre as quais paga $ 5 mil anuais de juros. Nessa situação, o índice de endividamento da empresa é igual a 20%. Sabendo disso, calcule o que se pede: (a) Percentual anual do *Ka*, (b) Percentual anual do *Kd*, (c) Percentual anual do ROE, (d) Percentual anual do ROI.

Ainda analisando a Redondinha S. A., a empresa resolveu manter seus ativos totais, mas resolveu elevar seu endividamento em mais $ 30 mil (com mesmo *Ka*). Usou os recursos das novas dívidas para cancelar parte de suas próprias ações. Calcule para esta nova situação: (e) Percentual do novo IE, (f) Percentual anual do ROE.

9. A Cia. do Maracujá Azedo S. A. possui ativos totais iguais a $ 270 mil. Seus gastos fixos são iguais a $ 40 mil anuais e os gastos variáveis são iguais a 30% das receitas de vendas, estimadas em $ 90 mil anuais. A alíquota de IR da empresa é igual a 30%. A empresa possui dívidas no valor de $ 60 mil sobre as quais paga anualmente $ 9 mil de juros.

Parte 1. Calcule para os números da empresa: (a) Lajir, (b) Lair, (c) LL.

Parte 2. Supondo variações positivas iguais a 20% para as vendas, calcule: (d) GAO, (e) GAF, (f) GAC.

Parte 3. Analisando as informações apresentadas, calcule para a situação original, com vendas anuais iguais a $ 90 mil: (g) ROI, (h) ROE, (i) *Ka*, (j) *Kd*.

Parte 4. (k) Analise o que ocorreria com a rentabilidade do PL da empresa (ROE) caso as dívidas fossem ampliadas. O ROE aumentaria ou diminuiria? Por quê?

160 A Análise Contábil e Financeira • Bruni

10. Montamos a empresa Quadras Esportivas Estrela usando recursos próprios no valor de $ 50 mil e dívidas de longo prazo no valor de $ 150 mil. Um ano depois, ano final do ano 1, 40% das dívidas de longo prazo foram transferidas para curto prazo e nós injetamos mais $ 30 mil de recursos próprios na empresa, comprando novos equipamentos. Ao final do ano 1, calcule: (a) IE, (b) ICE, (c) IPCT, (d) IARP.

11. A Fábrica das Rodas Quadradas apresenta ativos totais no valor de $ 500 mil. Para cada $ 2 colocados pelos sócios foram obtidos $ 3 de dívidas, sendo que 2/5 das dívidas venciam no curto prazo. Para os números da empresa, calcule: (a) IE, (b) ICE, (c) IPCT, (d) IARP.

12. As contas patrimoniais e seus respectivos valores para a Cia. Rapsódia S. A. consistem em: Bancos = 500, Capital = 3.800, Empréstimos CP = 800, Estoques = 1.500, Fornecedores = 400 e Imóvel = 3.000. Sabe-se que a empresa possui um Lajir igual a $ 900, que paga juros sobre o empréstimo iguais a $ 160 e que recolhe IR sobre lucro real com alíquota igual a 30%. Calcule: (a) Ka, (b) Kd, (c) ROI, (d) ROE.

13. A Cia. Rapsódia S. A. do exercício anterior contratou um financiamento no valor de $ 800 (30% de curto prazo e 70% de longo prazo). Juntou mais $ 200 retirados da sua conta-corrente e comprou um imóvel no valor de $ 1.000. Considerando a nova transação e imaginando que os juros sobre o novo financiamento tenham Ka = 18% a. a., calcule: (a) ROI, (b) ROE.

14. Os sócios e credores da Sambalanço Ltda. investiram $ 400 mil na empresa. Os gastos fixos do negócio são iguais a $ 60 mil anuais e os gastos variáveis são iguais a 40% das receitas brutas de vendas, estimadas em $ 140 mil anuais. A empresa também paga 10% das vendas brutas a título de impostos sobre vendas, além de IR sobre lucro real com alíquota igual a 30%. O endividamento da empresa é igual a 30% e o custo aparente das dívidas é de 16% a. a. Calcule para os números da empresa o que se pede a seguir: (a) Lajir, (b) Lair, (c) LL, (d) ROI, (e) ROE.

15. Quase todo mundo que já andou nas estradas interestaduais brasileiras conhece aquela vistosa e bonita marca "retrô" da fábrica Expresso Dourado na traseira dos ônibus rodoviários. A mesma marca existe também nos ônibus urbanos. Mas, como rodamos nas cidades normalmente distraídos por mil outros estímulos, não prestamos muita atenção nestes detalhes. O negócio da empresa, sediada em Pindaraí, Estado do Paraná, é fabricar o que fica atrás da

marca: carrocerias para ônibus rodoviários, ônibus urbanos e micro-ônibus. A companhia é líder deste mercado com uma participação de quase 40% no ano passado, comparada com 30% cinco anos antes.

No momento atual, quase um quinto da produção é exportada. Os principais concorrentes da empresa são a Ligeirinho, com 15% do mercado, a Carrocerias Rapidão com 10%, a Soft Bus com 10% e Fast Truck com 5%. No início do ano houve uma alteração nos percentuais, com o anúncio da aquisição de metade da Soft Bus pela Expresso Dourado. Com a aquisição, a participação conjunta das duas firmas no mercado ultrapassa 45%. Além de um mercado maior, esta aquisição dá a Expresso Dourado uma base próxima aos grandes mercados consumidores de Rio e São Paulo. Fornece, também, um acesso à Siderúrgica do Sul, que supre chapas de aço, e à Motorzão Montadora, que fornece chassis a partir de sua fábrica no Rio de Janeiro.

A Expresso Dourado possui duas unidades fabris próprias em Pindaraí, uma em São Sebastião, Portugal, operada pela associada com controle indireto, a Expresso Dourado Indústria de Carroçarias, e outra em Rio do Sul, província de Celeiros, Argentina, operada pela subsidiária Expresso Dourado Latinoamérica.

No ano passado, as fábricas no Brasil produziram quase 8.000 ônibus, sempre feitos sob encomenda. A fábrica na Argentina, inaugurada em março do ano passado, produziu quase 500 unidades a partir de conjuntos de componentes fornecidos pela controladora. A produção em Portugal é pequena. O objetivo principal da operação portuguesa é manter a Expresso Dourado atualizada em relação à tecnologia e *design* europeus. A nova aquisição, a empresa Soft Bus, produziu 2.000 ônibus urbanos no ano passado. Outras subsidiárias importantes são ED Componentes Plásticos, Ouro Investimentos, Expresso Dourado International Corporation, Expresso Dourado Distribuidora de Peças e Expresso Dourado Trading.

As principais variáveis que afetam o mercado da Expresso Dourado podem ser representadas pela idade média dos ônibus em operação – quanto maior, maior o potencial de vendas; o nível de vendas das passagens – que afeta a disposição das operadoras de trocar suas frotas; e a renda *per capita* – que determina a disposição do cidadão viajar, aumentando as vendas de passagens e de novas carrocerias. Pelo menos outros dois itens importantes também afetam a demanda: a concorrência de outros meios de transporte (como *vans*, aviões e o metrô); e a taxa de câmbio, já que cerca de 20% da produção da Expresso Dourado é exportada.

A longo prazo parece razoável supor que o crescimento da demanda e das vendas da empresa deva ser muito próximo ao múltiplo da taxa de crescimento demográfico e da taxa de crescimento de renda *per capita*. Nos últimos oito anos, o mercado da empresa cresceu a uma taxa módica de 3,5% a. a. Porém, os números da Expresso Dourado são superlativos. A empresa tem aumentado sua participação de mercado ano a ano. As vendas da empresa, em unidades, cresceram a uma taxa média superior a 8% a. a., logo, mais que o dobro do mercado. Notadamente nos dois últimos anos, o crescimento foi sustentado pela elevação do endividamento da empresa, o que pode ser visto nos Balanços Patrimoniais a seguir.

BP	Ano 1	Ano 2	Ano 3	Ano 4
Ativo	422.400	448.790	498.704	619.404
AC	232.469	250.328	297.190	407.704
ANC	189.931	198.462	201.514	211.700
.Imobilizado	113.628	109.773	108.805	111.806
.Outros ANC	76.303	88.689	92.709	99.894
Passivo	422.400	448.790	498.704	619.404
PC	131.990	127.937	127.467	188.738
PNC	164	1.015	36.737	72.619
PL	290.246	319.838	334.500	358.047

Analise a evolução do endividamento da empresa ao longo dos quatro anos usando o IE e o ICE. O que é possível constatar?

16. Carregue o aplicativo **AnaliseFacil.xls**. Solicite os números disponíveis para os anos **2** a **7** da Durachapas. Analise as informações disponíveis e responda o que se pede.

Parte I. Considere apenas os números do ano 5. (a) Usando a média das obrigações, calcule o *Ka* da empresa, considerando as dívidas como a soma dos Empréstimos de CP e PNC. (b) Qual a alíquota de IR da empresa? (c) Calcule o *Kd* da empresa.

Agora, solicite os números disponíveis para os anos **7** a **10** da Durachapas. Use o ano **7** como ano-base da análise horizontal. Use os números da análise horizontal, analise as informações disponíveis e responda o que se pede.

Parte II. Analise a evolução dos números entre 7 e 9. Analise as variações percentuais no período de dois anos, entre o ano 7 e o ano 9. (d) Qual o grau de alavancagem operacional? (e) Qual o grau de alavancagem financeira? (f) Qual o grau de alavancagem combinada?

Parte III. Analise a evolução dos números entre 7 e 10 (considerando o intervalo de três anos). (g) Qual o grau de alavancagem operacional? (h) Qual o grau de alavancagem financeira? (i) Qual o grau de alavancagem combinada?

Parte IV. Interpretação dos índices. (j) Qual a importância da alavancagem para a empresa?

17. Carregue o aplicativo **AnaliseFacil.xls**. Solicite os números disponíveis para os anos 8 a 10 da Eucachapas e da Durachapas. Analise as informações disponíveis para as duas empresas e responda o que se pede.

Parte I. Análise do índice de endividamento. (a) Qual o valor do IE da Eucachapas no ano 9? (b) O que este número quer dizer? (c) Comparando o número do ano 10 com o ano 9 da Durachapas, podemos afirmar o que o endividamento aumentou ou diminuiu? (d) Qual das duas empresas é mais endividada?

Parte II. Análise do índice de composição do endividamento. (e) Qual o valor do ICE da Durachapas no ano 10? (f) O que este número quer dizer? (g) Comparando o número do ano 10 com o do ano 9 da Eucachapas, podemos afirmar que o endividamento de curto prazo aumentou ou diminuiu? (h) Qual das duas empresas é percentualmente menos endividada no curto prazo?

Parte III. Análise comparada. (i) Analise a evolução conjunta do IE e comente o que tem ocorrido com as duas empresas; (j) idem, usando o ICE.

7

 Analisando a Lucratividade

"Dívida pequena faz devedor, dívida grande faz inimigo."
Sêneca

Objetivos do capítulo

Uma importante etapa da análise das demonstrações contábeis diz respeito à compreensão do quanto estamos ganhando. É preciso compreender o lucro, analisado de diferentes formas como o lucro bruto, o lucro operacional próprio ou o lucro líquido. Também é preciso analisar o ganho entendido sob a forma de um fluxo de caixa contábil, usualmente apresentado sob a forma do Lajida ou Ebitda.

Quando lucros ou Ebitda são calculados de forma relativa à receita líquida contida na DRE, podemos apresentar os índices de lucratividade, também denominados margens, e que buscam analisar os resultados auferidos pela empresa, geralmente comparados em relação às vendas.

Este capítulo busca apresentar os índices de lucratividade, apresentados como índice de margem bruta, índice de margem operacional, índice de margem líquida ou índice de Ebitda.

Relembrando números da análise vertical

A apresentação da análise vertical das demonstrações de resultados do exercício feita no Capítulo 4 destacou alguns importantes percentuais, conforme ilustram os números das três últimas colunas da Figura 7.1.

DRE	DREs			Números da análise vertical		
	Ano 1	Ano 2	Ano 3	Ano 1	Ano 2	Ano 3
Receita Bruta	288	324	360			
(–) Deduções	– 43,2	– 48,6	– 54			
Receita Líquida	244,8	275,4	306			
(–) CMV	– 144	– 178,2	– 180			
Lucro Bruto	100,8	97,2	126	41,18	35,29	41,18
(–) Despesas operacionais próprias	– 11	– 17,69	– 11,35			
Lajir	89,8	79,51	114,65	36,68	28,87	37,47
(–) Despesas financeiras	– 2,14	– 3,31	– 2,65			
Lair	87,66	76,2	112			
(–) IR	– 26,3	– 22,86	– 33,6			
LL	61,36	53,34	78,4	25,07	19,37	25,62

Figura 7.1 *DREs e análises verticais da Ilustrativa.*

Os percentuais correspondem aos ganhos relativos da operação, apresentados sob a forma de diferentes margens de lucro, conforme enfatizado a seguir.

LUCRATIVIDADE, RISCO E RETORNO

O produto da lucratividade e do giro resulta na rentabilidade, um dos mais importantes aspectos a analisar no estudo das Demonstrações Contábeis. Valores altos de margens de lucro e giro resultam em altas taxas de rentabilidade – possíveis indicadores de criação de valor.

Porém, na análise de lucratividade e rentabilidade nunca podemos esquecer a análise do risco. De modo geral, altas taxas de retorno podem estar associadas a níveis elevados de risco.

Índice margem bruta

O índice margem bruta (IMB) representa a percentagem de cada unidade monetária de venda que sobrou, após a empresa ter pago o custo dos seus produtos ou das suas mercadorias. De modo geral, quanto mais alta, melhor a situação financeira da empresa, sugerindo a existência de custos relativos menores dos produtos vendidos.

Quando o índice evolui positivamente, isso indica uma elevação positiva dos preços em relação aos custos. As vendas aumentaram relativamente e os custos foram relativamente reduzidos. O inverso é verdadeiro. Quando o índice cai, existe uma redução relativa das receitas e um aumento relativo dos custos.

O IMB pode ser expresso através da seguinte equação:

$$IMB = [(\text{Vendas Líquidas} - \text{Custos})/\text{Vendas Líquidas}] \times 100 = (\text{Lucro Bruto}/\text{Vendas Líquidas}) \times 100$$

A análise dos dados da empresa Ilustrativa pode ser vista na Figura 7.2.

Conta	Ano 1	Ano 2	Ano 3
Receita Líquida	244,8	275,4	306
Lucro Bruto	100,8	97,2	126
IMB = LB/RL × 100 (em %)	41	35	41

Figura 7.2   *Evolução do IMB da Ilustrativa.*

A margem bruta nos anos 1 e 3 permanece a mesma, igual a 41%, com queda no ano 2. É como se no ano a empresa tivesse precisado reduzir seus preços ou tivesse elevado seus custos, o que comprometeu neste ano o indicador de *performance* IMB. Porém, os desajustes no ano 2 foram corrigidos no ano 3.

Índice margem operacional

O índice margem operacional (IMO) representa a percentagem de cada unidade monetária de venda que sobrou, após a empresa ter pago seus produtos e

168 A Análise Contábil e Financeira • Bruni

suas despesas operacionais próprias, desprezando quaisquer despesas financeiras ou imposto de renda. Corresponde ao ganho relativo que a empresa teve, após ter pago todos os seus custos e todas as suas despesas operacionais próprias – considerando seus gastos administrativos e comerciais, sem considerar os gastos com juros.

Conforme apresentado no Capítulo 1, para poder analisar melhor os números da empresa, distinguindo os gastos inerentes à própria operação e os gastos financeiros, é preciso separar as despesas da empresa, inserindo o cálculo do lucro operacional próprio, resultante da subtração das despesas operacionais próprias (administrativas e comerciais) do lucro bruto. O lucro operacional próprio pode ser apresentado como Lucro Antes dos Juros e do IR (Lajir).

As DREs da Mercantil Ilustrativa com a discriminação de despesas operacionais próprias e financeiras podem ser vistas na Figura 7.1.

De modo geral, o IMO é um índice do tipo quanto mais alto, mais lucrativa a operação de uma empresa. Algebricamente, o IMO pode ser apresentado da seguinte forma:

IMO = [(Lucro operacional próprio ou Lajir)/Vendas Líquidas] × 100

Para os números da empresa Ilustrativa, os cálculos da margem operacional ano a ano podem ser vistos na Figura 7.3.

Conta	Ano 1	Ano 2	Ano 3
Receita Líquida	244,8	275,4	306
Lajir	89,8	79,51	114,65
IMO = Lajir/RL × 100	37	29	37

Figura 7.3 *Evolução do IMO da Ilustrativa.*

Os números são estáveis nos anos 1 e 3, iguais a 37%. No ano 2, seu valor foi de apenas 29%. A *performance* da empresa perde lucratividade no ano 2, voltando a se recuperar no ano 3.

Índice margem líquida

A margem líquida representa a percentagem de cada unidade monetária de venda que sobrou, após a empresa ter pago seus produtos, demais despesas e impostos. A margem líquida de um negócio depende substancialmente da indústria na qual ele se insere e do giro que ele é capaz de proporcionar. De modo geral, quanto mais alta a margem líquida, melhor a situação financeira da empresa. Porém, uma análise mais completa deveria incluir o estudo do giro.

Algebricamente, a margem líquida poderia ser apresentada segundo a equação:

$$IML = (Lucro\ líquido/Vendas\ Líquidas) \times 100$$

Para os dados da empresa Ilustrativa, as margens líquidas encontradas podem ser vistas na Figura 7.4.

Conta	Ano 1	Ano 2	Ano 3
Receita Líquida	244,8	275,4	306
LL	61,36	53,34	78,4
IML = (LL/RL) × 100	25	19	26

Figura 7.4 *Evolução do IML da Ilustrativa.*

As margens da empresa são aproximadamente iguais nos anos 1 e 3, tendo sido reduzidas no ano 2.

Para pensar 7.1	a) Uma empresa pode ter margem líquida maior que sua margem operacional? b) Em caso afirmativo, qual seria a explicação desse fato?

Índice margem do Ebitda

A análise da lucratividade com base nas demonstrações contábeis enfatiza, na margem líquida, a *performance* financeira relativa entre o lucro e as vendas.

170 A Análise Contábil e Financeira • Bruni

Uma alternativa interessante poderia envolver a troca de uma medida de ganho contábil (o lucro líquido) por uma medida que se aproxime mais da ideia de fluxo de caixa, priorizada na análise da gestão financeira da empresa. Sob o ponto de vista contábil, uma medida próxima do conceito de fluxo de caixa é o Ebitda (ou Lajida), conforme já discutido no Capítulo 2.

O Ebit corresponde ao Lucro antes dos juros e IR, Lajir, de uma operação.

$$Ebit = Lajir$$

O Ebitda, por sua vez, corresponde ao Lajir acrescido de gastos eventualmente reconhecidos, mas não desembolsados, como depreciação e amortização.

$$Ebitda = Lajir + depreciação + amortização$$

Existe a possibilidade de uso do Ebitda, uma medida aproximada do fluxo de caixa de uma empresa, que pode ser um importante indicador do desempenho financeiro de um negócio. Podemos calcular um novo índice de "lucratividade", que seria o índice margem do Ebitda, IME, apresentado como:

$$IME = (Ebitda/Vendas\ Líquidas) \times 100$$

O Ebitda representaria muito mais um indicador de caixa do que de "lucratividade", já que despreza gastos não desembolsáveis como depreciações ou amortizações de ativos.

Considerando depreciações anuais iguais a $ 5, $ 7 e $ 10 para a Ilustrativa, podemos ver o cálculo do IME na Figura 7.5.

Conta	Ano 1	Ano 2	Ano 3
Receita Líquida	244,80	275,40	306,00
Lajir	89,80	79,51	114,65
Depreciações	5,00	7,00	10,00
Ebitda	94,80	86,51	124,65
IME = (Ebitda/Vendas Líq.) × 100	38,73	31,41	40,74

Figura 7.5 *Evolução do IME da Ilustrativa.*

Para os números da Comercial Ilustrativa podemos constatar um IME igual a 38,73% no ano 1, 31,41% no ano 2 e 40,74% no ano 3.

Para pensar 7.2	a) O que é o Ebitda? b) Qual a importância de sua análise? c) Quais as vantagens e desvantagens do Ebitda em relação ao lucro como indicador de *performance* financeira de uma operação?

Não confunda lucratividade com rentabilidade

Os índices apresentados neste capítulo apresentam e discutem a análise da lucratividade de uma operação. Por lucratividade entendemos a análise relativa entre alguma das diversas medidas possíveis para o lucro, como o lucro bruto, o lucro operacional próprio ou o lucro líquido, e as vendas líquidas.

Por outro, existem outras importantes medidas de análise de rentabilidade,[1] que apresentam o ganho relativo ao investimento feito na operação e que são completamente distintas das medidas de lucratividade aqui apresentadas.

Muitas pessoas podem confundir a lucratividade (ganho sobre vendas) com a rentabilidade (ganho sobre investimento). Assim, podem achar que um negócio com lucro maior apresenta uma *performance* financeira superior. Porém, esse raciocínio é equivocado e perigoso. O que é melhor: ganhar uma margem de lucro

---

[1] As medidas de rentabilidade estão apresentadas com maior profundidade no Capítulo 9.

de 60%, fazendo uma venda ao ano, ou uma margem de lucro de 2% fazendo uma venda por dia? Claro que a segunda alternativa é melhor.

A lucratividade nunca deve ser analisada individualmente. É preciso considerar, também, o giro, ou a relação entre o volume de vendas do negócio e o investimento nele feito. Uma medida melhor de *performance* financeira é expressa por meio da rentabilidade, que analisa a relação entre os ganhos e os investimentos.

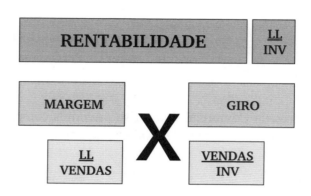

Figura 7.6   *Rentabilidade como o produto entre margem e giro.*

Conforme apresenta a Figura 7.6, a rentabilidade decorre do produto entre a medida de lucratividade (no caso a margem de lucro, relação entre lucro e vendas) e o giro das vendas (relação entre vendas e investimentos). Assim, para poder expressar melhor a *performance* financeira de um negócio é preciso ponderar as medidas de lucratividade discutidas neste atual capítulo com as medidas de giro (vendas em relação a investimentos, conforme discutido no Capítulo 8), resultando em medidas de rentabilidade (analisadas no Capítulo 9).

GIRA GIRA ESFIHINHA

Adaptado a partir do texto disponível em: <http://afiliados.submarino.com.br/books_productdetails.asp?Query=&ProdTypeId=1&ProdId=243097&ST=BS15776>. Acesso em: 27 jul. 2008.

O livro *Os mandamentos da lucratividade* conta como a rede de *fast-food* árabe Habib's surgiu e como seu idealizador, Alberto Saraiva, a transformou num grande negócio, estando presente hoje no México e com planos de expansão para Portugal e Espanha. Os dois pontos enfatizados pelo autor são: preço baixo e atendimento ao cliente. É uma história de empresário popular, de quem não cria uma distância com o leitor. O autor parte da premissa de que tudo é possível, motivando o leitor no sentido de que ele também pode conseguir. Em tom informal, Saraiva conta sua história e como superou os obstáculos, tais como os problemas financeiros, as dificuldades no começo do negócio ou até mesmo chantagens das quais foi vítima, em seu caminho para criar um negócio de sucesso. Segundo Saraiva, mais importante do que qualquer riqueza é o desejo que devemos ter de "vencer pelas próprias mãos".

Alguns dos tópicos da receita de sucesso elaborada pelo autor incluem: (a) criar um diferencial; (b) servir bons produtos, da maneira mais rápida, sempre com muita atenção, aos menores preços possíveis, em um ambiente agradável e limpo; (c) manter-se atento com despesas; (d) manter a folha de pagamento enxuta, com rigor, coragem e convicção, sem descuidar-se e sem mudar de rumo; (e) gastar o mínimo com terceiros, verticalizando o que puder; (f) criar motivações financeiras e de reconhecimento durante o ano todo.

Outro ponto importante destacado no livro diz respeito à importância da análise do giro das operações. Alberto Saraiva deixa transparecer ao longo do livro a sua ênfase em negócios marcados por alto giro, com grandes volumes de vendas.

Para pensar 7.3	a) O preço médio praticado pelo Habib's pode ser considerado alto ou baixo?
	b) As margens de lucro do Habib's são relativamente altas ou baixas?
	c) Qual a importância da análise do giro para o Habib's?

Exercícios propostos

1. A Céu Azul Ltda. verificou que, em relação às demonstrações contábeis do ano passado, todas as depreciações foram classificadas como despesas. Porém, as depreciações de equipamentos da produção são custos. Ao fazer esse ajuste nas demonstrações, indique se a margem apresentada a seguir subiu, caiu ou manteve-se estável. Considere a margem: (a) bruta, (b) operacional, (c) líquida.

2. A Maquinaria Industrial Ltda. possui um endividamento alto com juros elevados e que compromete sua *performance* financeira. A empresa pensa em vender o seu galpão industrial para um fundo de investimento, alugando-o em seguida. O dinheiro resultante da venda será usado para quitar parte subs-

tancial das dívidas. Sabendo disso, analise o que ocorrerá com cada um dos itens a seguir. Indique se este item será elevado, reduzido ou se se manterá estável.

a) Despesas operacionais próprias.

b) Despesas financeiras.

c) Lajir.

d) Margem bruta.

e) Margem operacional.

3. A Cia. dos Tomates Vermelhos S. A. possui uma receita bruta anual de vendas igual a $ 50 milhões. Suas deduções consistem em impostos sobre vendas, que incidem com alíquota igual a 15% das vendas. Seus custos de produtos vendidos são iguais a $ 16 milhões, suas despesas operacionais próprias são iguais a $ 7 milhões e seu IR incide sobre lucro real, com alíquota de 34%. A empresa não possui dívidas. Parte I. Calcule sua margem: (a) bruta, (b) operacional, (c) líquida. Parte II. Suponha que a empresa tenha contratado dívidas no valor de $ 20 milhões, sobre as quais paga juros iguais a 20% a. a. Calcule para essa nova situação a margem: (d) bruta, (e) operacional, (f) líquida.

4. A Limão Indústrias de Sabão Ltda. possui vendas brutas anuais iguais a $ 80 mil. A empresa paga impostos sobre vendas com alíquota de 10% sobre as vendas brutas, possui custos variáveis iguais a 30% das vendas brutas e despesas operacionais próprias fixas iguais a $ 15 mil por ano. Paga juros iguais a $ 3 mil por ano e recolhe IR sobre lucro real com alíquota de 30%. Parte I. Calcule sua margem: (a) bruta, (b) operacional, (c) líquida. Parte II. Supondo que as vendas aumentem para $ 110 mil por ano, recalcule a margem: (d) bruta, (e) operacional, (f) líquida.

5. O empresário Anderlaine Sustenido, fundador da Comercial dos Caracteres Especiais Ltda., compra cada caractere por $ 6,00 e os revende aplicando um *mark-up* ou taxa de marcação igual a $ 3 sobre o custo (isto é, aumenta os custos em 200% para formar o preço de venda). Atualmente, ele vende 40 mil unidades por ano. Não possui outros custos, paga 5% sobre as vendas brutas de comissão aos seus vendedores e outros 7% sobre as vendas brutas a títulos de impostos sobre vendas. Outras despesas operacionais próprias são fixas e iguais a $ 95 mil por ano. Juros são iguais a $ 40 mil por ano e o IR incide sobre lucro real com alíquota de 30%. Lembre-se de que comissões de vendas são despesas. Parte I. Calcule sua margem: (a) bruta, (b) operacional,

(c) líquida. Parte II. Supondo que as vendas brutas anuais aumentem 60%, recalcule a margem: (d) bruta, (e) operacional, (f) líquida.

6. As receitas brutas de Vendas da Darzé e Silveira Lucrativa Ltda. são iguais a $ 140 mil anuais e correspondem a 117,65% da receita líquida. A margem bruta é igual a 41,18% e a margem operacional é igual a 24,37% (percentuais sobre receita líquida). Sabendo que a empresa paga juros anuais iguais a $ 5 mil e IR sobre lucro real com alíquota igual a 30%, calcule o que se pede para o ano: (a) receita líquida, (b) CPV, (c) despesas operacionais próprias, (d) margem líquida em %.

7. A Cia. das Pitangas S. A. possui ativos totais iguais a $ 400 mil e um índice de endividamento igual a 30%. Sobre as dívidas a empresa costuma pagar juros iguais a 16% a. a. A receita bruta de vendas da empresa é igual a $ 200 mil por ano, com deduções iguais a 5% da receita bruta, custos variáveis iguais a 30% da receita líquida, custos fixos iguais a $ 20 mil (incluindo $ 5 mil de depreciações), despesas administrativas iguais a $ 16 mil (incluindo $ 5 mil de depreciações), despesas comerciais fixas iguais a $ 7 mil (incluindo $ 2 mil de depreciações) e outras despesas variáveis com comissões iguais a 3% da receita líquida. Considere IR igual a 30% do lucro real.

    Parte I. Calcule a margem: (a) bruta, (b) operacional, (c) líquida, (d) de Ebitda.

    Parte II. Suponha que a Cia. das Pitangas tenha adquirido um novo equipamento industrial que provocou uma elevação da depreciação incluída nos custos igual a $ 4 mil. Além disso, a receita bruta de vendas da empresa foi reduzida em 10%. Calcule os novos valores para a margem: (e) bruta, (f) operacional, (g) líquida, (h) de Ebitda.

8. O Hospital Santa Maria foi fundado no final dos anos de 1950. Desde o início constituído como uma Sociedade Anônima – um hospital privado "com fins lucrativos", o que, para um dos seus sócios fundadores, o Dr. Armando Carneiro da Rocha, seria muito relativo, já que, na área da saúde, a finalidade lucrativa seria um conceito muito relativo. Para Dr. Armando, até os dias de hoje o Santa Maria seria uma obra inacabada, já que está sempre precisando de investimentos, com necessidade de crescer.

    No ano passado, o hospital tornou-se presença constante nas notícias dos meios de comunicação voltados aos profissionais de Finanças em função da criação de um Fundo Imobiliário, negociado nos mercados de capitais.

    Os Fundos Imobiliários são formados por grupos de investidores, com o objetivo de aplicar recursos, solidariamente, no desenvolvimento de empreendimentos imobiliários ou em imóveis prontos. Do patrimônio de um fundo podem participar um ou mais imóveis, parte de imóveis, direitos a eles relativos etc. Uma das várias formas de remuneração dos ativos que compõem o fundo se dá por meio de taxa de locação mensal.

O fundo foi a solução encontrada para um problema financeiro persistente nos últimos anos. Embora o hospital apresentasse uma boa *performance* financeira operacional, a rentabilidade ofertada aos seus investidores era medíocre. E a razão seria simples: para sustentar o seu crescimento ao longo dos anos o hospital contraiu sucessivas dívidas. O endividamento gradualmente acumulado elevou o volume das despesas financeiras com juros, o que corroia toda a boa *performance* operacional do Santa Maria. As dívidas eram muitas e as taxas cobradas eram elevadas – em decorrência de políticas macroeconômicas ditadas pelo governo e asseguradas com altas taxas básicas de juros, agravadas pela alta percepção do risco de financiar o hospital, com tantas e diversas demandas e ameaças.

Nas palavras do fundador Carneiro da Rocha: – As despesas financeiras estavam muito altas, em função de todo esse investimento e tínhamos uma dívida bancária alta e, com isso, eliminamos totalmente o endividamento do hospital. O resultado operacional próprio – apresentado como margem do Lajir – do hospital era de 15% e o resultado líquido – apresentado como margem líquida – era de apenas 0,5%. Gastávamos uma quantia enorme de importantes recursos financeiros. Além disso, havia o problema de demanda reprimida. O hospital vivia lotado. No fim de ano, o hospital anda superlotado, frequentemente negando vagas, porque não tinha onde internar o paciente. Era necessária uma nova expansão. E, para fazer expansão, eu precisaria buscar mais dinheiro – buscar dinheiro em banco pioraria o problema.

A solução foi o fundo. O hospital transferiu seu imóvel a um Fundo de Investimento, constituído com a finalidade de aplicar recursos de empreendimentos imobiliários e denominado Fundo de Investimento Imobiliário Santa Maria. O fundo colocou as cotas à venda no mercado e, pela primeira vez, foi colocado pela Bolsa de Valores, após aprovação da CVM. Com o recurso captado, o fundo comprou o imóvel do hospital. Uma vez transferido o imóvel, elabora-se um contrato de locação entre a empresa Hospital e o Fundo, por um tempo determinado. No caso do Santa Maria, 20 anos renováveis por mais 20. O valor da locação foi estabelecido no ato da constituição do Fundo e igual a 1,3% a. m. sobre o valor da venda.

O valor original do fundo foi dividido em três parcelas ou tranches. As tranches correspondem às partes ou fatias dos títulos vendidas para o mercado. No caso do Santa Maria, a terceira e última tranche foi comercializada apenas após a conclusão das obras de ampliação do imóvel. A maior preocupação da instituição financeira

Analisando a lucratividade **177**

coordenadora da operação consiste em saber se o Santa Maria conseguirá pagar o aluguel que está sendo estabelecido. Ou seja, a instituição se preocupa em saber se o hospital irá conseguir remunerar o investidor. Uma vez feita a avaliação da operação, baseada em dados de evolução de faturamento, evolução do grupo e outras, o imóvel foi transferido para o fundo.

O fundo, por sua vez, vendeu suas cotas por intermédio da Bolsa de Valores. O fundo, até então, era particular, pertencente à instituição financeira. Indivíduos compraram as cotas do fundo. O dinheiro entrou para o fundo que comprou e pagou o imóvel que era do Santa Maria. A partir da venda, o hospital passou a locar o imóvel.

Muitas foram as justificativas dadas pelo Santa Maria para a criação do fundo. A mais importante consistiu no fato de que os juros pagos eram muito altos. Por mais que o hospital esperasse uma queda dos juros, fez muitos cálculos e achou que dificilmente seria possível captar os recursos ao valor de 1,3% ao mês. Além das taxas de financiamento serem menores do que as do mercado, o nível de exigência associado à captação dos recursos com o fundo foi menor. Para ter vendido ações na Bolsa, o processo teria sido muito mais complicado. Para os investidores, o fundo traz uma rentabilidade atrativa. As aplicações existentes na praça costumavam dar, no máximo, 0,9%. Com o fundo, receberiam 1,3% de aluguel.

Analise as informações sobre o Santa Maria e responda ao que se pede: (a) o que justificou a criação do fundo imobiliário?; (b) na situação anterior ao fundo, a margem Ebitda é maior ou menor que a margem líquida; (c) como você explicaria a constatação do quesito (b)?; após a criação do fundo, analise: (d) o que é possível concluir sobre a evolução da margem bruta?; (e) e da operacional?; (f) e da líquida?; (g) e a margem de Ebitda?

9. Carregue o aplicativo **AnaliseFacil.xls**. Solicite os números disponíveis para os anos **2** a **7** das Forjas Bigorna (código 15). Analise as informações disponíveis e responda o que se pede.

Parte I. Análise da evolução da margem bruta: (a) Qual o valor do IMB no ano 2? (b) O que este número representa? (c) Ao longo dos anos, a evolução do IMB foi positiva ou negativa?

Parte II. Análise da evolução da margem operacional: (d) Qual o valor do IMO no ano 4? (e) O que este número representa? (f) Ao longo dos anos, a evolução do IMO foi positiva ou negativa?

Parte III. Análise da evolução da margem líquida: (g) Qual o valor do IML no ano 3? (h) O que este número representa? (i) Ao longo dos anos, a evolução do IML foi positiva ou negativa?

Parte IV. Análise da evolução conjunta dos índices de margem. (j) Analise, no geral, como ocorreu a evolução dos índices de margem das Forjas Bigorna no período analisado.

10. Carregue o aplicativo **AnaliseFacil.xls**. Solicite os números disponíveis para os anos de 8 a 10 da Eucachapas e da Durachapas. Analise as informações disponíveis para as duas empresas e responda o que se pede.

Parte I. Análise da evolução comparada da margem bruta. Pede-se: (a) Qual o valor do IMB da Durachapas no ano 9? (b) E qual o valor para a Eucachapas no mesmo período? (c) Qual a interpretação dessa comparação?

Parte II. Análise da evolução comparada da margem operacional. Pede-se: (d) Qual o valor do IMO da Durachapas no ano 10? (e) E qual o valor para a Eucachapas no mesmo período? (f) Qual a interpretação dessa comparação?

Parte III. Análise da evolução comparada da margem líquida. Pede-se: (g) No ano 10, qual o IML da Eucachapas? (h) Compare o IML do quesito anterior com o IMO no mesmo ano e na mesma empresa. O que é possível concluir? (i) Compare o IML da Eucachapas com o da Durachapas nos anos 9 e 10. Qual a empresa mais lucrativa?

Parte IV. Análise da evolução comparada da margem de Ebitda. (j) O que seria preciso para analisar a margem de Ebitda das duas empresas ao longo do período?

8

Analisando Giros e Prazos

"A razão nos ordena que sigamos sempre o mesmo caminho, mas não sempre com a mesma velocidade."
Michel de Montaigne

Objetivos do capítulo

Uma etapa da análise das demonstrações contábeis faz referência ao estudo de medidas da *performance* de atividades operacionais da empresa, como aquelas relacionadas às compras, vendas, pagamentos e recebimentos. É preciso entender os diferentes prazos recebidos ou concedidos.

O estudo dos prazos permite entender os giros das contas contábeis ou como estas se renovam. Os diferentes prazos recebidos ou concedidos igualmente afetam os diferentes ciclos de um negócio – com a capacidade de intervir sobre contas operacionais, como contas a receber ou fornecedores, ou capital de giro. A análise dessa dinâmica do funcionamento das operações da empresa pode ser feita mediante o emprego dos índices de giros e prazos.

Este capítulo busca apresentar e discutir o uso dos índices de giros e prazos.

Índice de giro dos ativos

Um dos mais importantes indicadores de giro é representado pelo índice de giro dos ativos, IGA, que analisa a relação entre as vendas líquidas e os ativos da empresa. Algebricamente, o IGA pode ser representando por meio da seguinte equação.

> IGA = Vendas Líquidas/Ativo médio

O IGA indica quantas vezes o ativo se "renovou" em relação às vendas e poderia ser detalhado para outros subcomponentes do ativo, como o ativo circulante e o permanente.

Como precisamos comparar uma conta da DRE (Vendas Líquidas) com uma conta do Balanço Patrimonial (Ativos totais), o mais comum é calcularmos a média das contas patrimoniais contidas nos dois BPs que delimitam o período para o qual a DRE se refere. Leia o quadro a seguir.

COMPARANDO INFORMAÇÕES DO BALANÇO E DO DRE

Os índices de giro apresentados neste capítulo analisam a relação entre números da DRE com números do Balanço Patrimonial. Porém, convém lembrar que o Balanço Patrimonial se refere a um determinado instante temporal, é uma fotografia do patrimônio, enquanto a DRE exibe os números acumulados ao longo de um período.

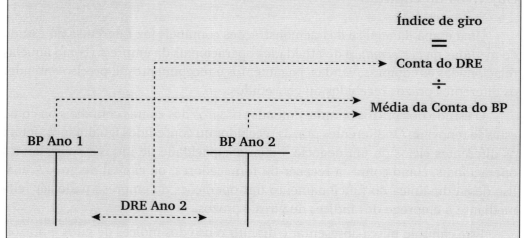

Figura 8.1 *Comparando contas do Balanço e do DRE.*

Assim, para poder melhorar a comparação entre os números acumulados ao longo de um período (números da DRE) com números de um instante (do BP), torna-se mais apropriado considerar uma média dos dois BPs inicial e final. Na inexistência do BP inicial, devemos usar o dado do BP final para o cálculo do índice, conforme ilustra a Figura 8.1.

Embora o uso do ativo médio seja mais recomendável, poderíamos, dependendo do objetivo ou da não disponibilidade do ativo do ano anterior, calcular o índice com base no ativo do ano. Assim, a equação poderia ser apresentada da seguinte forma.

IGA = Vendas Líquidas/Ativo

Uma evolução do IGA da Ilustrativa pode ser vista na Figura 8.2.

Conta	Ano 1	Ano 2	Ano 3
Receita Líquida	244,8	275,4	306
Ativo médio		142,5	146,5
IGA = RL/(AT médio)		1,93	2,09
Ativos	133	152	141
IGA = RL/AT	1,84	1,81	2,17

Figura 8.2   *Evolução do IGA da Ilustrativa.*

Nota-se um decréscimo do IGA (calculado com base no ativo do ano) do ano 1 para o ano 2 sendo seguido, porém, de um aumento no ano 3. Em linhas gerais, o índice evoluiu positivamente no período, sugerindo uma melhoria da *performance* operacional da empresa ao longo dos três anos analisados.

GIRO, RISCO E RETORNO

Juntamente com a lucratividade ou margens de lucro, o giro é outro importante componente da rentabilidade. Altos valores de giros e lucratividade conduzem a grandes taxas de retorno, indicando a possibilidade de significativa criação de valor.

Porém, ao analisar valores altos de rentabilidade é preciso tomar cuidado com o risco. De modo geral, altas taxas de retorno costumam estar associadas a altos níveis de risco.

Índice de giro dos estoques

O índice de giro dos estoques (IGE) procura expressar quantas vezes em um ano o estoque se renovou por causa das vendas. Normalmente, quanto maior a rotatividade, melhor a situação da empresa.

O quociente do giro ou da rotatividade do estoque de produtos acabados pode ser apresentado segundo a expressão:

$$\text{IGE} = \text{Custo dos Produtos Vendidos/Estoque Médio}$$

Nota-se que, enquanto o numerador é representado pelo custo dos produtos vendidos, extraído da demonstração do resultado do exercício, o denominador representa o estoque **médio** dos produtos acabados. A razão para o emprego do valor médio resulta do fato do Custo dos Produtos Vendidos representar os valores incorridos ao longo de todo o ano analisado, enquanto o Estoque representaria apenas os valores registrados no instante de apuração do Balanço Patrimonial. Para amenizar os problemas desta distorção, calcula-se um valor médio ocorrido ao longo do ano – o que torna a comparação mais razoável. Na inexistência do Balanço Inicial, devemos usar o dado do Balanço Final para o cálculo do índice.

Para os dados da Ilustrativa, o cálculo do giro dos estoques pode ser visto na Figura 8.3.

Conta	Ano 1	Ano 2	Ano 3
CMV	144	178,2	180
Estoques	12	24,75	15
Estoque médio		18,38	19,88
IGE = CMV/Estoque Médio		9,70	9,06

Figura 8.3   *Evolução do IGE da Ilustrativa.*

Nota-se uma deterioração da *performance* operacional em função do fato de o IGE ter sido reduzido de 9,7 no ano 2 para 9,06 no ano 3. Em função da opção pelo cálculo do estoque médio, não foi possível apresentar o cálculo para o ano 1 – já que para isso seria preciso possuir os dados ausentes do balanço do ano zero.

Indicador prazo médio de estocagem

O prazo médio de estocagem (PME) indica o período que a empresa mantém, em média, seus produtos estocados. Quando analisado em anos, pode ser obtido por meio do inverso do giro dos estoques.

$$PME \text{ em anos} = 1/Giro \text{ dos Estoques}$$

O mais usual, no entanto, envolve o cálculo e análise do PME em dias. Para isso, bastaria multiplicar o PME apresentada ao ano pela quantidade de dias considerada em um ano: 360 dias no caso de ano comercial ou 365 dias no caso de estarmos considerando ano civil.

Caso estejamos considerando o ano civil, com 365 dias, o cálculo do PME pode ser apresentado na equação seguinte.

$$PME \text{ em dias} = (1/Giro \text{ dos Estoques}) \times 365 = 365/Giro \text{ dos Estoques}$$

Desenvolvendo a equação anterior, seria possível também apresentar o prazo médio de estocagem com base no estoque médio e no CPV. Algebricamente, teríamos que:

$$PME \text{ em dias} = (Estoque \text{ Médio} \times 365)/Custo \text{ dos Produtos Vendidos}$$

Para se obter o estoque médio, basta somar e dividir por dois os dados presentes nesta rubrica nos dois últimos balanços a serem analisados. Caso apenas um balanço esteja sendo usado na análise, usaríamos o único valor disponível como a média.

Conta	Ano 1	Ano 2	Ano 3
CMV	144	178,2	180
Estoques	12	24,75	15
Estoque médio		18,38	19,88
IGE = CMV/Estoque Médio		9,70	9,06
PME = 365/Giro		37,64	40,30

Figura 8.4   *Evolução do PME da Ilustrativa.*

Analisando os dados da empresa Ilustrativa presentes na Figura 8.4, nota-se uma elevação do PME de 38 dias, aproximadamente, no ano 2 para 40 dias, aproximadamente, no ano 3.

Índice de giro de clientes

O índice de giro de clientes (IGC) procura expressar quantas vezes em um ano a conta clientes do grupo das contas a receber se renovou por causa das operações da entidade. Normalmente, quanto maior a rotatividade, mais dinâmica é a situação da empresa.

O índice ou quociente do giro de clientes pode ser apresentado segundo a expressão:

IGC = Vendas Líquidas/Clientes Médio

Para os dados da Ilustrativa, os cálculos do giro de clientes podem ser vistos na Figura 8.5.

Conta	Ano 1	Ano 2	Ano 3
Vendas líquidas	244,8	275,4	306
Clientes	12	18	15
Clientes médio		15,00	16,50
IGC = Vendas/Clientes Médio		18,36	18,55

Figura 8.5   *Evolução do IGC da Ilustrativa.*

Os números apresentados na Figura 8.5 indicam certa estabilidade do IGC, que era igual a 18,36 no ano 2 e igual a 18,55 no ano 3.

TOTAL DAS VENDAS LÍQUIDAS OU APENAS VENDAS LÍQUIDAS A PRAZO

O cálculo do IGC pode ser feito mediante o emprego de diferentes metodologias, que podem considerar o total das vendas líquidas ou apenas a parcela referente às vendas a prazo. Eu prefiro considerar o total de vendas líquidas, já que o prazo médio de recebimento de vendas analisado em conjunto com o giro deve representar uma média ponderada de todas as vendas – incluindo as vendas a vista. Assim, acho melhor a consideração do total das vendas líquidas.

Indicador prazo médio de recebimento

O prazo médio de recebimento (PMR) de clientes indica o período que a empresa deverá esperar, em média, antes de receber suas vendas a prazo.

O quociente do prazo médio de recebimento de contas a receber em anos corresponde ao inverso do giro de clientes e pode ser apresentado através da seguinte equação:

PMR em anos = 1/Giro de Clientes

Porém, o mais usual envolve o cálculo do PMR em dias. Para isso, bastaria multiplicar a equação anterior pelo número de dias considerado em um ano (360 no ano comercial ou 365 no ano civil). Considerando o ano civil, poderíamos apresentar o cálculo do PMR em dias conforme a equação a seguir.

PMR em dias = (1/Giro de Clientes) × 365 = 365/Giro de Clientes

Desenvolvendo a expressão anterior, seria possível também apresentar o prazo médio de recebimento em função do valor médio da conta de clientes e do valor das vendas líquidas.

PMR em dias = (Clientes Médio × 365)/Vendas líquidas

Para se obter o saldo médio do contas a receber, basta somar e dividir por dois os dados presentes nesta rubrica nos dois últimos balanços a serem analisados.

Em relação à empresa Ilustrativa, os cálculos para a obtenção dos prazos médios de recebimento podem ser vistos na Figura 8.6.

Conta	Ano 1	Ano 2	Ano 3
Vendas líquidas	244,8	275,4	306
Clientes	12	18	15
Clientes médio		15,00	16,50
IGC = Vendas/Clientes Médio		18,36	18,55
PMR = 365/Giro		19,88	19,68

Figura 8.6 *Evolução do PMR da Ilustrativa.*

O PMR foi calculado como sendo igual a 19,88 dias no ano 2 e 19,68 dias no ano 3 – indicando uma relativa estabilidade deste indicador.

Índice de giro de fornecedores

O índice de giro de fornecedores (IGF) procura expressar quantas vezes em um ano os valores devidos a fornecedores foram quitados. Normalmente, quanto maior a rotatividade, menor o volume de financiamentos recebidos pela empresa de seus fornecedores.

Para calcular o IGF, é preciso obter o valor das compras feitas pela empresa no período. Matematicamente, temos que:

CMV = Estoque Inicial + Compras – Estoque Final

Assim, podemos apresentar as compras como sendo:

Compras = Estoque Final + CMV – Estoque Inicial

Em relação aos números da Ilustrativa, podemos apresentar o valor das compras dos anos 2 e 3 conforme a Figura 8.7.

Conta	Ano 1	Ano 2	Ano 3
Estoque final	12	24,75	15
(+) CMV	144	178,2	180
(–) Estoque inicial		– 12	– 24,75
(=) Compras		190,95	170,25

Figura 8.7 *Compras da Ilustrativa.*

O quociente do giro ou da rotatividade de fornecedores pode ser apresentado segundo a expressão:

IGF = Compras/Fornecedores Médio

TOTAL DAS COMPRAS OU APENAS COMPRAS A PRAZO

Empregando raciocínio análogo à justificativa apresentada no quadro anterior, que justifica o uso do total das vendas líquidas, eu igualmente prefiro o uso total das compras no lugar do total das compras a prazo – o que recomendam alguns manuais de análise de demonstrações contábeis. Eu acredito que todas as compras – inclusive aquelas pagas a vista – devem ser empregadas no cálculo que busque representar melhor o prazo médio de pagamento.

Os valores obtidos para o giro de fornecedores da Mercantil Ilustrativa podem ser vistos na Figura 8.8.

Conta	Ano 1	Ano 2	Ano 3
Compras		190,95	170,25
Fornecedores	8	14,85	10
Fornecedores médio		11,43	12,43
IGC = Compras/Fornecedores Médio		16,71	13,70

Figura 8.8   *Evolução do IGF da Ilustrativa.*

A redução percebida nos IGFs do ano 2 (16,71 vezes por ano) para o ano 3 (13,70 vezes por ano) apresentada na Figura 8.8 indica o maior financiamento recebido por parte dos fornecedores.

Indicador prazo médio de pagamento

O indicador prazo médio de pagamento (PMP) indica quantos dias, semanas, meses ou anos a empresa poderá esperar, em média, antes de pagar suas dívidas junto a seus fornecedores pelas compras efetuadas a prazo.

O quociente do prazo médio de pagamento a fornecedores pode ser apresentado através da seguinte equação:

$$\text{PMP em anos} = 1/\text{Giro de Fornecedores}$$

Porém, o mais usual seria a sua apresentação em dias. Assim, considerando um ano civil, com 365 dias, bastaria multiplicar a equação anterior por 365. Assim, temos que:

$$\text{PMP em dias} = (1/\text{Giro de Fornecedores}) \times 365 = 365/\text{Giro de Fornecedores}$$

Desenvolvendo a expressão anterior, seria possível também apresentar o prazo médio de pagamento da seguinte forma:

$$\text{PMP em dias} = (\text{Fornecedores Médio} \times 365)/\text{Compras}$$

Os números do PMP da Mercantil Ilustrativa para os anos 2 e 3 estão apresentados na Figura 8.9.

Conta	Ano 2	Ano 3
IGC = Compras/Fornecedores Médio	16,71	13,70
PMP = 365/Giro	21,85	26,65

Figura 8.9 *Evolução do PMP da Ilustrativa.*

De forma similar à constatação feita na análise do giro, é possível verificar o aumento dos financiamentos recebidos de fornecedores, aqui representado por meio da elevação do prazo médio de pagamento.

Índice de posicionamento relativo

O índice de posicionamento relativo (IPR) busca analisar a relação entre prazos obtidos e concedidos e como esta relação pode afetar o nível de liquidez da empresa. Pode ser obtido pela seguinte relação:

> IPR = Prazo Médio de Recebimento/Prazo Médio de Pagamento

Quando maior que um, indica que os investimentos da empresa em seus clientes superam os financiamentos recebidos de fornecedores. Quando igual a um, indica que o volume de recursos aplicados nos clientes através dos prazos concedidos para o recebimento das vendas é igual ao recebido dos fornecedores. Quando inferior a um, sugere que os investimentos feitos nos clientes são inferiores aos recebidos dos fornecedores.

Conta	Ano 2	Ano 3
PMR (dias)	19,88	19,68
PMP (dias)	21,85	26,65
IPR = PMR/PMP	0,91	0,74

Figura 8.10   *Evolução do IPR da Ilustrativa.*

Os números da Comercial Ilustrativa estão apresentados na Figura 8.10. A redução do IPR de 0,91 no ano 2 para 0,74 no ano 3 indica o maior financiamento recebido de fornecedores em relação aos investimentos feitos em clientes.

Índice de giro de obrigações fiscais

O índice de giro de obrigações fiscais (IGOF) indica quantas vezes em um ano as obrigações fiscais são quitadas. Geralmente, a rubrica obrigações fiscais destaca e registra valores devidos referentes a impostos decorrentes das operações da empresa como o ICMS, o ISS, o PIS e o Confins. Representa, portanto, o financiamento recebido através dos prazos concedidos pelos governos federal, estadual e municipal para a quitação dos tributos.

O IGOF pode ser apresentado segundo a expressão:

> IGOF = Impostos Sobre Vendas/Obrigações Fiscais a Pagar Médio

Para os dados da empresa Ilustrativa, considerando as deduções como a totalidade dos impostos sobre vendas, os cálculos do IGOF podem ser vistos na Figura 8.11.

Conta	Ano 1	Ano 2	Ano 3
Impostos sobre vendas (deduções)	43,2	48,6	54
Impostos CP (Obrigações fiscais, OF, a pagar)	3,6	4,05	4,5
Impostos CP médio (OF médio)		3,83	4,28
IGOF = OF a pagar/OF Médio		12,71	12,63

Figura 8.11   *Evolução do IGOF da Ilustrativa.*

Considerando os números do ano 2 e do ano 3 para a Comercial Ilustrativa, respectivamente iguais a 12,71 e 12,63, constata-se uma estabilidade relativa em relação ao giro das obrigações fiscais.

Indicador prazo médio de recolhimento de obrigações fiscais

Geralmente expressa o prazo em dias que a entidade recebe para o pagamento de obrigações fiscais associadas às vendas. O quociente do prazo médio de recolhimento de obrigações fiscais (PMROF) pode ser apresentado através da seguinte equação:

PMROF em anos = 1/Giro de Obrigações Fiscais

Porém, o mais usual seria a sua apresentação em dias. Assim, considerando um ano civil, com 365 dias, bastaria multiplicar a equação anterior por 365. Assim, temos que:

PMROF em dias = (1/Giro de Obrigações Fiscais) × 365 = 365/Giro de Obrigações Fiscais

A Análise Contábil e Financeira • Bruni

Desenvolvendo a expressão anterior, seria possível também apresentar o prazo médio de pagamento da seguinte forma:

PMROF em dias = (Obrigações Fiscais a Pagar Médio × 365)/ Impostos sobre vendas

Para os dados da Ilustrativa, o prazo médio de recolhimento de obrigações fiscais está apresentado na Figura 8.12.

Conta	Ano 2	Ano 3
IGOF = OF a pagar/OF Médio	12,71	12,63
PMROF = 365/IGOF	28,73	28,90

Figura 8.12   *Evolução do PMROF da Ilustrativa.*

De forma similar às constatações apresentadas após a análise do IGOF, existe uma estabilidade no que se refere ao financiamento recebido pela empresa por meio do prazo concedido para o pagamento dos seus impostos. O PMROF foi igual a 29 dias, aproximadamente, no ano 2 e também igual a 29 dias, aproximadamente, no ano 3.

Indicadores de ciclos

A interpretação dos diferentes prazos médios do negócio permite analisar os seus ciclos, que podem ser apresentados de diferentes maneiras, conforme ilustra a Figura 8.13.

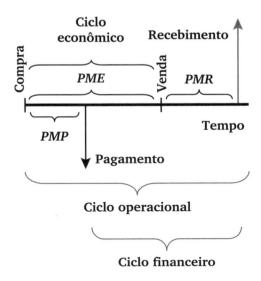

Figura 8.13 *Ciclos do negócio.*

A depender da análise feita, os ciclos podem ser apresentados como econômico, operacional ou financeiro. A importância da análise dos ciclos da empresa diz respeito aos efeitos sobre a gestão do capital de giro da empresa.

Prazo médio	Dias
Estocagem	15
Recebimento	45
Pagamento	20

Figura 8.14 *Prazos médios em dias da Cia. das Rodas Quadradas S. A.*

Para ilustrar a análise dos diferentes ciclos, considere o exemplo da Cia. das Rodas Quadradas S. A., que relatou os dados apresentados na Figura 8.14.

Ciclo operacional

O ciclo operacional refere-se ao período que a empresa leva, na média, entre a data da compra de seus estoques ou insumos produtivos, seu consequente processamento e transformação, sua venda e o posterior recebimento em caixa. Algebricamente, conforme apresentado na Figura 8.13, o ciclo operacional pode ser expresso através da soma dos prazos médios de estocagem e recebimento.

$$CO = PME + PMR$$

Para o exemplo da Cia. das Rodas Quadradas, o ciclo operacional seria igual à soma do prazo médio de estocagem (15 dias) com o prazo médio de recebimento (45 dias), o que resulta em um ciclo operacional igual a 60 dias. Ou seja, a empresa precisa de um intervalo igual a 60 dias ou dois meses para completar um ciclo das suas operações, compreendendo desde o momento da compra da matéria-prima ao recebimento das vendas feitas.

Em relação à Comercial Ilustrativa, o cálculo dos ciclos demandaria o cálculo e o posterior uso dos prazos médios, apresentados na Figura 8.15.

Prazo médio (aproximado em dias)	Ano 2	Ano 3
PME	38	40
PMR	20	20
PMP	22	27

Figura 8.15 *Prazos médios da Comercial Ilustrativa.*

A Figura 8.16 apresenta o cálculo do ciclo operacional em dias aproximados.

Prazo médio (aproximado em dias)	Ano 2	Ano 3
PME	38	40
PMR	20	20
CO = PME + PMR	58	60

Figura 8.16 *Ciclo operacional da Ilustrativa.*

Os números da Figura 8.16 indicam que o ciclo operacional da Comercial Ilustrativa aumentou ligeiramente de 58 dias no ano 2 para 60 dias no ano 3 – a operação tornou-se ligeiramente mais lenta, o que pode comprometer a sua *performance* financeira.

Ciclo financeiro ou de caixa

O ciclo financeiro ou de caixa representa o *gap* de caixa, ou o tempo em que a entidade é obrigada a investir nas suas operações, isto é, em estoques e contas a receber, abatido do financiamento recebido de fornecedores. Exprime a quantidade de dias existentes entre o pagamento pelos insumos e estoques até o recebimento das vendas. Esquematicamente, o ciclo financeiro pode ser visto na figura seguinte.

Algebricamente, o ciclo financeiro pode ser representado segundo a equação:

$$CF = (PME + PMR) - PMP$$

De outra forma, o ciclo financeiro equivale ao ciclo operacional, deduzido do prazo médio de pagamento obtido junto aos fornecedores. Vide a expressão seguinte.

$$CF = CO - PMP$$

Quando o ciclo financeiro é positivo, representa o fato da entidade pagar seus fornecedores antes de receber suas vendas. Logo, existe a necessidade de investimento nas operações, que deve ser coberto por empréstimos de curto prazo (desaconselhável) ou por recursos próprios (o que seria mais apropriado). Quando negativo, sugere que a empresa pague aos seus fornecedores, depois de receber suas vendas – como no caso de supermercados. Estas empresas possuem, portanto, sobras de caixa que podem aplicar no mercado financeiro. Quanto maior o ciclo financeiro, maior a necessidade de capital de giro da empresa.

Para o exemplo da Cia. das Rodas Quadradas, o ciclo operacional seria igual à soma do prazo médio de estocagem (PME igual a 15 dias) com o prazo médio de recebimento (PMR igual a 45 dias), subtraída do prazo médio de pagamento (PMP igual a 20 dias). A operação resulta em um ciclo financeiro igual a 15 + 45 – 20 = 40 dias. Ou seja, a empresa registra um intervalo igual a 40 dias entre o pagamento das suas compras e o recebimento das suas vendas. Esse intervalo implica a existência de capital de giro suficiente para viabilizar a operação.

O cálculo do ciclo financeiro da Comercial Ilustrativa pode ser visto na Figura 8.17.

Prazo médio (aproximado em dias)	Ano 2	Ano 3
PME	38	40
PMR	20	20
PMP	22	27
CF = PME + PMR – PMP	36	33

Figura 8.17   *Ciclo financeiro da Ilustrativa.*

Os números indicam uma relativa estabilidade. O ciclo financeiro foi igual a 36 dias no ano 2 e igual a 33 dias no ano 3. A estabilidade do ciclo financeiro indica uma estabilidade das demandas referentes ao capital de giro.

Ciclo econômico

O ciclo econômico corresponde ao intervalo transcorrido entre a compra e a venda. Ou seja, corresponde ao prazo médio de estocagem (PME).

$$CE = PME$$

Para o exemplo da Cia. das Rodas Quadradas, o ciclo econômico é igual ao prazo médio de estocagem (PME) no caso igual a 15 dias. Ou seja, existe um intervalo igual a 15 dias entre a compra e a venda.

A representação dos prazos e ciclos da Cia. das Rodas Quadradas pode ser vista na Figura 8.18.

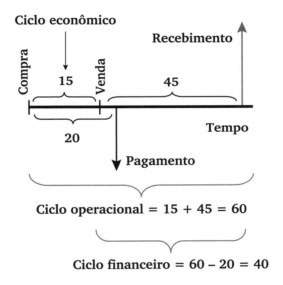

Figura 8.18 *Representando os ciclos da Cia. das Rodas Quadradas S. A.*

Os efeitos associados aos diferentes ciclos podem ser vistos nas demandas sobre o capital de giro da empresa, o que está discutido a seguir.

Prazos, ciclos e capital de giro

A análise dos prazos e dos ciclos de um negócio exerce influência imediata sobre algumas das principais contas da empresa. O período de estocagem, representado no PME, exerce um impacto direto sobre os níveis de estoques. O período transcorrido entre o momento da venda e o seu recebimento influencia os valores da conta clientes. Somando os valores das contas estoques e clientes, temos o impacto do PME e do PMR sobre os ativos circulantes. Veja a representação da Figura 8.19.

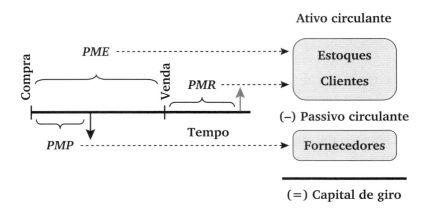

Figura 8.19   *Efeitos dos prazos sobre contas do circulante.*

Por outro lado, o tempo transcorrido entre a compra e sua quitação, apresentado por meio do PMP, exerce um impacto direto sobre o financiamento recebido por meio dos valores devidos a fornecedores, impactando os passivos circulantes da empresa, como também apresenta a Figura 8.19.

Assim, sabendo que o PME e o PMR afetam os ativos circulantes e o PMP afeta o passivo circulante, subtraindo PC de AC encontramos o capital de giro, CDG, da operação: CDG = AC – PC. O ciclo financeiro ou de caixa afeta diretamente as necessidades de capital de giro da empresa. Quanto maior o ciclo financeiro, maior o capital demandado pela operação.

Incorporando na análise a figura das obrigações fiscais e o financiamento representado por meio do prazo recebido para o pagamento de obrigações fiscais, podemos considerar os valores diários de vendas, CMV, compras e impostos, calculando os efeitos conjuntos sobre o capital de giro, conforme apresenta a Figura 8.20.

Ativo Circulante	(–) Passivo Circulante	(=) Capital de giro
Contas a receber = PMRV × Vendas diárias	Fornecedores = PMP × Compras diárias	*"Folga financeira necessária para a movimentação das operações da empresa"*
Estoques = PME × CMV diário	Impostos a pagar = PMROF × Impostos diários	

Figura 8.20   *Prazos, contas do circulante e capital de giro.*

Considerando a apresentação dos prazos em diferentes unidades (dias, meses ou anos) e assumindo o ano comercial com 360 dias, podemos determinar as necessidades de capital de giro da empresa conforme apresenta a Figura 8.21.

Descrição	Valores diários	Valores Mensais	Valores Anuais[1]
Contas do Ativo Circulante			
Contas a receber	PMRV × Vendas	PMRV × Vendas/30	PMRV × Vendas/360
Estoques	PME × CMV	PME × CMV/30	PME × CMV/360
Contas do Passivo Circulante			
Fornecedores	PMP × Compras	PMP × Compras/30	PMP × Compras/360
Impostos a pagar	PMROF × Impostos	PMROF × Impostos/30	PMROF × Impostos/360
Capital de giro = AC – PC			

Figura 8.21 *Diferentes prazos, contas do circulante e capital de giro.*

Conforme destacado na Figura 8.21, as contas do ativo e do passivo circulante podem ser calculadas e projetadas a partir, também, dos prazos médios. A projeção das necessidades de capital de giro da empresa poderia ser feita com base na projeção das contas individuais de ativos e passivos circulantes.

Assumindo os prazos da Cia. das Rodas Quadradas, temos prazo de estocagem igual a 15 dias, de recebimento igual a 45 dias e pagamento igual a 20 dias. Para a empresa podemos projetar um prazo médio de recolhimento de obrigações fiscais igual a 30 dias, vendas diárias iguais a $ 50, CMV igual a 70% das vendas, compras iguais a CMV e impostos sobre vendas iguais a 20% das vendas. Usando as informações podemos projetar as contas de ativo e passivo circulante, além do capital de giro necessário para a empresa.

---

[1] Considerando ano comercial, com 360 dias. Caso o ano civil, exato, fosse considerado seria preciso usar o valor 365 como denominador.

200 A Análise Contábil e Financeira • Bruni

Descrição	Equação	Valores
Contas do Ativo Circulante		
Contas a receber	PMRV × Vendas	45 × 50 = 2250
Estoques	PME × CMV	15 × (50 × 0,70) = 525
Total do AC		2.250 + 525 = 2.775
Contas do Passivo Circulante		
Fornecedores	PMP × Compras	20 × (50 × 0,70) = 700
Impostos a pagar	PMROF × Impostos	30 × (50 × 0,20) = 300
Total do PC		700 + 300 = 1.000
Capital de giro = AC – PC		2.775 – 1.000 = 1.775

Figura 8.22 *Projeção de contas do circulante e capital de giro da Cia. das Rodas Quadradas.*

Os prazos médios e números da Figura 8.22 indicam a projeção dos números do contas a receber ($ 2.250), dos estoques ($ 525), do total do ativo circulante ($ 2.775), do valor devido a fornecedores ($ 700), dos impostos ($ 300), do valor do passivo circulante ($ 1.000) e do capital de giro ($ 1.775).

Exercícios propostos

Observação importante: quando nada for dito sobre uso do ano civil, use o ano comercial com 360 dias.

1. O Diretor Financeiro da Sacolejo S. A. pensa em tomar decisões que ajudem a reduzir o capital de giro da empresa. Qual das alternativas apresentadas a seguir seria coerente com o seu objetivo?

   a) Reduzir vendas.

b) Ampliar prazo médio de recebimento.

c) Manter vendas constantes.

d) Reduzir prazo médio de estocagem.

e) Ampliar vendas.

2. As minhas vendas aumentaram em 30%, mas o valor da conta clientes aumentou 20%. O que é correto afirmar?

a) Meu prazo médio de pagamento foi alterado.

b) Meu prazo médio de recebimento manteve-se inalterado.

c) Meu prazo médio de estocagem foi alterado.

d) Meu prazo médio de recebimento foi reduzido.

e) Meu prazo médio de recebimento foi ampliado.

3. Eu percebi que o meu volume de compras foi aumentado em 40%. Porém, o valor devido a fornecedores permaneceu constante. O que é coerente com este fato?

a) Meu prazo médio de pagamento foi ampliado.

b) Meu prazo médio de recebimento manteve-se inalterado.

c) Meu prazo médio de estocagem foi alterado.

d) Meu prazo médio de pagamento foi reduzido.

e) Meu prazo médio de recebimento foi ampliado.

4. Os meus impostos sobre vendas incidem como um percentual da receita bruta. No ano passado, eu percebi que as minhas vendas aumentaram em 40%, o que também ocorreu com o valor das obrigações fiscais a pagar, aumentadas em 40%. O que é correto afirmar?

a) O prazo médio de recolhimento de obrigações fiscais foi ampliado.

b) O prazo médio de recebimento foi alterado.

c) O prazo médio de recolhimento de obrigações fiscais foi reduzido.

d) O prazo médio de pagamento manteve-se constante.

e) O prazo médio de recolhimento de obrigações fiscais manteve-se constante.

5. A Mercantil Barateira não possui estoques. Ela recebe 30 dias de prazo para pagamento e concede 45 dias de prazo para que seus clientes paguem suas compras. O que é correto afirmar?

a) O seu capital de giro é nulo.

b) O seu ciclo financeiro é maior que o seu ciclo operacional.
c) O seu capital de giro é positivo.
d) O seu ciclo financeiro é igual ao seu ciclo operacional.
e) O seu capital de giro é negativo.

6. A Quizmo Representações possui um capital de giro negativo. Assinale a alternativa coerente com esta situação.

a) O seu ciclo financeiro é maior que 30 dias.

b) Seus ativos circulantes são maiores que os ativos não circulantes.

c) Ela recebe suas vendas antes de pagar suas compras.

d) Ela concede prazos longos para seus clientes.

e) Seus ativos circulantes são menores que os ativos não circulantes.

7. A Loja Quequê Precinho Ltda. nunca apresenta variação nem das suas vendas nem dos seus estoques. O que é correto afirmar?

a) Compras são menores que o CMV.

b) Prazo de estoque maior que prazo de pagamento.

c) Compras são maiores que o CMV.

d) Prazo de estoque menor que prazo de recebimento.

e) Compras são iguais ao CMV.

8. A Maracujá Azedo verificou que o seu estoque do início do ano passado era metade do seu estoque final. O que é correto afirmar?

a) Compras são menores que o CMV.

b) Prazo de estoque maior que prazo de pagamento.

c) Compras são maiores que o CMV.

d) Prazo de estoque menor que prazo de recebimento.

e) Compras são iguais ao CMV.

9. A Carbutech iniciou suas atividades no ano passado. Ao final do ano verificou que possuía $ 50 mil em estoques. O que é correto afirmar?

a) Compras foram menores que o CMV.

b) Prazo de estoque maior que prazo de pagamento.

c) Compras foram maiores que o CMV.

d) Prazo de estoque menor que prazo de recebimento.

e) Compras foram iguais ao CMV.

Analisando giros e prazos **203**

10. A Cia. Mercantil do Raio da Silibrina S. A. possui um contas a receber de clientes médio igual a $ 48 mil, com vendas líquidas anuais iguais a $ 480 mil. Sabe-se que, atualmente, a empresa pensa em ampliar o seu prazo médio de recebimento de vendas em mais seis dias. Calcule o que se pede: (a) PMR em dias atual da empresa; (b) o novo PMR planejado pela empresa; (c) o aumento em $ no contas a receber decorrente da dilatação do prazo. Considere ano comercial com 360 dias.

11. Considere a situação base do exercício anterior. Sabe-se que o CMV é igual às compras da Cia. Raio da Silibrina S. A. e cada um dos valores corresponde a 40% das vendas apresentadas na questão anterior. O volume médio de estoques da empresa é igual a $ 36 mil e o valor médio devido a fornecedores é igual a $ 54 mil. Considere ano comercial e PMR igual a 36 dias. Com base nessa informação calcule: (a) PME em dias, (b) PMP em dias, (c) CF em dias, (d) CDG em $.

12. Considerando os números da Silibrina, pede-se: (a) Qual o novo ciclo financeiro caso o PME fosse duplicado, com a manutenção do PMR após a dilatação do prazo e o PMP calculado anteriormente na questão anterior? (b) Qual seria a variação do CDG?

13. Indique qual seria a variação do capital de giro (positiva, neutra ou negativa) da Comercial das Pipas Ltda., supondo que: (a) PME seja reduzido, (b) PMP seja reduzido, (c) PMR seja ampliado.

14. A Indústria das Abafabancas Ltda. possuía um estoque médio igual a $ 450 mil. Sabendo que suas vendas e seu CMV mantiveram-se constantes, mas seu giro de estoques foi elevado de cinco para oito vezes por ano, considerando ano comercial com 360 dias, calcule o novo valor do: (a) PME em dias, (b) estoque em $.

15. As dívidas da Urucubaca S. A. junto aos fornecedores eram da ordem de $ 80 mil, com um prazo médio de pagamento igual a 70 dias. Sabendo que a empresa fora obrigada a reduzir o prazo médio de pagamento em 20%, em quantas unidades monetárias ($) a conta do valor devido a fornecedores foi reduzida. Considere a manutenção das vendas, do CMV e das compras.

16. A Grande Baratinho vende 20% das suas vendas a vista, 30% com prazo de 30 dias e o restante com prazo de 90 dias. Qual o seu prazo médio de recebimento em dias?

204   A Análise Contábil e Financeira • Bruni

17. Considere os números da Gorgulhinho S. A. apresentados na tabela seguinte em $ mil. Além disso, sabe-se que os impostos sobre vendas são iguais a 20% das vendas líquidas, que o CMV corresponde a 40% das vendas líquidas e que as compras são iguais ao CMV. Assuma ano comercial com 360 dias e prazo em dias.

Caixa e bancos	15	Empréstimos	60
Aplicações financeiras	50	Financiamentos	110
Clientes	80	Fornecedores	60
Estoques	140	Impostos sobre vendas	40
Ativos não circulantes	215	Passivo não circulante	130
		PL	100
Soma dos ativos	500	Soma dos passivos	500

Observação: números em $ mil.

Sabendo que as vendas líquidas **anuais** são iguais a $ 240 mil, determine o que se pede: (a) Qual o valor do PMR? (b) Qual o valor do PME? (c) Qual o valor do PMP? (d) Qual o valor do PMROF?

Sabendo que as vendas líquidas **mensais** são iguais a $ 240 mil, determine o que se pede: (e) Qual o valor do PMR? (f) Qual o valor do PME? (g) Qual o valor do PMP? (h) Qual o valor do PMROF?

18. Analise o Balanço Patrimonial da Quero-Quero Indústrias Ltda. Sabe-se que, no ano analisado, o faturamento líquido da empresa alcançou $ 120.000,00, as compras foram iguais a $ 50.000,00 e o custo dos produtos vendidos foi igual a $ 70.000,00. Calcule os valores do: (a) PME, (b) PMR, (c) PMP, (d) o ciclo operacional, (e) o ciclo financeiro, (f) analise o que o número do ciclo financeiro quer dizer neste caso. Observação importante: já que apenas um balanço patrimonial foi fornecido, use apenas uma conta patrimonial no lugar das médias. Considere ano comercial.

Ativo	$	Passivo	$
Caixa	2.000,00	Fornecedores	16.000,00
Clientes	12.000,00	Empréstimos a pg	3.000,00
Estoques	12.000,00	Provisão de IR	2.000,00
Equipamentos	14.000,00	Capital	19.000,00
Soma	**40.000,00**	**Soma**	**40.000,00**

19. A Taperoá Movelaria Ltda. costuma efetuar suas compras de insumos com prazo de 30 dias. Suas vendas costumam ser feitas através de concessão de prazo igual a 40 dias para os clientes. Sabendo que a empresa costuma gastar cerca de 20 dias para fabricar e estocar os produtos que comercializa, calcule para a empresa o ciclo: (a) financeiro, (b) operacional.

20. Muitas foram as mudanças ocorridas no varejo mundial ao longo dos últimos anos. Uma das mais marcantes foi representada por meio da aquisição da Affiada – uma tradicional fabricante de produtos de higiene – pelo conglomerado G&P – uma potência industrial, presente em diferentes mercados internacionais.

Nas gôndolas dos supermercados, pouca coisa mudou. Desde que a G&P adquiriu a Affiada, os produtos de ambas continuam convivendo lado a lado nos mercados, farmácias e mercearias. Não houve integração das marcas nem sequer lançamentos de produtos conjuntos.

Contudo, no interior das duas companhias, a união provocou uma pequena revolução. Cada uma das atividades internas das duas empresas passou por um pente-fino – e só as melhores foram mantidas. A diretoria executiva foi inteiramente remodelada. Todas as possibilidades de sinergia foram analisadas e implementadas. "Ficamos um ano fazendo a lição de casa", afirma Cláudio Alves, diretor de relações externas da G&P no Brasil.

Anunciada há cerca de três anos, a compra da Affiada pela G&P foi um dos maiores negócios da história do capitalismo mundial. O preço final superou os astronômicos $ 50 bilhões. Nasceu um colosso de $ 70 bilhões de receitas, 135 mil funcionários e presença em 140 países. Mais de 20 das marcas de seu portfólio faturam pelo menos $ 1 bilhão por ano. A cada 12 meses, a união vai gerar sinergias no valor de $ 1,2 bilhão.

No Brasil, a gigante nasceu oficialmente em outubro do ano passado, quando a G&P anunciou que a integração das operações havia sido concluída. Com faturamento de $ 2,5 bilhões, três mil funcionários e quatro fábricas, a G&P adquire uma força de vendas nunca vista no país.

Como nas gôndolas dos supermercados, as mudanças nas fábricas foram mínimas. A G&P possui processos produtivos basicamente químicos. Suas linhas incluem principalmente produtos de limpeza e higiene pessoal. Já na Affiada, o processo mecânico é predominante, voltado para a fabricação de aparelhos de barbear e escovas de dentes da marca Dental.

A integração ocorreu, de fato, nos escritórios. Duas novas diretorias foram criadas, ambas para cuidar de itens da Affiada. Na cúpula da nova organização, a predominância foi da G&P, como sempre ocorre em casos de aquisição – dos dez diretores, sete são oriundos da empresa. A eliminação de duplicidade em cargos administrativos levou à demissão de cerca de 200 pessoas.

Os executivos da companhia não gostam de falar do impacto da incorporação no mercado. Uma informação, porém, revela um bocado sobre esse assunto. Com a Affiada, a nova G&P colocou-se entre os três principais fornecedores de diversas redes de supermercados e farmácias. Antes, encontrava-se entre os sete primeiros. Esse salto lhe deu um poder de barganha até então desconhecido pela empresa no Brasil. Além disso, a Affiada se tornou a marca-líder de seu portfólio, representando o tipo de produto que não pode estar ausente das prateleiras sob pena de o consumidor se retirar indignado. Isso vale ouro para a indústria na briga de foice que mantém com o varejo.

A G&P também herdou traços da cultura Affiada. "Eles são muito eficientes na área de promoções", afirma Diogo Quaresma, gerente de relações externas. A empresa utilizou essa experiência para desenvolver ações de venda conjunta de produtos Affiada e G&P. O giro desses produtos cresceu até 30%.

Para extrair o que havia de mais eficiente em cada organização, a G&P montou equipes de profissionais para avaliar e comparar mais de 100 processos de operação, de finanças à logística, de recursos humanos a atendimento ao consumidor. "O objetivo era ficar com o melhor de cada uma", afirmou Quaresma. No final, um terço dessas práticas era semelhante nas duas empresas. Das demais, 60% eram da G&P e 40% da Affiada. "Tivemos boas surpresas", diz Quaresma.

Uma das boas surpresas veio do trabalho da Affiada junto ao ponto de venda. Munidos de *palm-tops*, os representantes da empresa colhiam informações sobre os preços praticados pelo varejo, as ações da concorrência, o posicionamento do material de divulgação, o *mix* de produtos. As informações eram enviadas em tempo real para o escritório. Assim, era possível tomar decisões rápidas. Por exemplo: alterar uma promoção cujos resultados revelavam-se aquém do esperado. Ou identificar um armazém desabastecido. "É uma fotografia instantânea do mercado", diz Quadra. A G&P também realizava uma pesquisa semelhante, mais profunda e abrangente, mas sua periodicidade era de um mês. A G&P manteve essa pesquisa, mas a ferramenta utilizada pela Affiada foi estendida para toda a companhia.

Analise as informações apresentadas e responda: (a) Considerando as margens bruta e operacional, qual das duas deve ter sido mais impactada pela fusão? (b) O impacto foi positivo ou negativo? (c) Por quê? (d) Qual a importância da análise do giro para a G&P?

21. Carregue o aplicativo **AnaliseFacil.xls**. Solicite os números disponíveis para os anos 1 a 6 das Lojas Valente (código 11). Analise as informações disponíveis e responda o que se pede.

Parte I. Análise do giro dos ativos. Pede-se: (a) Qual o valor do IGA no Ano 2 (use o ativo do ano)? (b) O que este número significa?

Parte II. Análise de giro e prazo médio dos estoques. Pede-se: (c) Qual o giro dos estoques e o PME da empresa no ano 6? (d) O que estes números representam?

Parte III. Análise de giro e prazo médio dos clientes. Pede-se: (e) Qual o giro dos clientes e o PMR da empresa no ano 5? (f) O que estes números representam?

Parte IV. Análise de giro e prazo médio de fornecedores. Pede-se: (g) Qual o giro das compras e o PMP da empresa no ano 3? (h) O que estes números representam?

Parte V. Análise dos ciclos. Pede-se: (i) Analise a evolução dos ciclos operacional e financeiro da empresa ao longo dos anos. O que é possível concluir?

Parte VI. Análise conjunta. Pede-se: (j) Analise a evolução dos indicadores de prazos e giro ao longo dos anos. O que é possível concluir?

22. Carregue o aplicativo **AnaliseFacil.xls**. Solicite os números disponíveis para os anos 1 a 6 da Pinguim Comercial S. A. (código 16) e das Lojas Corcovado S. A. (código 17). Analise as informações disponíveis e responda o que se pede.

Parte I. Análise do giro dos ativos. Considere o ano 4 e o valor dos ativos do ano (não use a média dos ativos). Pede-se: (a) Qual o IGA da Pinguim? (b) E o da Corcovado? (c) Neste quesito, qual empresa tem sido mais eficiente e quais as repercussões desta eficiência?

Parte II. Análise de giro e prazo médio dos estoques. Considere o ano 5. Pede-se: (d) Qual o PME da Corcovado e o da Pinguim? (e) O que os números indicam?

Parte III. Análise de giro de clientes e prazo médio de recebimento. Considere o ano 3. Pede-se: (f) Qual o PMR da Corcovado e o da Pinguim? (g) O que os números indicam?

Parte IV. Análise de giro de fornecedores e prazo médio de pagamento. Considere o ano 2. Pede-se: (h) Qual o PMP da Corcovado e o da Pinguim? (i) O que os números indicam?

Parte V. Análise dos ciclos. Analise de forma comparativa e comente a evolução dos ciclos das duas empresas. Considere os ciclos: (j) operacional e financeiro.

9

Analisando a Rentabilidade

"Todos nascemos sem nada. Tudo o que adquirimos depois é lucro."
Sam Ewing

Objetivos do capítulo

As Finanças podem ser entendidas como o estudo de duas variáveis principais, apresentadas como dinheiro e tempo. De forma resumida, poderíamos apresentar as operações financeiras por meio da evolução do dinheiro no tempo. A análise do dinheiro no tempo possibilita entender a única e verdadeira mercadoria negociada em Finanças e usualmente apresentada como taxa de juros ou taxa de retorno.

Quando a análise do dinheiro no tempo faz referência ao uso de demonstrações contábeis, é comum a busca da compreensão da rentabilidade gerada pelo negócio. Os indicadores de rentabilidade buscam analisar os lucros auferidos pela entidade de forma relativa, geralmente analisados em relação aos investimentos feitos pelo conjunto de fornecedores de capital (sócios e terceiros) ou apenas pelos sócios.

Este capítulo busca apresentar os diferentes índices de rentabilidade.

> **RETORNO E RISCO**
>
> A análise da rentabilidade é um dos mais importantes aspectos associados ao estudo das demonstrações contábeis. Quanto maior o retorno ou a rentabilidade de uma operação, geralmente maiores são as possibilidades de criação de valor.
>
> Porém, é preciso sempre lembrar da necessidade da análise do risco. Geralmente, altas taxas de rentabilidade ou de retorno podem estar associadas a níveis elevados de risco.

Índice de retorno do lucro operacional líquido

O lucro operacional líquido (LOL) ou NOPAT, iniciais da expressão em língua inglesa *net operating profits after taxes*, corresponde ao ganho líquido de impostos da operação, sem considerar os impactos financeiros associados aos juros.

Considerando os números da Ilustrativa, podemos ver o cálculo do LOL na Figura 9.1.

Conta	Ano 1	Ano 2	Ano 3
Lajir	89,8	79,51	114,65
(–) Desp. financeiras	– 2,14	– 3,31	– 2,65
Lair	87,66	76,2	112
(–) IR	– 26,298	– 22,86	– 33,6
LL	61,362	53,34	78,4
IR % (IR/Lair)	30%	30%	30%
Lajir	89,8	79,51	114,65
(–) IR Operacional 30%	– 26,94	– 23,85	– 34,40
LOL	62,86	55,66	80,26

Figura 9.1   *Lucro operacional líquido ou LOL da Ilustrativa.*

Para calcular o LOL, é preciso obter a alíquota do IR a considerar. No caso dos números da Ilustrativa apresentados na Figura 9.1, a alíquota de IR de cada um dos três anos considerados foi igual a relação entre o valor do IR e o valor do Lair. Nos três anos o percentual do IR foi igual a 30%.

Posteriormente, a alíquota encontrada para o IR em cada um dos anos (30%) foi aplicada sobre o Lajir, permitindo obter o valor devido a título de IR operacional. A subtração do Lajir pelo IR operacional fornece o LOL de cada um dos anos.

O índice de retorno sobre o LOL, ROIC, iniciais do inglês *return on invested capital* ou retorno sobre capital investido,[1] representa a rentabilidade da operação como um todo, sem considerar juros ou impostos. Representa o ganho médio da operação sob o ponto de vista dos diferentes financiadores, sejam eles sócios ou credores. Usando o ativo médio, poderíamos representá-lo por meio da seguinte equação:

$$ROIC = (LOL/\text{Ativo Total Médio}) \times 100$$

Fazendo uma simplificação e substituindo o uso do ativo médio pelo ativo total do final do ano, poderíamos apresentar o ROIC da seguinte forma:

$$ROIC = (LOL/\text{Ativo Total}) \times 100$$

O cálculo do ROI da Ilustrativa pode ser visto na Figura 9.2.

Conta	Ano 1	Ano 2	Ano 3
LOL	62,86	55,66	80,26
Ativo médio		142,50	146,50
ROIC = (LOL/Ativo médio) × 100		39,06	54,78
Ativo	133,00	152,00	141,00
ROIC = (LOL/Ativo) × 100	47,26	36,62	56,92

Figura 9.2 *ROIC da Ilustrativa.*

---

[1] Outras implicações associadas ao uso do ROIC podem ser vistas na apresentação do valor econômico adicionado ou EVA, presente no final deste Capítulo 9.

Analisando os valores da Figura 9.2 percebemos que o ROIC foi igual a 47,26% a. a. no ano 1, sendo reduzido para 36,62% a. a. no ano 2 e voltando a subir, desta vez para 56,92% a. a. no ano 3.

COMPARANDO AS RENTABILIDADES DA EMPRESA COM O MERCADO

Os índices de rentabilidade da empresa apresentados neste capítulo podem ser comparados com as taxas de juros praticadas pelo mercado. Assim, podemos saber se o negócio pode ser considerado atrativo ou não. Naturalmente, esta comparação deve levar em consideração os riscos envolvidos.

Em Finanças, costumamos afirmar que a única mercadoria comprada ou vendida em qualquer transação financeira é o retorno ou rentabilidade, que representa os ganhos relativos ao investimento feito. O retorno esperado de um ativo i qualquer, $E(Ri)$, deve considerar os sacrifícios de tempo ou liquidez e de risco. Algebricamente, o retorno esperado pode ser apresentado como a soma do prêmio pelo tempo mais o prêmio pelo risco.

$$E(Ri) = \text{Prêmio por tempo} + \text{Prêmio por risco}$$

O prêmio pelo tempo envolve considerações sobre taxas ofertadas a investimentos sem risco ou com risco muito baixo. No Brasil, poderíamos usar a taxa Selic como parâmetro. Já o prêmio pelo risco deve considerar os benefícios da diversificação das carteiras, analisando especificamente a parcela não diversificável. Modelos financeiros específicos[2] mostram como precificar o prêmio pelo risco.

Assim, se a taxa Selic no mercado está em torno de 10% a. a. e achamos justo um prêmio pelo risco igual a 6% a. a. para o nosso negócio, o nosso retorno esperado seria igual a 16% a. a. Caso tivéssemos encontrado um ROIC em torno de 40% a. a. como no caso da Ilustrativa, poderíamos afirmar que a empresa apresentaria uma excelente rentabilidade.[3]

O ROIC representa a rentabilidade da operação como um todo. Esta rentabilidade será repartida entre os diferentes financiadores, formados por terceiros e sócios. Naturalmente, quanto menor a parcela exigida pelos terceiros, maior a rentabilidade entregue aos sócios.

---

[2] Para saber mais, consulte meu livro *Avaliação de Investimentos*, publicado pela Editora Atlas. Maiores informações sobre todos os meus livros podem ser obtidas no *site* <www.MinhasAulas.com.br>.
[3] Uma continuação da discussão sobre a análise das rentabilidades pode ser vista na apresentação do conceito de valor econômico adicionado, apresentado mais adiante neste Capítulo 9.

Índice de retorno sobre o investimento

O índice de retorno sobre o investimento, mais conhecido como ROI,[4] do inglês *Return On Investment*, é, provavelmente, o mais importante indicador de análise contábil financeira. Representa a relação entre os resultados da entidade e o volume de recursos nela investidos por sócios e terceiros, valor representado pelo ativo total da empresa.

Usando os valores médios das contas patrimoniais, o ROI pode ser apresentado por meio da equação seguinte, já discutida em capítulos anteriores.

ROI = (Lucro Líquido/Ativo Total Médio) × 100

Fazendo uma simplificação e substituindo o uso do ativo médio pelo ativo total do final do ano, poderíamos apresentar o ROI da seguinte forma.

ROI = (Lucro Líquido/Ativo Total) × 100

O ROI representa o ganho, expresso sob a forma do lucro líquido da operação, relativo aos investimentos ou ativos totais da operação. Assim, é possível perceber que o ROI pode ser considerado um quociente estranho, já que compara os ganhos sob o ponto de vista dos sócios (os lucros líquidos) com os capitais investidos pelos sócios e por terceiros, sendo que a parcela devida aos terceiros, representada pelos juros, já foi quitada antes da obtenção do lucro.

Os valores do ROI calculados para os números da Ilustrativa podem ser vistos na Figura 9.3.

---

[4] Embora outros textos optem por expressar o retorno sobre o investimento como taxa de retorno sobre o investimento (TRI) ou taxa de retorno sobre o investimento total (TRIT), neste livro eu optei por usar a notação e representação genérica do indicador, extraído do inglês *Return On Investment* (ROI).

Conta	Ano 1	Ano 2	Ano 3
LL	61,36	53,34	78,40
Ativo médio		142,50	146,50
ROI = (LL/Ativo médio) × 100 (em % a. a.)		37,43	53,52
Ativo	133,00	152,00	141,00
ROI = (LL/Ativo) × 100 (em % a. a.)	46,14	35,09	55,60

Figura 9.3 *ROI da Ilustrativa.*

A Ilustrativa teve uma redução do seu ROI do ano 1 para o ano 2 e uma recuperação do ano 2 para o ano 3.

Índice de retorno sobre o patrimônio líquido

O índice de retorno sobre o patrimônio líquido ou ROE, do inglês *Return On Equity*, expressa os resultados globais auferidos pela gerência na gestão de recursos próprios e de terceiros em benefícios dos acionistas. Corresponde ao lucro líquido anual da empresa dividido por seu patrimônio líquido. É o retorno sobre o capital investido pelos acionistas.

Seu quociente pode ser encontrado através da seguinte fórmula:

ROE = (Lucro Líquido/Patrimônio Líquido Médio) × 100

De forma similar ao que fizemos na apresentação do ROI, podemos fazer uma simplificação, substituindo o uso do PL médio pelo PL do final do ano; poderíamos apresentar o ROE calculado de modo simples da seguinte forma.

ROE = (Lucro Líquido/Patrimônio Líquido) × 100

O ROE representa o ganho sob o ponto de vista do dono da empresa, expresso sob a forma do lucro líquido da operação, relativo aos investimentos feitos com o capital do dono, representados no patrimônio líquido.

Calculando o ROE da Comercial Ilustrativa, temos os números da Figura 9.4.

Conta	Ano 1	Ano 2	Ano 3
LL	61,36	53,34	78,40
PL médio		100,00	100,00
ROE = (LL/PL médio) × 100		53,34	78,40
PL	100,00	100,00	100,00
ROE = (LL/PL) × 100	61,36	53,34	78,40

Figura 9.4   *ROE da Ilustrativa.*

Com base nos números da Figura 9.4 podemos perceber a evolução positiva da *performance* financeira da empresa, notadamente quando comparamos o ano 1 com o ano 3 e reconhecemos a deterioração no ano 2, seguida da melhoria no ano 3.

Comparando ROIC, ROE e ROI, podemos construir a representação da Figura 9.5.

Conta	Ano 1	Ano 2	Ano 3
ROIC = (LOL/Ativo) × 100	47,26	36,62	56,92
ROI = (LL/Ativo) × 100 (em % a. a.)	46,14	35,09	55,60
ROE = (LL/PL) × 100	61,36	53,34	78,40

Figura 9.5   *ROIC, ROI e ROE da Ilustrativa.*

Os números das rentabilidades operacionais ROIC da Figura 9.5 são reduzidos quando apresentados em forma de ROI, o que revela o impacto associado ao pagamento dos juros. Porém, quando analisamos as diferentes rentabilidades líquidas apresentadas em relação aos investimentos totais (ROI) percebemos que são inferiores às rentabilidades analisadas sob o ponto de vista dos investimentos feitos pelos sócios (ROE) – o que indica as vantagens decorrentes de uma alavancagem financeira favorável – conforme conversamos no capítulo sobre análise do endividamento e que volta a ser enfatizado a seguir.

Rentabilidade e valor adicionado

A análise da rentabilidade consiste em etapa importante da análise das demonstrações contábeis. Talvez seja a mais importante das atividades. Com o objetivo de saber se a rentabilidade de uma operação é satisfatória ou não poderíamos usar a ideia do valor econômico adicionado ou EVA, iniciais de *economic value added*.

O EVA consiste em indicador desenvolvido e popularizado pela empresa de consultoria Stern Stewart. Segundo seus autores, o EVA permite a executivos, acionistas e investidores avaliar com clareza se o capital empregado em determinado negócio está sendo bem aplicado. Seria uma importante ferramenta para indicar se a empresa está aumentando o seu valor.

Para a contabilidade, o lucro líquido é obtido após se deduzir o custo do capital de terceiros, apresentado sob a forma de juros ou despesa financeira. Porém, a obtenção do lucro líquido não leva em consideração o custo de oportunidade do capital próprio da empresa. Assim, o lucro apurado nas demonstrações financeiras estaria superestimado. O EVA propõe um ajuste no cálculo do lucro líquido, incorporando o custo de oportunidade do capital próprio. Assim, em linhas gerais, o EVA pode ser apresentado como o lucro líquido, deduzido do custo de oportunidade dos capitais próprios.

> EVA = Lucro líquido – Custo de Oportunidade dos Capitais Próprios

Por exemplo, imagine que uma empresa com ativos totais iguais a $ 500 mil seja financiada por $ 300 mil de capital de terceiros e $ 200 mil de capital próprio. Supondo que a empresa tivesse apresentado um lucro líquido igual a $ 30 mil, como saber se este valor é coerente com o objetivo de maximização da riqueza dos acionistas?

O EVA propõe uma conta simples: basta subtrair do lucro líquido o custo de oportunidade do capital próprio. Imagine que os $ 200 mil colocados pelos acionistas rendessem em uma aplicação financeira de longo prazo e com o mesmo risco do negócio cerca de 20% a. a. O custo de oportunidade associado aos recursos dos sócios seria igual a 20% de $ 200 mil, ou $ 40 mil.

Dessa forma, se a empresa apresentou um lucro de apenas $ 30 mil, o valor econômico adicionado seria igual a $ 30 mil menos $ 40 mil, que resultaria em um valor negativo e igual a $ 10 mil. Ou seja, a empresa destruiu $ 10 mil do valor dos acionistas.

Em outro exemplo, considere os números da Cia. Trelelé S. A. a seguir. Assume-se que, para esta empresa, o custo dos capitais próprios ou retorno esperado pelos sócios é igual a 22% a. a.

A empresa apresentou um lucro igual a $ 880,00. Assumindo um endividamento estável e igual a $ 500,00, o custo aparente do capital de terceiros é igual à razão entre os juros e o valor da dívida. Ou seja, Ka = Juros/Dívidas, ou 100/500, igual a 20% a. a.

Considerando um resultado antes do IR igual a $ 1.100,00 e um valor de IR igual a $ 220,00, encontra-se uma alíquota de Imposto de Renda igual a 220/1.100, ou 20%.

O custo efetivo das dívidas é igual ao custo aparente reduzido do benefício fiscal. Ou seja, $Kd = Ka \, (1 - IR\%)$, ou $Kd = 20\% \cdot (1 - 0{,}2) = 16\%$ a. a.

Balanço Patrimonial			
Ativos		Passivos e PL	
Circulante:	$ 800,00	Exigível LP:	$ 500,00
Realizável:	$ 200,00	PL:	$ 1.500,00
Permanente:	$ 1.000,00		
Total	$ 2.000,00	Total	$ 2.000,00

Demonstração do Resultado do Exercício	
Descrição	Valor ($)
Receitas	3.200,00
(–) CMV	(800,00)
(–) Despesas operacionais	(1.200,00)
(–) Juros	(100,00)
Resultado antes do IR	1.100,00
(–) IR	(220,00)
Resultado líquido	880,00

Em unidades monetárias, o custo de oportunidade dos capitais próprios é igual ao retorno esperado pelos sócios, apresentado como sendo igual a 22% a. a. multiplicado pelo volume de recursos colocados pelos sócios na operação e igual a $ 1.500,00. Assim, em unidades monetárias, o custo de oportunidade do capital dos sócios é igual a 22% × 1.500,00, ou $ 330,00. O cálculo do EVA pode, então, ser feito.

> EVA = Lucro líquido – Custo de Oportunidade dos Capitais Próprios
> EVA = 880 – 330 = $ 550,00

O valor obtido para o EVA foi igual a $ 550,00. A interpretação é simples. Mesmo considerando a remuneração de todos os financiadores, terceiros e sócios, a empresa ainda assim conseguiu gerar um excedente de remuneração igual a $ 550,00. Esse excedente, ou seja, o que sobra após todos os financiadores terem sido remunerados, é o Valor Econômico Adicionado, ou EVA.

Quando existe uma separação das despesas financeiras na obtenção do resultado operacional próprio, uma outra forma utilizada no cálculo do EVA envolveria a comparação do lucro operacional próprio, sem despesas financeiras, após IR, com o custo médio ponderado de capital empregado na operação. Assim, o EVA poderia ser também apresentado por meio da seguinte equação.

> EVA = Lucro Operacional Próprio Após Impostos – (CMPC × Investimento)

Para ilustrar o cálculo do EVA com base no Lucro Operacional Próprio Após Impostos, considere os números da Cia. Trelelé S. A. apresentados anteriormente. Nesta nova situação, é preciso separar as despesas financeiras ou juros na Demonstração de Resultado do Exercício, agora denominada Demonstração de Resultado Operacional Próprio do Exercício. Veja a nova apresentação proposta a seguir.

Demonstração de Resultado Operacional Próprio do Exercício	
Descrição	**Valor ($)**
Receitas	3.200,00
(–) CMV	(800,00)
(–) Despesas próprias	(1.200,00)
(=) Resultado operacional	1.200,00
(–) IR sobre resultado operacional próprio	(240,00)
(=) Resultado operacional próprio após IR	960,00

Para calcular o EVA com base no Resultado Operacional próprio após IR, é preciso calcular o custo médio ponderado de capital da empresa. Considere que a empresa se financia com $ 500,00 de capitais de terceiros, a um custo igual a 16% a. a., e $ 1.500,00 de capitais próprios, a um custo igual a 22% a. a., o custo médio ponderado de capital pode ser apresentado por meio de seguinte equação.

$$CMPC = [(500 \times 0,16) + (1500 \times 0,22)]/2000 = 20,05\% \text{ a. a.}$$

O EVA pode ser então calculado, deduzindo do Lucro Operacional Próprio Após Impostos todos os custos associados ao investimento e devidos a fornecedores internos e externos de capital.

$$EVA = \text{Lucro Operacional Próprio Após Impostos} - (CMPC \times \text{Investimento})$$
$$EVA = 960 - (0,205 \times 2000) = 960 - 410 = \$ 550,00$$

De forma idêntica ao resultado do cálculo a partir do lucro líquido, o EVA calculado para a empresa foi igual a $ 550,00.

Na segunda forma de cálculo, se o lucro operacional próprio for maior que o custo total de capital, o EVA seria positivo, fornecendo sinal de que a empresa está agregando valor. Caso contrário, a empresa não estaria conseguindo pagar nem o custo do capital que utiliza. Estaria, então, corroendo valor. E o valor corroído estaria representado no EVA negativo.

Na persistência desta situação, com sucessivos EVAs negativos, o fechamento do negócio, com a posterior aplicação dos recursos obtidos com o seu encerramento e a realização dos seus ativos, deveria ser mais vantajoso do que a sua continuidade.

As justificativas para as aplicações do EVA em decisões financeiras seriam diversas. Alguns argumentos favoráveis podem ser apresentados como: o EVA funcionaria como um indicador de desempenho passado, presente e futuro, permitindo medir o sucesso de uma empresa em criar valor para o acionista; poderia ser empregado como referencial estratégico, definindo metas, analisando competidores e interpretando potenciais aquisições; poderia ser empregado como critério para definição de remuneração e compensação para acionistas, compatibilizando a remuneração do agente ou executivo com os objetivos dos acionistas; poderia ser empregado na projeção de preços futuros das ações ou do valor de empresas; indicaria a geração de riqueza futura.

As principais críticas ao EVA podem ser agrupadas em dois grupos, apresentados como aspectos gerais e específicos. Os aspectos gerais podem ser apresentados como: consiste em indicador estático, não refletindo as oportunidades futuras do negócio; desestimula investimentos de longo prazo; o desempenho de um período não reflete o valor de uma empresa; seria distorcido em empresas concentradas em capital intelectual.

As críticas relativas aos aspectos técnicos podem ser apresentadas em função de diferentes aspectos. Alguns podem ser apresentados: de modo geral, avalia-se o capital investido em termos de custo histórico, enquanto sugere-se que o método correto seria o valor corrente; o custo de capital próprio é apurado pelo método CAPM; depreciação é reduzida do resultado, mas não é gasto desembolsável.

Decompondo a rentabilidade para os diferentes financiadores

A apresentação do ROIC e do ROE possibilita entender alguns aspectos importantes e relativos à gestão financeira do negócio. Inicialmente, considere as informações apresentadas na Figura 9.6.

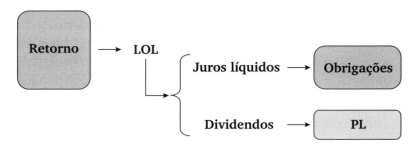

Figura 9.6   *Lucro operacional líquido, juros líquidos e dividendos da Ilustrativa.*

Conforme apresentado na Figura 9.6, os investimentos feitos na operação e representados por meio dos seus ativos geram o lucro operacional próprio, posteriormente dividido entre credores – o que corresponde aos juros líquidos ou despesas financeiras deduzidas do benefício fiscal, e sócios – a parcela dos dividendos.

Convertendo números absolutos em rentabilidade, podemos substituir a Figura 9.6 pela Figura 9.7, que traz as rentabilidades associadas à operação (ROIC) e aos capitais de terceiros (*Kd*) e aos capitais próprios (ROE).

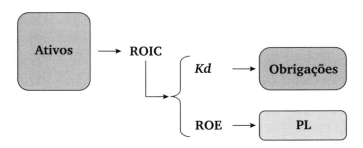

Figura 9.7 *ROIC, Kd e ROE da Ilustrativa.*

O ROIC é decomposto em dois diferentes destinos: *Kd* e ROE. Matematicamente o ROIC corresponde a uma média ponderada entre o *Kd* e o ROE, usando os valores financiados por terceiros e sócios como pesos na ponderação. A compreensão dos efeitos financeiros dessa ponderação implica afirmar que quanto menor for a exigência dos terceiros representando pelo *Kd*, maior será a rentabilidade dos sócios, calculada pelo ROE.

Para ilustrar considere os números absolutos do ano 1 da Ilustrativa apresentados na Figura 9.8.

Balanço Patrimonial	Valor ($)
Total do Ativo	133,00
.Terceiros	33,00
.Patrimônio líquido	100,00
Total do Passivo e PL	133,00

DRE	Operação	Dívidas	Sócios
Lucro operacional	89,80		89,80
(–) Desp. financeiras		(2,14)	(2,14)
(=) Valor antes do IR	89,80	(2,14)	87,66
(–) IR (30%)	(26,94)	0,64	(26,30)
(=) Valor depois do IR	62,86	(1,50)	61,36
	LOL	Juros líquidos	LL

Figura 9.8 *Números absolutos da Ilustrativa no ano 1.*

Os valores do ano 1 indicam um LOL igual a $ 62,86. O lucro operacional líquido gerado pelos ativos ou pelas operações da empresa precisará ser dividido entre os financiadores. A parcela que cabe aos credores será igual aos juros aparentes ($ 2,14) deduzidos do benefício fiscal obtido em decorrência do lançamento das despesas com juros, o que reduz o valor do IR a pagar. No caso, o benefício fiscal é igual a 30% de $ 2,14 ou $ 0,64, aproximadamente. Assim, considerando o benefício fiscal chegamos a um desembolso líquido ou efetivo com juros iguais a $ 1,50 (2,14 – 0,64). A parcela que cabe aos sócios é igual ao LOL subtraído dos juros líquidos. Ou seja, $ 61,36 (62,86 – 1,50).

Convertendo os números absolutos da Figura 9.8 em números relativos ou medidas de rentabilidade, podemos construir os valores apresentados na Figura 9.9.

DRE	Operação	Dívidas	Sócios
(=) Valor depois do IR	62,86	(1,50)	61,36
Valor investido	133,00	33,00	100,00
(Valor depois do IR/Valor investido) × 100	47,26	4,54	61,36
	ROIC	*Kd*	**ROE**

Figura 9.9 *Números relativos da Ilustrativa no ano 1.*

A Figura 9.9 apresenta a decomposição da rentabilidade da operação. O ROIC (ganho relativo da operação, LOL sobre ativos) é repartido entre o *Kd* (custo efetivo do financiamento, juros líquidos sobre dívidas) e o ROE (ganho relativo dos sócios, lucro líquido sobre o patrimônio líquido).

Por se tratarem de medidas de rentabilidade, é preciso considerar nesta decomposição uma média ponderada. O ROI é uma média ponderada entre o *Kd* e o ROE. Como o *Kd* é mais baixo que o ROIC, o ROE precisará ser mais elevado. Ou seja, conforme já discutido na análise do endividamento apresentada no Capítulo 6, a contratação de dívidas mais baratas que a rentabilidade da operação eleva a rentabilidade dos capitais próprios, fazendo valer um efeito positivo da alavancagem.

Considerando a manutenção de um custo aparente das dívidas da Ilustrativa igual a 6,4848% a. a., poderíamos tentar entender o que ocorreria com as rentabilidades da operação à medida que aumentássemos o endividamento de 24,81% na situação base para 50% e, por fim, para 80%. Os números estão apresentados na Figura 9.10.

Situação original (Endividamento = 24,81%)

Balanço Patrimonial	Valor ($)
Total do Ativo	133,00
.Terceiros	33,00
.Patrimônio líquido	100,00
Total do Passivo e PL	133,00

Endividamento %
24,81%

Assumindo Ka
6,4848%

DRE	Operação	Dívidas	Sócios
Lucro operacional	89,80		89,80
(–) Desp. financeiras		(2,14)	(2,14)
(=) Valor antes do IR	89,80	(2,14)	87,66
(–) IR (30%)	(26,94)	0,64	(26,30)
(=) Valor depois do IR	62,86	(1,50)	61,36

DRE	Operação	Dívidas	Sócios
(=) Valor depois do IR	62,86	(1,50)	61,36
Valor investido	133,00	33,00	100,00
(Valor depois do IR/Valor investido) × 100	47,26	4,54	61,36
	ROIC	*Kd*	**ROE**

Endividamento ampliado para 50%

Balanço Patrimonial	Valor ($)
Total do Ativo	133,00
.Terceiros	66,50
.Patrimônio líquido	66,50
Total do Passivo e PL	133,00

Endividamento %
50,00%

Assumindo Ka
6,4848%

DRE	Operação	Dívidas	Sócios
Lucro operacional	89,80		89,80
(–) Desp. financeiras		(4,31)	(4,31)
(=) Valor antes do IR	89,80	(4,31)	85,49
(–) IR (30%)	(26,94)	1,29	(25,65)
(=) Valor depois do IR	62,86	(3,02)	59,84

DRE	Operação	Dívidas	Sócios
(=) Valor depois do IR	62,86	(3,02)	59,84
Valor investido	133,00	66,50	66,50
(Valor depois do IR/Valor investido) × 100	47,26	4,54	89,99
	ROIC	**Kd**	**ROE**

Endividamento ampliado para 90%

Balanço Patrimonial	Valor ($)
Total do Ativo	133,00
.Terceiros	119,70
.Patrimônio líquido	13,30
Total do Passivo e PL	133,00

> Endividamento %
> 90,00%
>
> Assumindo *Ka*
> 6,4848%

DRE	Operação	Dívidas	Sócios
Lucro operacional	89,80		89,80
(–) Desp. financeiras		(7,76)	(7,76)
(=) Valor antes do IR	89,80	(7,76)	82,04
(–) IR (30%)	(26,94)	2,33	(24,61)
(=) Valor depois do IR	62,86	(5,43)	57,43

DRE	Operação	Dívidas	Sócios
(=) Valor depois do IR	62,86	(5,43)	57,43
Valor investido	133,00	119,70	13,30
(Valor depois do IR/Valor investido) × 100	47,26	4,54	431,78
	ROIC	**Kd**	**ROE**

Figura 9.10 *Evolução do endividamento e impactos sobre a rentabilidade da Ilustrativa.*

As medidas de rentabilidade da Figura 9.10 estão sintetizadas na Figura 9.11.

Endividamento	ROIC	*Kd*	ROE
24,81	47,26	4,54	61,36
50,00	47,26	4,54	89,99
90,00	47,26	4,54	431,78

Figura 9.11 *Evolução dos percentuais de endividamento e medidas de rentabilidade.*

Conforme apresenta a Figura 9.11, independentemente do nível de endividamento, as medidas de rentabilidade da operação (ROIC) são constantes. O ROIC depende exclusivamente dos ativos, não sofrendo efeitos da estrutura de capital da empresa. Em decorrência da premissa assumida, o custo efetivo do capital de terceiros (*Kd*) também se mantém constante.

O ROIC corresponde à média ponderada entre *Kd* e ROE. Assim, para cada um dos diferentes níveis de endividamento seria possível apresentar os seguintes cálculos, em percentuais:

Endividamento = 24,81; ROIC = 47,26 = 4,54 . (0,2481) + 61,36 . (1 – 0,2481)

Endividamento = 50,00; ROIC = 47,26 = 4,54 . (0,5) + 89,99 . (1 – 0,5)

Endividamento = 90,00; ROIC = 47,26 = 4,54 . (0,9) + 431,78 . (1 – 0,9)

A observação é importante: como o ROIC é maior que o *Kd* e igual a uma média ponderada entre o *Kd* e o ROE, a elevação das dívidas possui o efeito de provocar uma elevação substancial da rentabilidade dos capitais próprios – que se eleva de 61,36% a. a. (na situação base com endividamento igual a 24,81%) para 89,99% a. a. (com 50% de endividamento) e, por fim, para impressionantes 431,78% (com 90% de endividamento). Contratar dívidas baratas provoca a elevação da rentabilidade dos capitais próprios.

ENTENDENDO, MAIS UMA VEZ, OS LIMITES AO ENDIVIDAMENTO

As conclusões obtidas a partir da discussão do ROIC, *Kd* e ROE para os números da Ilustrativa podem levar a acreditar que quanto maior o endividamento, melhor a rentabilidade para os sócios – o que se torna uma perigosa conclusão. Dois pontos importantes precisam estar bem entendidos:

(a) O endividamento traz benefícios positivos sob o ponto de vista da rentabilidade dos capitais dos sócios apenas quando o seu custo efetivo (*Kd*) é inferior à rentabilidade da operação (ROIC).

(b) Um maior endividamento costuma representar maior risco para os credores que precisarão se proteger, aumentando os custos das dívidas (*Ka* e *Kd*) ou mesmo negando a concessão de novos empréstimos. Assim, a premissa didática usada no exemplo dos números da Figura 9.10 e da Figura 9.11 de que o custo aparente e efetivo da dívida seria mantido mesmo com a elevação do endividamento se tornaria de difícil observação no mundo real.

Assim, com o aumento da dívida, os custos do endividamento deveriam ser elevados, superando em um determinado momento a rentabilidade operacional (ROIC). Neste momento, o endividamento deixa de ser benéfico. As discussões associadas à análise das políticas de endividamento ou de estrutura de capital são polêmicas e marcam com controvérsias as discussões da teoria de Finanças.

Decompondo a rentabilidade em margem, giro e alavancagem

A análise da rentabilidade de uma operação costuma demandar o estudo conjunto de dois componentes distintos, representados por meio da margem de lucro e do giro da operação.

Na análise da margem de lucro estamos preocupados com o quanto estamos ganhando por unidade vendida. Na análise do giro ou da atividade busca-se entender a velocidade com que elementos patrimoniais de relevo se renovam durante determinado período de tempo (em dias, meses, frações de ano, anos). Os indicadores de giro ou atividade expressam relacionamentos dinâmicos, resultantes das atividades operacionais da empresa.

Figura 9.12   *Quem ganhará a corrida?*

É importante destacar a relação que existe entre os indicadores de giro e os indicadores de lucratividade. Embora pareça, a princípio, que empresas que possuem maiores margens de lucro obtenham maiores resultados anuais, na verdade, esse fato pode não ser verdade. O lucro auferido ao longo de um período é função das margens e **dos giros**. Os giros geralmente expressam a velocidade de renovação de determinadas contas patrimoniais, como Estoques, Contas a Receber ou Contas a Pagar.

A Figura 9.12 ilustra o problema. Imagine que a situação represente uma fotografia dos momentos finais de uma corrida de velocidade. Aparentemente, o carro que está na frente deve ser o possível vencedor. Porém, como a fotografia, da mesma forma que o balanço patrimonial, representa apenas um determinado instante, nota-se a ausência de outras informações importantes. Por exemplo, na figura anterior, nada é dito sobre a velocidade dos carros. E se o da frente estiver quebrado e parado? É óbvio que o carro vencedor será o segundo.

Da mesma forma, ao se analisar a lucratividade de um negócio, esta análise deve ser feita de forma conjunta à análise dos giros. Assim, seria possível responder à pergunta sobre o que é melhor: ganhar 5% uma vez por ano ou ganhar 1% oito vezes ao ano? É preciso, na verdade, considerar os efeitos conjuntos da margem de lucro e do giro.

A equação do ROI o apresenta como sendo a relação entre o lucro líquido e o ativo total. Matematicamente, temos que:

$$ROI = Lucro\ Líquido/Ativo\ Total$$

Poderíamos multiplicar a fração anterior por (Vendas líquidas/Vendas líquidas). Supondo Vendas líquidas diferente de zero, o valor de (Vendas líquidas/Vendas líquidas) seria igual a um e o produto de um número pela unidade não se altera. Assim, o ROI pode ser apresentado como:

$$ROI = (Lucro\ Líquido/Vendas\ líquidas) \times (Vendas\ líquidas/Ativo\ Total)$$

A fração (Lucro Líquido/Vendas líquidas) representa o índice de margem líquida de vendas (IML) enquanto a fração (Vendas líquidas/Ativo Total) representa o índice de giro dos ativos, IGA. Dessa forma, o ROI pode ser apresentado por meio da nova equação a seguir.

$$ROI = IML \times IGA$$

Para poder permitir uma análise mais detalhada das relações entre margem e giro, podemos analisar informações de empresas reais, usando os exemplos da Telefônica Nacional e das Lojas Pinguim apresentados na Figura 9.13. Em relação aos números do ano 2, podemos perceber que as duas operações apresentam rentabilidades similares. O ROI da Telefônica Nacional foi igual a 0,0385 (3,85% a. a.) e o das Lojas Pinguim foi igual a 0,0317 (3,17% a. a.). Os valores do ROE no ano 2 foram, também, similares, com valores respectivamente iguais a 0,1279 e 0,1231.

	Telefônica Nacional		Lojas Pinguim	
	Ano 1	Ano 2	Ano 1	Ano 2
Ativo Total	17.793.790	17.429.314	2.325.060	2.814.973
Patrimônio Líquido	5.277.602	5.246.513	678.621	725.170
Receita de Vendas	15.111.318	15.997.388	4.194.328	4.518.102
Lucro do Período	470.368	671.290	79.457	89.289
ROI (LL/Ativo)	0,0264	0,0385	0,0342	0,0317
ROE (LL/PL)	0,0891	0,1279	0,1171	0,1231

Figura 9.13   *ROI e ROE da Telefônica Nacional e Lojas Pinguim.*

Ampliando a análise dos números apresentados na Figura 9.13, podemos decompor as rentabilidades em função das margens de lucro, do índice de giro dos ativos e o índice de alavancagem do PL (Ativo/PL), conforme apresenta a Figura 9.14.

	Telefônica Nacional		Lojas Pinguim	
	Ano 1	Ano 2	Ano 1	Ano 2
ROI (LL/Ativo)	0,0264	0,0385	0,0342	0,0317
ROE (LL/PL)	0,0891	0,1279	0,1171	0,1231
IML (LL/Vendas)	0,0311	0,0420	0,0189	0,0198
IGA (Vendas/Ativo)	0,8492	0,9178	1,8040	1,6050
Ativo/PL	3,3716	3,3221	3,4262	3,8818

Figura 9.14 *Decompondo a rentabilidade da Telefônica Nacional e das Lojas Pinguim.*

Assim, analisando os valores do ROE no ano 2, podemos perceber que os valores do ROE são aproximadamente iguais, 0,1279 (ou 12,79%) para a Telefônica Nacional e 0,1231 (ou 12,31%) para as Lojas Pinguim. Mas, analisando as margens de lucro e os giros podemos perceber que as estratégias das duas empresas são diferentes.

Considerando os números do ano 2 percebemos que a Telefônica Nacional operou com uma margem de lucro líquida igual a 4,2% (0,0420) e um giro dos ativos igual a 0,9178 (vez por ano). Já as Lojas Pinguim conseguem trabalhar com uma margem menor, igual a 1,98% (0,0198), porém compensam isso com um maior giro, igual a 1,6050 (vez por ano). Ponderando margens e giros chegamos a valores similares de ROI (3,85% a. a. para a Telefônica Nacional e 3,17% a. a. para as Lojas Pinguim).

ROE e alavancagem de recursos próprios

A análise dos números da Telefônica Nacional e das Lojas Pinguim indica que quando comparamos os valores do ROI com os do ROE percebemos que estes últimos são maiores, o que indica que a empresa consegue usar a seu favor os efeitos da alavancagem financeira decorrente do uso de dívidas. O índice de alavancagem dos recursos próprios da Telefônica Nacional (3,3221 no ano 2) é ligeiramente menor que o das Lojas Pinguim (3,8818 no ano 2), indicando o maior uso relativo de dívidas nesta última empresa.

Conforme já conversamos no capítulo sobre análise do endividamento, o *bom* uso de dívidas tem a capacidade de ampliar a rentabilidade dos capitais próprios. Para isso, é preciso que as dívidas custem efetivamente menos do que aquilo que estaríamos ganhando em uma operação sem dívidas. Considere o exemplo da Figura 9.15.

	Sem dívidas	Com juros baixos	Com juros altos
Endividamento (%)	0	50	50
Ka (% a. a.)	0	20	50
IR	30	30	30
Kd (% a. a.)	0	14	35
Ativos	500	500	500
Dívidas	0	250	250
PL	500	250	250
Lajir	200	200	200
(–) Juros	0	– 50	– 125
Lair	200	150	75
(–) IR	– 60	– 45	– 22,5
LL	140	105	52,5
ROI	0,28	0,21	0,105
ROE	0,28	0,42	0,21

Figura 9.15 *Efeitos de juros altos e baixos sobre ROI e ROE.*

A Figura 9.15 apresenta os efeitos associados ao endividamento de uma empresa com Lajir igual a $ 200, ativos iguais a $ 500 e alíquota de IR de 30%. Três situações distintas estão apresentadas: sem dívidas, com juros baixos (*Ka* igual a 20% a. a., *Kd* igual a 14% a. a.) e com juros altos (*Ka* igual a 50% a. a., *Kd* igual a 35% a. a.). Nas três situações foi considerada uma alíquota de IR de 30% e um efetivo da dívida (*Kd*) menor que o custo aparente (*Ka*) em função do benefício fiscal da dívida (*Kd* = *Ka* . (1 – IR)), conforme discutido no Capítulo 6 que tratou da análise do endividamento. Em empresas tributadas por lucro real, os juros representam despesas financeiras, dedutíveis do IR. Assim, uma parte dos juros pagos (o benefício fiscal) volta sob a forma de IR economizado.

Na situação sem dívidas, o ROI e o ROE são iguais a 28% a. a. Considerando a situação com juros baixos, o custo efetivo da dívida é igual a 14% a. a. – menor, portanto, que a rentabilidade da operação. Assim, quando a empresa se endivida ela paga menos (14% a. a.) do que os ganhos que a operação dá (28% a. a.). A sobra financeira decorrente do *bom* uso dos capitais de terceiros fica com os donos da empresa (o PL) o que faz com que o ROE aumente (de 28% para 42% a. a.) – embora o ROI do negócio seja reduzido para 21% a. a., resultado do pagamento dos juros, que reduzem o lucro líquido.

Considerando a alternativa com juros altos, o custo efetivo da dívida é da ordem de 35% a. a. – maior que a rentabilidade no cenário sem dívidas, igual a 28% a. a. Como o custo efetivo é maior que a rentabilidade da operação, o *mau* uso de capitais de terceiros consumirá os ganhos que seriam dos sócios e precisariam ser destinados ao pagamento de credores – o que reduziria o ROE de 28% a. a. para apenas 21% a. a.

O bom uso de dívidas – isto é, o endividamento com custos menores que a rentabilidade da operação – torna possível elevar a *performance* do ROE em relação ao ROI. Para poder analisar essa *alavancagem* da rentabilidade do ROI sobre o ROE, podemos considerar o grau ou o índice de alavancagem de recursos próprios (IARP) que expressa o quanto investimos na operação para cada $ 1 colocado pelos sócios.

IARP = Ativo/Patrimônio Líquido

O ROE pode ser por meio do produto entre o ROI e o IARP.

ROE = ROI × (Ativo/Patrimônio Líquido)

Substituindo o valor do ROI na expressão anterior, seria possível obter a seguinte expressão para o retorno sobre o patrimônio líquido:

$$ROE = (\text{Lucro Líquido/Ativo}) \times (\text{Ativo/Patrimônio Líquido})$$

Decompondo a fração do ROI na equação do ROE podemos apresentar a rentabilidade do PL da seguinte forma:

$$ROE = (\text{Lucro Líquido/Vendas Líquidas}) \times (\text{Vendas Líquidas/Ativo}) \times (\text{Ativo/Patrimônio Líquido})$$

Ou seja, o ROE é função do produto coletivo da margem líquida (IML = Lucro Líquido/Vendas Líquidas), do índice de giro dos ativos (IGA = Vendas Líquidas/Ativo) e grau de alavancagem dos recursos próprios (IARP = Ativo/Patrimônio Líquido).

$$ROE = ROI \times IARP = IML \times IGA \times IARP$$

Uma análise mais detalhada destas relações costuma ser feita por meio da análise Dupont, discutida com maior profundidade na última seção deste capítulo.

Voltando ao exemplo da Telefônica Nacional e das Lojas Pinguim, considerando os números para o ano 2 podemos apresentar o ROE usando a equação anterior.

Para a Telefônica Nacional:

$$ROE = ROI \times IARP = IML \times IGA \times IARP$$
$$ROE = 0,0385 \times 3,3221 = 0,0420 \times 0,9178 \times 3,3221 = 0,1279$$

Para as Lojas Pinguim:

$$ROE = ROI \times IARP = IML \times IGA \times IARP$$
$$ROE = 0{,}0317 \times 3{,}8818 = 0{,}0198 \times 1{,}6050 \times 3{,}8818 = 0{,}1231$$

Analisando o processo, vemos que as Lojas Pinguim conseguem melhorar os efeitos da sua margem de lucro sobre o ROE mediante um maior giro dos ativos e uma maior alavancagem do uso de recursos próprios.

Da margem ao ROE em uma análise evolutiva

Uma análise dos condicionantes da rentabilidade associados ao giro e à alavancagem pode ser vista no exemplo a seguir.

A Boa Forma Academia tem ativos no valor de $ 400 mil e uma receita líquida anual igual a $ 1,2 milhão. A empresa arca com 70% da receita a título de custos variáveis com mercadorias vendidas e incorre em $ 150 mil anuais de despesas operacionais fixas. A empresa não tem dívidas e paga 30% de IR.

Usando os números fornecidos poderíamos apresentar a DRE da empresa, bem como poderíamos calcular alguns índices para os números da empresa, a exemplo da margem líquida, do giro dos ativos, do retorno sobre o investimento (ROI), do índice de alavancagem de recursos próprios e da rentabilidade dos capitais próprios (ROE), conforme apresenta a Figura 9.16.

Medida	IML	x IGA	= ROI	x IARP	= ROE
Fórmula	LL/ Vendas	Vendas/ Ativos	LL/Ativos	Ativos/PL	LL/PL

Figura 9.16   *Índices importantes.*

A DRE e os índices estão apresentados na Figura 9.17. A empresa possui um resultado líquido igual a $ 147 mil.

BP	Em $ mil
Ativos	400
Dívidas	0
PL	400
Passivos	400
DRE	$
Receita líquida	1.200
(–) Custos	– 840
Lucro bruto	360
(–) Despesas operacionais	– 150
Lajir	210
(–) Juros	0
Lair	210
(–) IR	– 63
LL	147
Índices	
IML	12,3%
IGA	3
ROI	36,8%
IARP	1
ROE	36,8%

Figura 9.17   *BP, DRE e índices na situação base.*

A análise dos índices da Figura 9.17 indica uma margem líquida de 12,3% e um giro anual de ativos igual a três vezes. O produto da margem pelo giro resulta em uma rentabilidade sobre investimentos igual a 36,8% a. a. Como a empresa não tem dívidas, seu índice de alavancagem de recursos próprios é igual a um e o seu ROE é igual ao seu ROI. Uma síntese pode ser vista na Figura 9.18.

Situação	IML	x IGA	= ROI	x IARP	= ROE
Base	12,3%	3	36,8% a. a.	1	36,8%

Figura 9.18   *Decomposição do ROE na situação base.*

Agora imagine que a empresa vendesse um terreno que usava como estacionamento por $ 50 mil, devolvendo este valor para os sócios e alugando-o em seguida por $ 10 mil anuais, o que elevaria os custos. Considerando este fato, poderíamos calcular os novos valores para os indicadores apresentados anteriormente. Os números comparados estão apresentados na Figura 9.19.

Em função do pagamento do aluguel anual igual a $ 10 mil, considerado como operacional e fazendo parte dos custos, estes seriam ampliados para $ 850 anuais, o que reduziria o lucro bruto para $ 350 mil anuais. Analisando a margem de lucro líquido, percebemos uma redução de 12,3% para 11,7%. Porém, o giro dos ativos seria elevado de 3 para 3,43 vezes por ano. O impacto do produto de uma margem menor com um giro maior seria percebido na rentabilidade dos investimentos, que seria ampliada para 40% a. a.

Situação	Base	Sem terreno
BP	$	$
Ativos	400	350
Dívidas	0	0
PL	400	350
Passivos	400	350
DRE	$	$
Receita líquida	1.200	1.200
(–) Custos	– 840	– 850
Lucro bruto	360	350
(–) Despesas operacionais	– 150	– 150
Lajir	210	200
(–) Juros	0	0
Lair	210	200
(–) IR	– 63	– 60
LL	147	140
Índices		
IML	12,3%	11,7%
IGA	3	3,43
ROI	36,8%	40%
IARP	1	1
ROE	36,8%	40%

Figura 9.19   *BP, DRE e índices considerando venda do terreno.*

Ou seja, embora o aluguel do terreno tenha provocado uma redução da margem de lucro, a sua venda seguida da devolução dos recursos obtidos para os donos provocou uma redução dos investimentos e um aumento do giro. Como o aumento do giro foi proporcionalmente maior que a redução da margem, a rentabilidade foi ampliada. Uma síntese pode ser vista na Figura 9.20.

Situação	IML	x IGA	= ROI	x IARP	= ROE
Base	12,3%	3	36,8% a. a.	1	36,8%
Sem terreno	11,7%	3,43	40%	1	40%

Figura 9.20   *Decomposição do ROE: situação base e sem terreno.*

Indo além, imagine que após ter vendido o terreno, a empresa tivesse resolvido contratar empréstimos no valor de $ 80 mil, usando o recurso para devolver este mesmo valor aos sócios (ou seja, as dívidas foram trocadas por patrimônio líquido). O custo aparente do empréstimo é igual a 15% a. a., o que implica em despesas financeiras com juros iguais a $ 12 mil anuais, incorporando a mudança na estrutura de capital. Os novos valores calculados estão comparados na Figura 9.21.

238 A Análise Contábil e Financeira • Bruni

Situação	Base	Sem terreno	Com dívidas
BP	$	$	$
Ativos	400	350	350
Dívidas	0	0	80
PL	400	350	270
Passivos	400	350	350
DRE	$	$	$
Receita líquida	1.200	1.200	1.200
(–) Custos	– 840	– 850	– 850
Lucro bruto	360	350	350
(–) Despesas operacionais	–150	– 150	– 150
Lajir	210	200	200
(–) Juros	0	0	– 12
Lair	210	200	188
(–) IR	– 63	– 60	– 56,4
LL	147	140	131,6
Índices			
IML	12,3%	11,7%	11,0%
IGA	3	3,43	3,43
ROI	36,8%	40,0%	37,6%
IARP	1	1	1,30
ROE	36,8%	40,0%	48,7%

Figura 9.21   *BP, DRE e índices considerando venda do terreno e endividamento.*

Com o empréstimo, o lucro líquido da empresa diminuiu, em função do pagamento dos juros. A margem líquida foi reduzida para 11%. Como os investimentos e as vendas não foram alterados, o índice de giro dos ativos permaneceu o mesmo. Em função da redução da margem de lucro, a rentabilidade dos investimentos foi reduzida para 37,6% a. a. Porém, o uso do capital de terceiros fez com que a alavancagem dos recursos próprios fosse possível e o seu índice fosse elevado para 1,3. A presença da alavancagem dos recursos próprios possibilitaria uma elevação do ROE para 48,7% a. a. Um resumo está apresentado na Figura 9.22.

Situação	IML	x IGA	= ROI	x IARP	= ROE
Base	12,3%	3	36,8% a. a.	1	36,8%
Sem terreno	11,7%	3,43	40%	1	40%
Com dívidas	11%	3,43	37,6%	1,30	48,7%

Figura 9.22 *Decomposição do ROE: situação base, sem terreno e com dívidas.*

A decomposição do ROE pode ser feito com base no método Dupont, conforme apresenta a seção seguinte.

O método Dupont e a rentabilidade

A decomposição do ROE como o produto coletivo da margem líquida, do índice de giro dos ativos e do grau de alavancagem dos recursos próprios pode ser feita com o auxílio do sistema de análise Dupont. A metodologia permite decompor o ROE em diferentes componentes, possibilitando uma visão ampla dos principais condicionadores para o ROE, incluindo a visão das demonstrações contábeis mais importantes como o Balanço Patrimonial e a Demonstração de Resultados do Exercício, conforme apresenta a Figura 9.23.

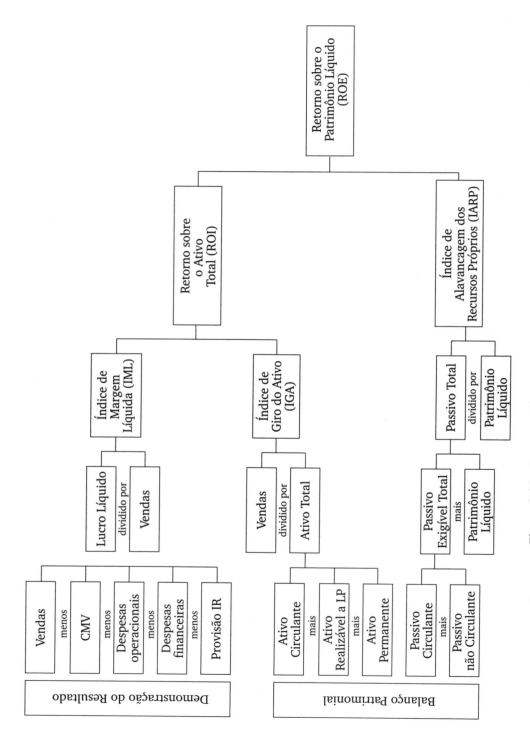

Figura 9.23 *Decompondo a rentabilidade no Método Dupont.*

Analisando as informações da parte superior da Figura 9.23 é possível analisar a DRE, partindo das vendas líquidas e subtraindo, na sequência, o CMV, as despesas operacionais próprias, as despesas financeiras e o IR. O resultado é o lucro líquido, que dividido pelas vendas permite obter a **margem de lucro líquido** – principal síntese da DRE para o ROE.

A parte inferior da Figura 9.23 possibilita analisar a contribuição dos principais números do Balanço Patrimonial. É possível obter o valor do ativo total, que ao ser denominador do numerador Vendas Líquidas permite obter o **giro dos ativos**. Do Balanço Patrimonial também é possível obter o exigível total, que dividido pelo patrimônio líquido resulta no **índice de alavancagem dos recursos próprios**.

O produto da margem de lucro líquido com o giro dos ativos e o índice de alavancagem dos recursos próprios permite obter o ROE.

Exercícios propostos

1. Em função dos altos investimentos feitos na sua operação, a Tramela S. A. apresenta um baixo nível de giro dos ativos. Sabendo que a rentabilidade da empresa é alta, assinale a alternativa que melhor apresenta o que pode ser justificativa para isso.

   a) Grandes investimentos. b) Grandes volumes de vendas. c) Altos custos.

   d) Grande margem de lucro.   e) Pequenas despesas.

2. A Ribombante Ltda. atua em um mercado muito competitivo, o que implica na obtenção de baixas margens de lucros. Caso a empresa desejasse obter uma rentabilidade relativamente alta para a sua operação, o que deveria fazer?

   a) Aumentar os ativos.   b) Reduzir as vendas.   c) Diminuir os impostos.

   d) Elevar o giro.   e) Aumentar os passivos.

3. A Tripodia e Filhos Ltda. é uma empresa marcada por ROI menor que ROE. Assinale a alternativa que melhor explica este fato.

   a) Dívidas caras.   b) Dívidas com custo baixo.   c) Ativos elevados.

   d) Custos pequenos.   e) Vendas altas.

242 A Análise Contábil e Financeira • Bruni

4. Os números da Precipício Consultores indicam ROE igual a ROI. O que NÃO pode explicar esta situação?

a) Ausência de dívidas. b) Dívidas muito baratas. c) Dívidas muito caras.

d) Dívidas com custo nulo. e) Custo efetivo da dívida igual ao ROI da operação não alavancada.

5. Alguns números de cinco empresas selecionadas estão apresentados na tabela seguinte. Analise as informações contidas na tabela.

Empresa	Ativos	PL	Vendas	Lucro
Garrafão S. A.	80	48	320	12
Tramela Ltda.	70	21	210	6,3
Tremembé Ltda.	120	60	240	12
Charonga S. A.	30	27	180	6,75
Cangaço S. A.	50	30	450	12

Pede-se: (a) Quem tem a melhor margem de lucro? (b) Quem tem o menor índice de giro dos ativos? (c) Qual negócio apresenta melhor ROI? (d) Sob o ponto de vista do capital dos donos, qual o melhor investimento?

6. O Estacionamento Pare Aqui pensa em vender o terreno onde está instalado. Os ativos da empresa valem $ 600.000,00, sendo que $ 200.000,00 referem-se ao terreno. Suas receitas de vendas anuais são iguais a $ 1.800.000,00. Seu lucro anual é igual a $ 180.000,00. Ao vender o terreno, a empresa pensa em alugá-lo na mão do investidor comprador por $ 50.000,00 anuais. Calcule o que se pede: (a) Qual o giro dos ativos na situação original? (b) Qual o ROI na situação original? (c) Qual o novo giro dos ativos após a venda do imóvel? (d) Qual o novo ROI após a venda do imóvel, supondo que preços e vendas tenham se mantido constantes?

7. A Samba Canção Ltda. possui ativos no valor de $ 500,00, Lajir no valor de $ 160,00, alíquota de IR igual a 30% e Ka igual a 10% a. a. Projete o ROI e ROE para a operação da empresa, supondo níveis de endividamento iguais a 0,50 e 90%.

8. Em relação aos dados da Samba Canção Ltda., considere agora que a empresa esteja estudando a possibilidade de se financiar escolhendo apenas um de três possíveis índices de endividamento, previamente determinados como sendo 30, 60 ou 90%. Porém, a taxa aparente de juros depende do nível de endividamento. Para cada um dos valores do IE apresentados, os valores aparentes das taxas de juros seriam respectivamente iguais a 15, 25 ou 35% a. a. Projete o ROI e ROE para cada um dos três níveis de endividamento. Qual o melhor endividamento percentual para os donos da empresa, considerando apenas o ROE?

9. No final do ano passado, a Ementário Ltda. possuía ativos iguais a $ 900 mil, um índice de endividamento de 40%, uma taxa aparente de juros sobre os empréstimos igual a 12% a. a. e um Lajir igual a $ 400 mil. A alíquota de IR da empresa é igual a 30% do lucro real.

Parte I. (a) Qual o ROI da empresa? (b) Qual o seu ROE?

Parte II. Caso a empresa resolvesse comprar de forma financiada um terreno no valor de $ 300 mil, economizando aluguéis anuais no valor de $ 60 mil e incorrendo em novos juros iguais a 14% das novas dívidas associadas à aquisição do terreno. As dívidas anteriores continuariam com a mesma taxa de juros. Calcule o que se pede na nova situação. (c) Qual o ROI da empresa? (d) Qual o seu ROE?

Parte III. Em relação à situação base, apresentada na Parte I, imagine que a empresa planejasse vender um terreno no valor contábil de $ 100 mil, usando o dinheiro obtido para pagar dívidas (com custo de 12% a. a.). Considerando estes fatos, calcule o que se pede: (e) Qual o ROI da empresa? (f) Qual o seu ROE?

10. A Frenética Modas possui ativos iguais a $ 200 mil e uma receita bruta (RB) anual igual a $ 800 mil, incorrendo em 20% da RB de impostos sobre vendas, 60% da RL a título de custos variáveis e $ 120 mil anuais de despesas operacionais fixas. A empresa não tem dívidas e paga 30% de IR.

Parte I. Usando as informações apresentadas, calcule o que se pede: (a) IML, (b) IGA, (c) ROI, (d) IARP, (e) ROE.

Parte II. A empresa pensa em vender um terreno que usa como estacionamento por $ 40 mil, devolvendo este valor para os sócios e alugando-o em seguida por $ 7 mil anuais. Considerando este fato, calcule: (f) IML, (g) IGA, (h) ROI, (i) IARP, (j) ROE. Adicionalmente, pede-se: (k) Analise e comente o que ocorreu na Parte II.

Parte III. Após ter vendido o terreno, a empresa resolveu contratar empréstimos no valor de $ 80 mil, usando o recurso para devolver este mesmo valor

244 A Análise Contábil e Financeira • Bruni

aos sócios (ou seja, as dívidas foram trocadas por patrimônio líquido). O custo aparente do empréstimo é igual a 15% a. a. Incorporando a mudança na estrutura de capital, calcule: (l) IML, (m) IGA, (n) ROI, (o) IARP, (p) ROE. Adicionalmente, pede-se: (q) Analise e comente o que ocorreu na Parte III.

11. A Aqui Temaqui Ltda. possui ativos totais no valor de $ 900, um índice de endividamento igual a 30% e uma taxa aparente de juros igual a 20% a. a. Atualmente, o Lajir anual da empresa é igual a $ 200,00 e ela paga IR com alíquota de 30%. Nesta situação, calcule o: (a) ROI, (b) ROE. Caso a empresa vendesse um imóvel totalmente depreciado por $ 80 mil, usando o valor para pagar dívidas e o alugasse na mão do comprador por $ 12 mil anuais, qual o novo percentual do: (c) ROI, (d) ROE. Adicionalmente, explique: (e) a decisão de vender para depois alugar seria benéfica para a empresa?

12. A Ideias Ponto Com. S. A. tem um quociente de capital de terceiros em relação ao capital próprio igual a 1,30. O ROI da empresa é igual a 8,0%, e o patrimônio líquido da empresa é igual a $ 400.000,00. Pede-se: (a) qual é o índice de alavancagem do PL, IARP? (b) qual o lucro líquido?

13. Analise os números apresentados a seguir. Pede-se: (a) Qual a mais lucrativa das empresas apresentadas a seguir? (b) E qual a mais rentável sob o ponto de vista do ROI? (c) E sob o ponto de vista do ROE?

Empresa	Ativos	% Endividamento	Faturamento Anual	Lucro Anual
Cateretê Serviços Ltda.	400	20%	800	96
Decassílabo Industrial S. A.	700	60%	980	98
Mercantil Timbral Ltda.	600	0%	1.800	90
Farmácias Cânfora Ltda.	500	40%	750	60

14. A Chinelo Velho S. A. apresentou vendas de $ 200.000,00, ativo total de $ 80.000,00 e um quociente de capital próprio sobre capital de terceiros igual a 1,2. Se o retorno do capital próprio (ROE) é igual a 17%, qual é o lucro líquido da empresa?

15. A Gangorra S. A. possui um Lajir anual igual a $ 700 mil (que é metade da sua receita líquida de vendas), ativos totais iguais a $ 500 mil e um índice de

endividamento de 30%. A empresa paga juros iguais a $ 15 mil e sua alíquota de IR é de 30% sobre o lucro real. Nesta situação, calcule o que se pede: (a) Qual o valor do *Ka*? (b) Qual o valor do *Kd*? (c) Qual o valor da margem de lucro líquido? (d) Qual o valor da margem de lucro operacional? (e) Qual o valor do giro dos ativos? (f) Qual o valor do ROI? (g) Qual o valor do IARP? (h) Qual o valor do ROE? Caso a empresa capte $ 50 mil dos sócios usando esse recurso para pagar dívidas, recalcule os números solicitados a seguir: (i) Margem de lucro líquido. (j) ROI, (k) ROE.

16. A Mercantil das Alpercatas foi criada quase no final do ano 1 com um capital integralizado e subscrito em espécie no valor de $ 80 mil. Metade do dinheiro foi usada para comprar estoques. Um quarto do valor remanescente e que ainda sobrava foi usado como entrada, paga para a aquisição de um imóvel no valor de $ 100 mil. O restante do valor do imóvel foi financiado, sendo que 60% do financiamento deveria ser pago no próximo ano e os 40% restantes no longo prazo.

Ao final do ano 1, após todas as transações apresentadas terem sido registradas, calcule o percentual (com quatro casas decimais) associado a uma análise vertical de balanço para as contas apresentadas a seguir: (a) Caixa e bancos; (b) Estoques; (c) Capital.

Durante o ano 2, ainda em relação ao exemplo da Mercantil das Alpercatas, sabe-se que a empresa vendeu líquidos $ 50 mil em mercadorias (receita líquida) com uma margem de lucro bruto igual a 40%. As vendas foram a vista. As despesas operacionais próprias foram pagas e iguais a $ 10 mil e a empresa pagou juros no valor de $ 5 mil. Sobre o lucro real a empresa pagou 30% de IR.

Registre todas as novas transações no Balanço Patrimonial e na Demonstração de Resultado da Empresa. Posteriormente, calcule o que pede. Use o final do ano 1 como ano-base para a análise horizontal.

Na análise horizontal de balanço para os números do final do ano 2, calcule o percentual (com quatro casas decimais) associado à conta solicitada a seguir: (d) Caixa e bancos; (e) Estoques; (f) Capital.

Na análise vertical da DRE para os números do final do ano 2, calcule o percentual associado à conta solicitada a seguir: (g) Custos; (h) Lucro antes do IR; (i) Lucro líquido.

Usando as informações do final do ano 2, calcule os índices solicitados a seguir: (j) Liquidez seca, (k) Liquidez imediata, (l) Composição do endividamento, (m) Giro do ativo para o período (use o ativo médio), (n) Margem líquida, (o) Rentabilidade anual dos ativos (use o ativo médio).

17. Qual o EVA das empresas apresentadas a seguir? Qual delas apresenta maior EVA?

Empresa	Investimentos	LOL anual	CMPC % a. a.
Uni	700	160	20
Duni	600	180	25
Tê	500	125	18

18. No mês passado, uma cena incomum ocorria. Em uma quarta-feira, por volta do meio dia, em uma das mais movimentadas ruas do centro de São Paulo, em plena hora do almoço, uma lanchonete de uma grande rede internacional estava vazia. Ao lado, centenas de pessoas se espremiam numa discreta lanchonete da pequena rede conhecida como Tio Big. O ambiente é simples, assim como o cardápio formado por sanduíches de hambúrguer, salgados, sucos, iogurtes. A diferença em relação às demais lanchonetes é o preço. Quase tudo no Tio Big custa $ 0,50.

O preço baixo é uma característica marcante das lanchonetes Tio Big. Com $ 1,00 o consumidor pode comprar um hambúrguer e um suco. Isso explicaria porque a loja do centro de São Paulo recebe 7 mil pessoas por dia. Além dela, há Tio Bigs em mais cinco endereços no centro de São Paulo. E não vai parar por aí. Já está em curso um projeto ambicioso de erguer mais 100 lojas ao longo dos próximos anos.

Por trás dos planos está o economista Pedro Gonçalves, o agora rei dos centavos. E qual seria o segredo para preços tão convidativos? "Economia de escala", responde o empresário. "Tenho um giro muito grande de mercadorias, compro toneladas de produtos toda a semana e pago antecipado, o que me dá uma boa margem de negociação com fornecedores", resume. Só que poder de barganha é algo que outras redes também têm e nem por isso conseguem estes preços. "Acontece que meus custos com instalações e pessoal não são tão altos, não tenho gastos com mídia e minha margem de lucro, de 4%, é inferior à de outras redes", rebate Gonçalves.

Gonçalves já ouviu comentários jocosos de que usa o negócio para lavar dinheiro. "A estes, costumo dizer que a higiene no Tio Big é tão grande que até o dinheiro é limpinho." Suas seis lojas recebem por mês 400 mil pessoas, que garantem um faturamento anual próximo dos $ 6 milhões. O movimento é tão intenso que o empresário criou um "megavale" de $ 0,50 que os consumidores podem comprar no início do mês para se livrar de filas na boca do caixa. O dono expandiu as atividades com recursos próprios e jura que jamais pisou em bancos para pedir empréstimo – seus anos como economista e o apoio do irmão industrial foram suficientes para garantir o crescimento. Quando chegar às 100 lojas, ele pretende abrir o capital e lançar um sistema de franquias. "Vou montar um império dos centavos", diz Gonçalves.

Responda: (a) Qual a margem de lucro da Tio Big? (b) Qual o seu giro? (c) Qual a importância do giro destacada no texto? (d) Sabendo que as lojas são um investimento atrativo, qual deve ser a sua rentabilidade?

19. Bernardo Profitt começou sua carreira aos 22 anos com apenas US$ 5 mil. Usando o capital levantado em férias de verão trabalhadas como salva-vidas e regador de jardins no distrito do Queens, em Nova York, ele criou em 1960 a empresa de investimento com seu nome.

Como ex-presidente da Nasdaq, com uma coleção de outras diretorias no currículo, e generoso doador em causas beneficentes, Profitt era um homem que inspirava confiança. Sem nunca revelar seus métodos de operação no mercado ou sua fórmula de gerar lucros substanciais para os investidores que representava, Profitt conseguiu amealhar um vultoso volume de investimentos sob sua responsabilidade. De alguma forma, em épocas boas ou ruins, ele era capaz de ofertar 10% ou mais de rentabilidade todos os anos. "É uma estratégia do meu negócio. Não posso dar muitos detalhes", disse ele certa vez.

O "sucesso" foi interrompido com crise das hipotecas de 2008. Necessitando resgatar suas posições em decorrência da queda geral dos mercados de capitais, os aplicadores de Profitt ficaram chocados ao saber que nada tinham a receber. A operação se revelou uma grande fraude.

A reputação de Profitt entrou em ruína. Ele enfrenta a acusação de que todos os seus negócios não eram mais do que um esquema de US$ 50 bilhões para enganar investidores. Ninguém parece saber ao certo o que aconteceu com todo aquele dinheiro. Ouvido pela Promotoria Federal americana, Profitt teria dito que não tem "absolutamente nada". Ainda não veio a público se ele gastou tudo, se guardou em algum lugar ou simplesmente perdeu o dinheiro.

Alguns promotores acreditam que sabem muito bem qual era a "estratégia do negócio": usar dinheiro de novos investidores para pagar dividendos aos mais antigos, uma forma de operação financeira ilegal chamada de pirâmide financeira ou esquema "Ponzi".

Sob o ponto de vista da análise da rentabilidade, como um investidor cauteloso deveria analisar a perspectiva de um investimento nas operações de Bernardo Profitt?

248 A Análise Contábil e Financeira • Bruni

20. Carregue o aplicativo **AnaliseFacil.xls**. Solicite os números disponíveis para os anos **2** a **7** das Forjas Bigorna (código 15). Analise as informações disponíveis e responda o que se pede.

Parte I. Análise da rentabilidade do investimento. Considere o ano 5 e use o ativo do ano. Pede-se: (a) Qual o ROI? (b) O que este número representa? (c) Analisando a evolução do ROI ao longo dos anos, o que é possível constatar?

Parte II. Análise da rentabilidade do patrimônio líquido. Considere o ano 5 e use o PL do ano. Pede-se: (d) Qual o ROE? (e) Como poderíamos saber se a empresa tem sido um bom investimento? (f) O que poderia explicar a diferença entre os números de ROI e ROE no ano 5? (g) Analisando a evolução do ROE ao longo dos anos, o que é possível constatar?

Parte III. Análise evolutiva da rentabilidade. Pede-se: (h) Em linhas gerais, o endividamento tem sido benéfico para a Bigorna? Explique. (i) Analise a margem de lucro líquido e o giro dos ativos entre os anos 4 e 6. O que ocorreu? (j) Qual o efeito da margem de lucro líquido e do giro sobre a rentabilidade do negócio?

21. Carregue o aplicativo **AnaliseFacil.xls**. Solicite os números disponíveis para os anos 8 a 10 da Eucachapas e da Durachapas. Analise as informações disponíveis para as duas empresas e responda o que se pede.

Parte I. Análise da rentabilidade do investimento. Considere o ano 9 e use o ativo do ano. Pede-se: (a) Qual o ROI da Durachapas? (b) E o da Eucachapas? (c) Qual das duas empresas apresentou melhor *performance* neste indicador?

Parte II. Análise da rentabilidade do patrimônio líquido. Considere o ano 10 e use o PL do ano. Pede-se: (d) Qual o ROE da Durachapas? (e) E o da Eucachapas? (f) Qual das duas empresas apresentou melhor *performance* neste indicador?

Parte III. Análise comparativa. (g) Analise a Evolução do ROI das duas empresas. O que é possível constatar? (h) E com o ROE? (i) Qual o efeito das dívidas sobre a análise do ROI e do ROE? (j) Qual empresa tem se mostrado um melhor investimento ao longo dos anos analisados?

10

 Análise Financeira Dinâmica

"No caráter, na conduta, no estilo, em todas as coisas,
a simplicidade é a suprema virtude."
Henry Wadsworth Longfellow

Objetivos do capítulo

A administração dos recursos de curto prazo da empresa é de fundamental importância para a sua solvência de longo prazo. A boa gestão de ativos e passivos circulantes representados por meio do capital de giro é atividade desafiadora.

É preciso entender as particularidades associadas às contas operacionais e financeiras da empresa. Uma visão diferenciada do balanço patrimonial pode ser desenvolvida, reclassificando contas operacionais e financeiras. A análise das contas de curto prazo exibidas nas demonstrações contábeis pode ser vista na análise financeira dinâmica, explorada no presente capítulo.

Reclassificando as contas do balanço patrimonial

Na maioria das vezes, a análise financeira tradicional baseia-se na simples comparação de índices estáticos, assumindo premissas que nem sempre são verdadeiras. Por exemplo, se o cálculo do índice de Liquidez Corrente revela-se igual a 1,92, este fato indica que, teoricamente, a empresa teria R$ 1,92 em ativos circulantes para cada R$ 1,00 em passivos circulantes. Ou seja, supõe-se a liquidação da empresa, com o recebimento de todo o ativo circulante para depois pagar os passivos circulantes.

Porém, na prática, não é isso o que ocorre de fato – diversas contas do ativo e do passivo circulante jamais poderão ser integralmente realizadas ou quitadas, caso a empresa continue funcionando. Por exemplo, se uma empresa possui $ 4.000,00 registrados em seu contas a receber, a cada dia diversos valores serão realizados e novos serão incorporados à conta. Ou seja, o seu caráter cíclico indica uma natureza quase permanente deste investimento.

A análise financeira dinâmica considera a empresa funcionando normalmente e com caráter cíclico, quase permanente, de diversas contas agrupadas no ativo circulante ou no passivo circulante. A capacidade financeira de uma empresa será função de fatores de caráter operacional e consequência de decisões estratégicas tomadas pela direção. Basicamente, a grande inovação deste modelo consiste na **análise funcional** das contas contábeis – sofisticando a análise financeira e diferenciando-a da análise contábil tradicional.

De modo simples, a análise e posterior classificação funcional das contas contábeis dizem respeito à possibilidade de realização ou quitação de fato das contas. Contas que possuem natureza cíclica, como os estoques e as contas a receber no ativo ou os valores devidos a fornecedores e os impostos a pagar no passivo deveriam ser analisadas sob a ótica financeira de forma similar às contas do longo prazo.

Genericamente, para analisar de forma dinâmica os demonstrativos de uma entidade, seria necessário efetuar uma divisão das contas patrimoniais em três grandes grupos. Vide o exemplo fornecido na Figura 10.1.

Este estudo funcional das contas contábeis, segmentadas em financeiras ou táticas e operacionais ou cíclicas, diferenciado da contabilidade tradicional, consiste na grande alteração da forma de análise financeira, proposta pela análise dinâmica. O surgimento da análise financeira dinâmica decorreu de uma série de estudos do Prof. Michel Fleuriet, egresso da *Wharton School of Finance* que, na década de 70, com outros colaboradores, dedicou-se à tarefa de construir um modelo **brasileiro** de análise financeira – "aplicável em ambientes caracterizados por inflação elevada, mudanças bruscas de regras e os eventuais *caixas dois*".

Tipos de contas	Amplitude	Contas Tradicionais	Itens do balanço ajustado
Estratégicas	Modificações somente em longos espaços de tempo: **longo prazo**.	**Origens:** exigível a longo prazo e patrimônio líquido. **Aplicações:** ativo realizável a longo prazo e ativo permanente.	Capital de giro (CDG)
Operacionais	Modificações em curtos espaços de tempo, geralmente referindo-se ao ciclo operacional da empresa: **curto prazo operacional**.	Ativo e passivo circulante, excluídas as contas financeiras, de tesouraria.	Necessidades de capital de giro (NCG)
Táticas	Modificações em curtos espaços de tempo, geralmente referindo-se às operações financeiras de curto prazo: **curto prazo operacional**.	Contas financeiras, de tesouraria, do ativo e do passivo circulante.	Saldo de tesouraria (ST)

Figura 10.1 *Entendendo as contas do Balanço Patrimonial.*

O grande foco do estudo da análise financeira dinâmica consiste no Capital de Giro das empresas e na sua forma de financiamento. Em uma situação de equilíbrio financeiro, a parcela cíclica do capital de giro, funcionalmente com longo prazo de realização, deveria ser financiada, também com recursos de longo prazo. As necessidades táticas ou financeiras momentâneas poderiam ser financiadas com recursos de curto prazo. Surgem, estão, dois conceitos básicos, desdobrados do Capital de Giro: o **Investimento Operacional em Giro (IOG[1])** – com características funcionais de longo prazo, e o **Saldo de Tesouraria (ST)** – com características funcionais de curto prazo.

---

[1] Em alguns textos o IOG também é apresentado como Necessidade de Capital de Giro (NCG).

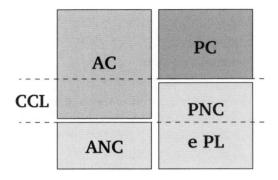

Figura 10.2 *Balanço tradicional.*

Conceitualmente, o capital de giro (CDG[2]) de uma empresa pode ser expresso através da diferença entre o ativo circulante e o passivo circulante, conforme apresentado na figura anterior. De modo geral, o capital circulante líquido ou capital de giro corresponde ao investimento feito na entidade de forma a suprir a defasagem temporal entre pagamento e recebimento, conhecida como *gap* de caixa e expressa através do ciclo financeiro.

O ciclo operacional e, de forma mais significativa, o ciclo financeiro exprimem, em última instância, as necessidades de capital de giro de uma empresa. O ciclo operacional consiste no tempo decorrido entre as compras de matérias-primas e o recebimento das vendas de produtos. Expressando algebricamente, seria representado pela soma do prazo médio de estocagem com o prazo médio de recebimento. O ciclo financeiro corresponde ao tempo decorrido entre o pagamento ao fornecedor e o recebimento das vendas dos clientes. É representado pela diferença entre o ciclo operacional e prazo médio de pagamento. Todos os ciclos podem ser vistos novamente na Figura 10.3.

Quanto maior o ciclo financeiro, maior a necessidade de investimentos em capital de giro da empresa. Embora uma forma simples de obter o ciclo financeiro seja através da subtração do prazo médio de pagamento do ciclo operacional, uma solução mais completa deveria ponderar as diferentes fontes de investimentos e financiamentos da empresa.

O ciclo financeiro é diretamente proporcional aos investimentos realizados em clientes (expresso no PMRV) e em estoques (expresso no PME). É inversamente proporcional aos financiamentos obtidos de fornecedores (representado pelo PMP) e através da quitação postecipada de impostos (representado pelo PMROF).

---

2 Pode ser igualmente apresentado como Capital Circulante Líquido (CCL).

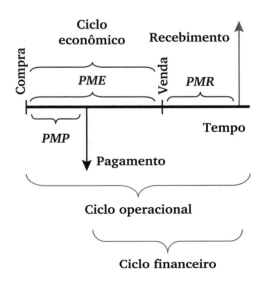

Figura 10.3 *Ciclos da empresa.*

Logo, os principais indicadores para a determinação das necessidades de capital de giro de uma empresa correspondem aos índices de atividade, basicamente representados pelo: Prazo Médio de Recebimento de Vendas; Prazo Médio de Estocagem; Prazo Médio de Pagamento e Prazo Médio de Recolhimento de Obrigações Fiscais.

O financiamento das necessidades de capital de giro é função direta da gestão dos ativos e passivos circulantes – itens fundamentais para a sobrevivência da empresa no curto prazo. A forma como o Capital de Giro é gerido consiste no indicador de fundamental importância para julgar a situação de equilíbrio ou desequilíbrio financeiro de uma empresa. Convém ressaltar que equilíbrio financeiro – comumente associado à solvência e liquidez, difere de equilíbrio econômico, comumente associado à lucratividade.

Existe uma relação de compensação entre volume investido em capital de giro – o que reduz riscos, aumentando liquidez e solvência; e perda de rentabilidade – já que os investimentos em capital de giro costumam ser menos rentáveis.

De acordo com os pressupostos da análise financeira dinâmica é preciso entender de uma forma diferenciada as contas operacionais do Balanço Patrimonial. Por exemplo, para a visão contábil tradicional, as contas a receber de clientes são classificadas de curto prazo ou circulante em decorrência do fato de **cada uma das contas** ser convertida em dinheiro em horizonte inferior a 12 meses.

Em uma análise dinâmica e diferenciada, supondo a continuidade da empresa e da constante renovação dos valores devidos por clientes, a natureza dinâmica da conta clientes não é de curto prazo, já que ela é constantemente renovada e os seus valores não serão realizados de fato ou convertidos em dinheiro. Isso apenas ocorreria caso a empresa fosse fechada.

Analisando a dinâmica dos negócios e a continuidade das operações, contas a receber de clientes serão recebidas da mesma forma que novos financiamentos ou vendas a prazo serão feitos. Assim, o valor devido por clientes permanecerá por muito tempo. Gerencialmente, para a análise financeira dinâmica, contas operacionais como a conta clientes (e outras, como estoques, fornecedores e impostos a pagar) são de longo prazo e a sua forma de financiamento também deveria ser de longo prazo – o que contradiz a visão contábil tradicional.

Para a análise financeira dinâmica, ativos e passivos circulantes precisam ser classificados em grupos distintos. São financeiros quando apresentam a característica de curto prazo, de fato, como aplicações financeiras de liquidez imediata ou empréstimos de curto prazo. São operacionais quando apresentam a característica da manutenção dos valores no longo prazo em função da constante renovação, o que faz com que contas individualmente de curto prazo, porém continuadamente renovadas, tornam o grupo coletivo de contas com características de longo prazo. É preciso reclassificar ativos e passivos circulantes conforme apresenta a Figura 10.4.

Balanço tradicional	Balanço reclassificado
AC = Ativo Circulante	ACF = Ativo Circulante Financeiro ACO = Ativo Circulante Operacional
PC = Passivo Circulante	PCF = Passivo Circulante Financeiro PCO = Passivo Circulante Operacional

Figura 10.4 *Contas reclassificadas.*

Segundo as proposições da análise financeira dinâmica, para melhor analisar a gestão do capital de giro da empresa seria preciso analisar a classificação funcional das diferentes contas, elaborando um Balanço Patrimonial reclassificado, ilustrado na Figura 10.5.

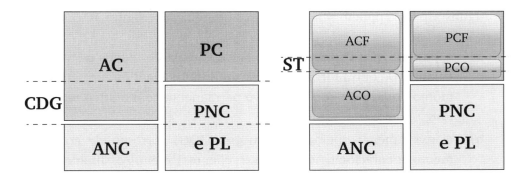

Figura 10.5 *Balanço tradicional e reclassificado.*

Segundo o balanço reclassificado da Figura 10.5, o ativo circulante deveria ser reagrupado em dois grupos, denominados ativo circulante financeiro – não associado às atividades operacionais da empresa, formado pelos saldos das contas Caixa, Bancos e Aplicações Financeiras – e ativo circulante operacional ou cíclico – relacionado às contas operacionais do ativo, como estoques ou contas a receber. De forma similar, o passivo circulante poderia ser reclassificado nos grupos passivo circulante financeiro – formado pelas obrigações não funcionais, como empréstimos – e passivo circulante operacional ou cíclico – com os financiamentos operacionais recebidos, a exemplo dos valores devidos a fornecedores e impostos a pagar.

Com base na reclassificação funcional, o capital de giro da empresa poderia ser decomposto segundo a Figura 10.6.

Figura 10.6 *Grupos do capital de giro.*

Alguns aspectos podem ser comentados em relação à Figura 10.6:

a) capital de giro corresponde ao Ativo Circulante menos o Passivo Circulante. De outra forma, poderia ser obtido pela diferença entre patrimônio líquido e a soma do ativo permanente com o ativo realizável a longo prazo;
b) o investimento operacional em giro (IOG) corresponde aos investimentos operacionais (estoques + clientes) menos os financiamentos operacionais (passivo circulante – empréstimos a curto prazo). Seria a parcela permanente do capital de giro;
c) o capital de giro não permanente ou sazonal é também denominado saldo de tesouraria (ST ou T), que corresponde à diferença existente entre o ativo circulante financeiro e o passivo circulante financeiro.

O investimento operacional em giro, dada a sua natureza de longo prazo, deveria ser financiado por recursos também de longo prazo.

Já o capital de giro sazonal ou não permanente, também denominado saldo de tesouraria, poderia ser financiado com recursos temporários. A evolução das necessidades de capital de giro permanentes e sazonais pode ser vista na Figura 10.7.

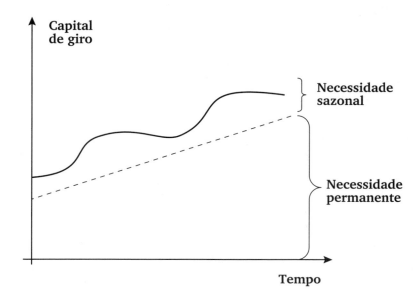

Figura 10.7 *Evolução do capital de giro.*

A análise da composição do capital de giro e de suas formas de financiamento permite entender o equilíbrio ou o desequilíbrio financeiro da empresa. O equilíbrio é alcançado através do investimento na parcela operacional do capital de giro com base em recursos financiados de forma permanente e que deveriam vir dos sócios. Se uma empresa estiver financiando seu investimento operacional em giro com base em recursos de terceiros de curto prazo, provavelmente estará caminhando para uma situação financeira insustentável – o desequilíbrio financeiro poderá ser constatado.

O desequilíbrio financeiro resultante da aplicação de recursos com caráter permanente no investimento operacional em giro com caros e arriscados recursos de terceiros é muitas vezes denominado **efeito tesoura**. Para ilustrá-lo considere o exemplo da Figura 10.8.

Ano	1	2	3	4	5
IOG	250	600	1.200	2.400	4.800
CDG	200	300	400	400	500
ST	– 50	– 300	– 800	– 2.000	– 4.300

Figura 10.8   *Valores anuais associados a IOG, CCL e ST.*

Os números da Figura 10.8 apresentam a situação de uma empresa com uma necessidade crescente de investimentos operacionais em giro (IOG), que aumenta de $ 250 no ano 1 para $ 4.800 no ano 5. O problema é que o capital de giro (CDG) da operação cresce em um ritmo bem mais lento, aumentando de $ 200 no ano 1 para apenas $ 500 no ano 5. A consequência é a busca de passivos onerosos crescentes, representados no saldo de tesouraria (ST), que avança de – $ 50 no ano 1 para – $ 4.300 no ano 5.

OVERTRADING E O EFEITO TESOURA

O *overtrading* costuma representar a realização de um nível de atividade operacional e volume de vendas acima da capacidade disponível de recursos. Neste caso, a administração expande os níveis de atividade e vendas do negócio sem a adequação do suporte de recursos para o financiamento do Capital de Giro adicional requerido.

> O crescimento das operações demanda maiores investimentos nos diversos segmentos de estoque e em valores a receber. Adicionalmente, o acréscimo do volume de vendas pode pressupor o afrouxamento da política de crédito, aumentando prazos de recebimento e elevando o montante de duplicatas a receber. O aumento líquido do IOG em grau superior ao do CDG força a empresa a procurar outras origens de recursos que não o PCO, conduzindo-a à situação de *overtrading*.
>
> O efeito tesoura ocorre quando a empresa financia a maior parte do IOG através de créditos de curto prazo não renováveis. Neste caso, o saldo de tesouraria se apresenta negativo e crescente, em valor absoluto, proporcionalmente maior do que o IOG. Para eliminar o efeito tesoura a empresa precisa equilibrar a variação do IOG com a variação do autofinanciamento obtido por meio de recursos de suas próprias operações ou mediante aportes de recursos próprios que elevem o CDG.

A evolução dos números da Figura 10.8 pode ser vista na Figura 10.9.

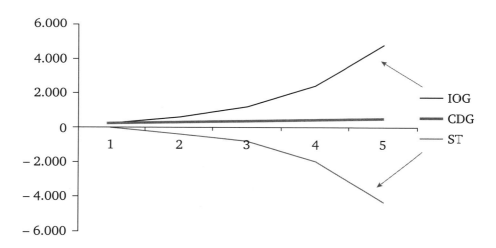

Figura 10.9 *Evolução do investimento operacional em giro.*

Os investimentos operacionais em giro (IOG) da empresa aumentaram substancialmente. Porém, os recursos colocados pelos sócios no capital de giro (CDG) não aumentaram na mesma proporção. Assim, para poder sustentar suas operações e o investimento operacional em giro necessário, a empresa precisou recorrer a empréstimos bancários, o que agrava os saldos negativos de tesouraria (ST). O efeito tesoura pode ser percebido na Figura 10.9.

A denominação efeito tesoura é dada através do formato do gráfico que reflete o descasamento das aplicações em capital de giro e dos investimentos operacionais em giro, que lembra as lâminas abertas de uma tesoura. Veja a representação da Figura 10.10.

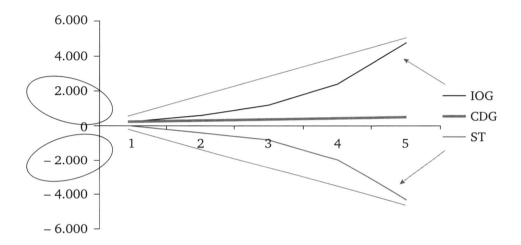

Figura 10.10 *A tesoura no gráfico.*

Obviamente, os bancos não continuariam financiando indeterminadamente as necessidades da empresa. Caso cortassem os empréstimos, a empresa poderia quebrar. O desequilíbrio financeiro seria evidente.

Algumas das principais causas do efeito tesoura podem ser apresentadas como: (a) crescimento real das vendas a prazo, em percentuais muito elevados, sem correspondente obtenção de prazos de fornecedores; (b) imobilização com recursos onerosos de curto prazo; (c) prejuízos; (d) distribuição excessiva de lucros; (e) dependência sistemática a empréstimos de curto prazo, com pagamento de altas taxas de juros; (f) ciclo financeiro crescente.

A evolução do investimento operacional em giro pode fornecer alguns sinais de alerta sobre a situação geral da empresa. A Figura 10.11 ilustra alguns exemplos que podem estar associados ao aumento do investimento operacional em giro em relação às vendas.

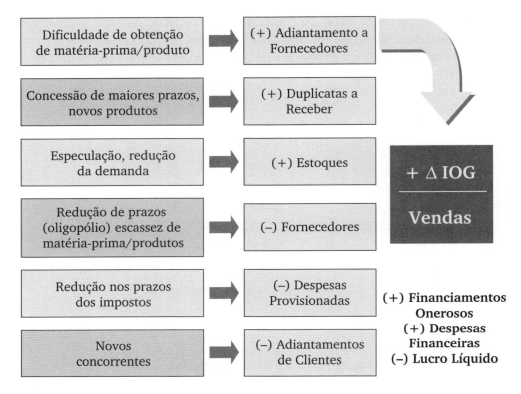

Figura 10.11   *Aspectos decorrentes da análise do IOG.*

Dificuldades relativas à obtenção de matéria-prima ou insumos podem provocar a necessidade do aumento do adiantamento a fornecedores. Dificuldades associadas à negociação dos produtos vendidos pela empresa pode levar à concessão de maiores prazos de recebimentos e ao aumento do valor das duplicatas a receber. Redução da demanda ou especulação pode provocar o aumento dos estoques. Uma maior pressão por parte de fornecedores pode provocar a redução dos prazos recebidos para o pagamento de compras e a redução dos financiamentos recebidos de fornecedores. Todos estes fatos podem provocar o aumento do investimento operacional em giro em relação às vendas.

A importância da análise da evolução do saldo de tesouraria e do autofinanciamento

Conforme destacado, uma importante função associada à gestão financeira de uma empresa deveria acompanhar a evolução do saldo de tesouraria – que representa a sobra (se positivo) ou falta (se negativo) de recursos de curto prazo.

Saldos de tesouraria negativos e crescentes podem revelar uma situação financeira insustentável de longo prazo.

A análise da evolução do saldo de tesouraria demanda a compreensão do autofinanciamento – a capacidade da empresa se financiar usando seus recursos próprios. O autofinanciamento poderia ser considerado como o motor da empresa, que só pode desempenhar convenientemente seu papel mediante a obtenção de um resultado econômico suficiente para garantir adaptações e crescimento além da busca por um equilíbrio financeiro permanente.

O autofinanciamento é o resultado de duas categorias de operações econômicas relativas às operações de produção e venda ligadas diretamente à atividade cíclica da empresa, e que determinam seu resultado econômico; ou às operações de repartição dos ganhos da empresa, que compreendem a distribuição e o recebimento de rendas independentes do ciclo de produção e venda, como, por exemplo, o Imposto de Renda, dividendos, despesas e receitas financeiras.

A análise das possíveis configurações entre CDG, IOG e ST evidencia que uma situação financeira sólida implica na manutenção de CDG positivo e maior do que o IOG. Dessa forma, ocorrendo IOG positivo, o CDG seria suficiente para financiá-lo e ainda gerar um saldo de tesouraria (CDG > 0, IOG > 0, CDG > IOG e ST > 0).

O valor resultante corresponde ao autofinanciamento da operação e pode ser apresentado por meio da equação seguinte.

$$AUT = LL + DAE - DJSCP$$

Onde:

AUT = Autofinanciamento;

LL = Lucro Líquido apresentado pela empresa;

DAE = Depreciação, Amortização e Exaustão, correspondendo a valores contábeis que não refletem saídas de caixas (desembolsos);

DJSCP = Dividendos e Juros sobre o Capital Próprio, correspondendo a valores distribuídos aos acionistas que representam efetivo desembolso de caixa.

Em resumo, o autofinanciamento representa o lucro retido pela empresa que será aplicado no sustento do investimento operacional em giro.

Gestão de caixa e tipos de empresas

A análise da gestão de caixa depende do tipo da empresa que está sendo analisada. A seguir estão apresentados alguns tipos básicos de empresas, diferenciadas em relação à política de caixa que emprega.

EMPRESA DO TIPO 1. A empresa é caracterizada por apresentar recursos permanentes financiando o ativo circulante, ou seja, capital de giro positivo. Apresenta folga de recursos financeiros no curto prazo, com saldo de tesouraria positivo. Possui um grande nível de financiamento realizado por fornecedores (PCO > ACO). Um exemplo típico de empresas deste tipo poderia ser apresentado por meio dos supermercados, caracterizados por um ciclo financeiro reduzido ou negativo, o que possibilitaria ganhos no mercado financeiro.

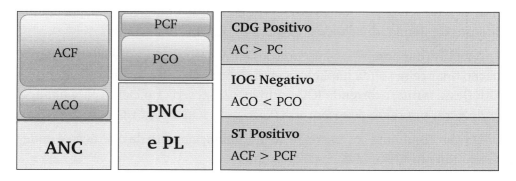

Figura 10.12   *Estrutura do Balanço Patrimonial de empresa do tipo 1.*

Em épocas de inflação alta, os ganhos financeiros dos supermercados eram muito expressivos: podiam comprar determinado produto por $ 100,00, vender por $ 80,00 e, mesmo assim, ter lucro em função da aplicação dos recursos recebidos da venda até o momento de quitação do fornecedor. O maior perigo para uma empresa deste tipo consiste na ameaça de queda nas vendas.

EMPRESA DO TIPO 2. Na empresa do tipo 2, o passivo circulante operacional não é capaz de financiar ativo circulante operacional. Em outras palavras, o investimento operacional em giro é positivo. Por outro lado, recursos permanentes aplicados no capital de giro suprem a falta relativa do passivo circulante operacional e permitem a manutenção de um saldo de tesouraria positivo, revelando uma sólida posição financeira no curto prazo.

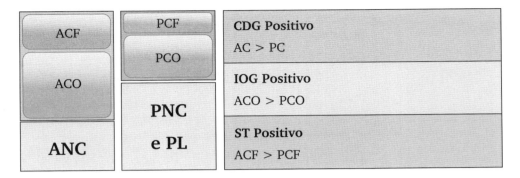

Figura 10.13   *Estrutura do Balanço Patrimonial de empresa do tipo 2.*

O maior perigo para a estabilidade financeira pode ser representado por um aumento de vendas, que elevaria o investimento operacional em giro, podendo tornar o saldo de tesouraria negativo.

EMPRESA DO TIPO 3. Uma empresa do tipo 3 apresenta uma situação financeira insatisfatória – capital de giro é inferior ao investimento operacional em giro, o que ocasiona a dependência de empréstimos bancários de curto prazo, indicando um saldo de tesouraria negativo.

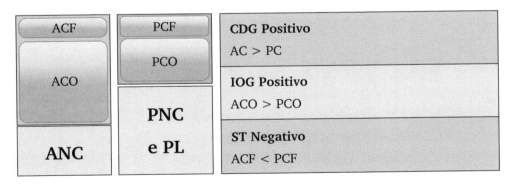

Figura 10.14   *Estrutura do Balanço Patrimonial de empresa do tipo 3.*

Pode ocorrer um aumento de vulnerabilidade financeira à medida que cresce a diferença entre o CDG e o IOG, ampliando saldo negativo de T.

EMPRESA DO TIPO 4. O capital de giro negativo indica financiamento de ativos não circulantes com dívidas de curto prazo. Nota-se um desequilíbrio entre fontes e aplicações de recursos, indicando uma situação financeira ruim.

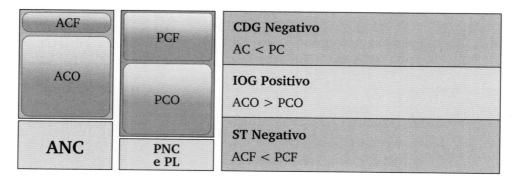

Figura 10.15 *Estrutura do Balanço Patrimonial de empresa do tipo 4.*

A existência de investimento operacional em giro positivo e capital de giro negativo reforça o perigo de agravamento da situação da empresa em virtude da expansão dos negócios. As empresas do tipo 4 podem ser vistas como organizações com problemas de solvência.

EMPRESA DO TIPO 5. O Balanço Patrimonial indica uma situação financeira *menos ruim* que a anterior. Embora possua um saldo de tesouraria negativo, a empresa do tipo 5 apresenta investimento operacional em giro negativo – recebe mais financiamentos operacionais do que os investimentos operacionais que realiza.

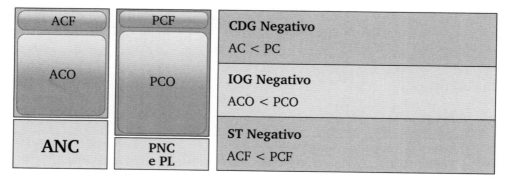

Figura 10.16 *Estrutura do Balanço Patrimonial de empresa do tipo 5.*

Em outras palavras, a empresa do tipo 5 financia com folga seus ativos operacionais (contas a receber e estoques) em função de financiamentos operacionais recebidos (através de fornecedores e impostos a pagar). A situação financeira da empresa melhoraria com a expansão das atividades.

EMPRESA DO TIPO 6. É uma empresa caracterizada pelo desvio de recursos de curto prazo para ativos não circulantes, mantendo saldo positivo de tesouraria.

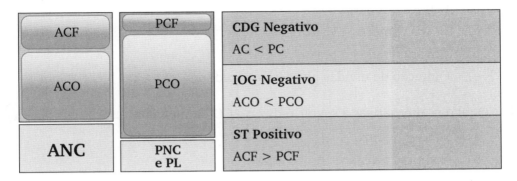

Figura 10.17   *Estrutura do Balanço Patrimonial de empresa do tipo 6.*

Uma queda de vendas esgotaria o excesso de passivo circulante operacional, invertendo sinal de IOG e T. São empresas com alto risco de insolvência.

Exercícios propostos

1. Um dos mais importantes clientes da Assombração Indústria de Modas Ltda. resolveu mudar de ramo. Hoje pela manhã, o setor financeiro dele quitou todas as faturas pendentes. Analisando esse fato, assinale a alternativa verdadeira.
    a) O ACO foi ampliado.
    b) O PC foi ampliado.
    c) O PCO foi reduzido.
    d) O ACF manteve-se inalterado.
    e) O CDG foi reduzido.

2. Assinale uma alternativa que corresponda a uma redução do ACF.
    a) Recebimento de empréstimo.
    b) Pagamento de fornecedores.
    c) Compra de mercadorias a prazo.
    d) Venda a vista de mercadorias.
    e) Recebimento de faturas de clientes.

3. Qual das alternativas a seguir amplia o PCO de uma empresa?

   a) Elevação do PMR.

   b) Redução do PMP.

   c) Novas compras a vista.

   d) Novas compras a prazo.

   e) Quitação de dívidas junto a fornecedores.

4. Qual das alternativas a seguir reduz o ACO de uma empresa?

   a) Vendas a prazo.

   b) Compras a vista.

   c) Compras a prazo.

   d) Aplicação em fundos de alta liquidez de recursos que estavam no caixa.

   e) Recebimento em bancos de vendas feitas a prazo.

5. A Cia. do Capilé vendeu todos os seus estoques pelo dobro do valor de aquisição, aplicando todo o dinheiro apurado com a venda em um fundo de investimento que permite resgate apenas após três anos. Considerando os indicadores de análise financeira dinâmica, assinale a alternativa correta.

   a) O IOG foi reduzido.

   b) O ST foi reduzido.

   c) O ACO foi ampliado.

   d) O IOG não foi alterado.

   e) O ACF foi ampliado.

6. A Bufunfa e Cia. vendeu um imóvel que não usava e usou todo o dinheiro apurado com a venda para quitar os valores que devia a fornecedores. Considerando os indicadores de análise financeira dinâmica, assinale a alternativa correta.

   a) O IOG foi ampliado.

   b) O ST foi reduzido.

   c) O ACO foi ampliado.

   d) O PCF foi ampliado.

   e) O ACF foi ampliado.

7. A Merreca, Tostão e Centavo Ltda. vendeu metade dos seus estoques pelo custo de aquisição, usando o dinheiro apurado para pagar o restante que devia a

fornecedores. Considerando os indicadores de análise financeira dinâmica, assinale a alternativa correta.

a) O IOG foi ampliado.

b) O ST foi reduzido.

c) O ACO foi ampliado.

d) O PCF foi ampliado.

e) N.R.A.

8. Recentemente, a Ornitorrinco Indústria de Trombones efetuou uma grande compra a prazo. A empresa multiplicou o custo por dois e vendeu imediatamente todo o estoque. Nesta operação inexistiram impostos sobre vendas. Usou metade do dinheiro apurado com a venda para quitar as dívidas junto ao fornecedor, usou um terço do dinheiro restante para pagar obrigações fiscais sobre vendas já existentes e usou o restante do dinheiro para comprar um veículo. Considerando os indicadores de análise financeira dinâmica, assinale a alternativa correta.

a) O IOG foi ampliado.

b) O ST foi reduzido.

c) O ACO foi ampliado.

d) O PCF foi ampliado.

e) O ACF foi ampliado.

9. A Comercial de Agasalhos Dilúvio apresenta vendas de $ 720,00 anuais, considerando ano comercial. Para os próximos três anos a empresa prevê incrementos de vendas da ordem de $ 216 por ano. A empresa multiplica o custo de cada produto por três com o objetivo de formar o seu preço de venda. O único custo é com mercadorias compradas. Despesas são fixas e iguais a $ 90 anuais. O mesmo prazo de 45 dias que a empresa recebe do seu fornecedor ela repassa aos clientes. Para poder operar, a empresa mantém 20 dias de vendas em estoques. Pede-se: (a) projete para o ano atual e para cada um dos próximos três anos o IOG da empresa; (b) caso o capital de giro encontrado para o ano não seja ampliado, calcule a variação do ST em cada um dos próximos três anos.

10. Considere os números da Gorgulhinho S. A. apresentados na tabela seguinte para responder às próximas questões.

Caixa e bancos	15	Empréstimos	60
Aplicações financeiras	50	Financiamentos	110
Clientes	80	Fornecedores	60
Estoques	140	Impostos sobre vendas	40
Ativos não circulantes	215	Passivo não circulante	130
		PL	100
Soma dos ativos	500	Soma dos passivos	500

Calcule: (a) Qual o valor do ACO? (b) Qual o valor do ACF? (c) Qual o valor do PCO? (d) Qual o valor do PCF? (e) Qual o valor do IOG? (f) Qual o valor do ST?

11. Ainda continuando o exercício anterior, a Gorgulhinho S. A. vendeu por $ 140 um conjunto de mercadorias com custo de aquisição igual a $ 60. Na época da compra as mercadorias deveriam ser pagas em 30 dias. Para permitir a venda, foi concedido um prazo de recebimento igual a 60 dias. Após o registro dessas informações, calcule o que se pede: (a) Qual o valor do ACO? (b) Qual o valor do ACF? (c) Qual o valor do IOG? (d) Qual o valor do ST?

12. A Calango Azul reduziu em $ 10 mil o valor mantido em caixa, aumentou em $ 50 mil o seu contas a receber, reduziu em $ 30 mil o valor dos estoques, aumentou em $ 300 mil o valor investido em imóveis, reduziu em $ 35 mil o valor devido a fornecedores, aumentou em $ 60 mil o valor devido ao governo e referentes às obrigações fiscais ou impostos sobre vendas e ampliou em $ 60 mil o seu capital.

Considere os números apresentados e calcule a variação em unidades monetárias (em $) da conta apresentada a seguir: (a) ACO, (b) PCF, (c) IOG, (d) ST.

13. Mariana Pensativa e Ian Calculador resolveram empreender. No início do primeiro mês de aulas compraram em uma única ocasião 600 cadernos por $ 10,00 cada um, recebendo 60 dias de prazo, e os venderam após dez dias da data da compra pelo dobro do custo de aquisição, recebendo metade das vendas a vista e o restante após 45 dias. Todo o lucro dessa entidade, denominada Operação Pautada, foi aplicado na caderneta de poupança. Em relação aos dados apresentados no final deste primeiro mês, calcule o que se

pede. (a) Qual o PMP? (b) Qual o PME? (c) Qual o PMR? (d) Qual o Ciclo Financeiro em dias? (e) Qual o Ciclo Operacional em dias? Considerando os números do final do mês, responda o que se pede. (f) Qual o ACO? (g) Qual o ACF? (h) Qual o PCO? (i) Qual o PCF?

Considere a continuidade desta operação por um prazo indeterminado. Caso a dupla sempre venda 600 cadernos por mês, comprados em diversos pedidos ao longo de um mesmo mês, calcule o que se pede. (j) Qual o saldo da conta Clientes projetado para a operação? (k) Qual o saldo da conta Estoques projetado para a operação? (l) Qual o saldo da conta Fornecedores projetado para a operação? (m) Qual o capital de giro associado a essa operação? (n) O capital de giro é positivo ou negativo? O que isso quer dizer?

14. Tão Querendo Atolar a Vaca Ltda.! Os diretores da empresa andavam preocupados. As vendas estavam estagnadas há muito tempo. Novos esforços eram necessários para alavancar as vendas.

Pedro Pensativo, diretor comercial, sugeriu uma estratégia baseada no aumento do prazo de pagamento concedido aos clientes. "Nosso mercado é muito competitivo. O aumento do prazo ajudaria a incrementar novas vendas."

E assim foi feito. A empresa elevou seu prazo de recebimento e as vendas reagiram quase imediatamente. Porém, o crescimento da operação fez com que o prazo médio de estocagem, até então de cinco dias, fosse também ampliado. O sucesso encontrado associado entre aumento do prazo de recebimento das vendas e lucros assumiu as características de magia, repetida pela empresa ao longo de três meses.

Prazo	Mês 1	Mês 2	Mês 3	Mês 4
Vendas	60	90	120	150
PMRV	15	20	30	45
PME	5	10	15	20
PMP	10	10	10	15

Os efeitos sobre receitas e lucros podem ser vistos nas demonstrações de resultado a seguir.

DRE	Mês 1	Mês 2	Mês 3	Mês 4
Rec.	600	900	1.200	1.500
(–) CMV	– 360	– 540	– 720	– 900
(–) Desp.	– 200	– 200	– 200	– 200
(=) Lucro	40	160	280	400

A área comercial estava exultante: "Estamos estourando a boca do balão! Nunca tivemos um lucro tão alto!"

Porém, Tecendo Conselhos Importantes, assessor financeiro da diretoria, alertou para questões associadas ao capital de giro: "Senhores nem tudo que reluz é ouro! É preciso, sempre, analisar as três dimensões financeiras do negócio: econômica, patrimonial e de caixa. Acho que estamos forçando a barra na gestão do nosso capital de giro."

De fato, a análise dos BPs da empresa permitiu observar o forte aumento na necessidade de capital de giro. Como os sócios não fizeram aporte, a empresa foi obrigada a recorrer a empréstimo bancário.

BP	Mês 1	Mês 2	Mês 3	Mês 4
CR	300	600	1.200	2.250
Est.	60	180	360	600
Soma AC	360	780	1.560	2.850
Fornec.	120	180	240	450
Financ. CP	100	300	740	1.420
Capital	100	100	100	100
Resultado	40	200	480	880
Soma P	360	780	1.560	2.850

Calcule a evolução do CDG, do IOG e do ST da empresa e analise o que está ocorrendo com a evolução dos números da empresa.

15. A seguir está apresentado o Balanço Patrimonial da Zebra Listrada Ltda. Com base nos valores seguintes, comente sobre a situação financeira da empresa, determinando: (a) o capital de giro da empresa; (b) o investimento operacional em giro; (c) o saldo de tesouraria.

	Ano 1	Ano 2
Ativo		
Caixa	150,00	200,00
Estoques	300,00	400,00
Contas a Receber	420,00	500,00
Imobilizado	130,00	140,00
Total	*1.000,00*	*1.240,00*
Passivo		
Empréstimos CP	80,00	110,00
Fornecedores	280,00	370,00
Impostos (ICMS)	160,00	190,00
Patrimônio Líquido	480,00	570,00
Total	*1.000,00*	*1.240,00*

16. A DRE da empresa Zebra Listrada para o ano 2 pode ser vista a seguir. Todas as vendas da empresa são feitas a prazo. Considere ano comercial. Calcule: (a) o PMRV; (b) o PME; (c) o PMP; (d) o PMROF.

DRE no ano 2	$
Receita Bruta	7.600,00
(–) Deduções (ICMS)	(1.600,00)
Receita Líquida	6.000,00
(–) CMV	(3.360,00)
(=) Lucro Bruto	2.640,00
(–) Despesas	(2.200,00)
(=) Lucro Operacional	440,00
(–) IR 35%	(154,00)
(=) Lucro Líquido	286,00

17. O Restaurante Sabor de Verdade planeja abrir uma nova filial. Os investimentos na aquisição e reforma do imóvel e compra de equipamentos industriais alcançarão o montante de $ 16.000,00. O faturamento previsto mensal é de $ 30.000,00. A empresa estima que o recebimento das receitas será distribuído da seguinte forma: 20% a vista, 50% em 15 dias e 30% em 30 dias. O custo das mercadorias vendidas corresponde a 42% das receitas, sendo que os fornecedores concedem, em média, 22 dias para o pagamento das faturas. Os impostos equivalem a 11% das vendas e são quitados com prazo igual a 15 dias. Considere um prazo médio de estocagem igual a sete dias e variação nula de estoques (ou seja, CMV igual a compras). Calcule o investimento necessário que a empresa terá que fazer em IOG.

18. Os Balanços Patrimoniais da Piruetas Divertimentos Infantis Ltda. estão apresentados a seguir. Com base nos valores, determine anualmente o capital de giro, o investimento operacional em giro e o saldo de tesouraria. O que pode ser dito da situação da empresa?

Ano	1	2	3	4	5	6
Ativo						
Caixa	30,00	42,00	50,00	65,00	70,00	85,00
Estoques	40,00	48,00	58,00	70,00	85,00	100,00
Contas a Receber	50,00	60,00	72,00	85,00	105,00	125,00
Imobilizado	80,00	80,00	70,00	70,00	90,00	90,00
Total	**200,00**	**230,00**	**250,00**	**290,00**	**350,00**	**400,00**
Passivo						
Empréstimos CP	28,00	30,00	40,00	38,00	33,00	35,00
Fornecedores	30,00	36,00	43,00	52,00	62,00	75,00
Impostos	12,00	14,00	17,00	20,00	25,00	30,00
Patrimônio Líquido	130,00	150,00	150,00	180,00	230,00	260,00
Total	**200,00**	**230,00**	**250,00**	**290,00**	**350,00**	**400,00**

19. No início do ano passado, o Sr. Edson da Silva, sócio-gerente da Distribuidora de Bebidas Tropical Ltda. precisava construir um novo pátio para a manobra de seus caminhões. O valor estimado para a obra atinge a cifra de $ 140.000,00. De acordo com o tesoureiro da empresa, o volume de aplicações financeiras seria mais que suficiente para cobrir estes gastos. Além do mais, a situação financeira da empresa é bastante confortável: recebe 15 dias de prazo para pagamento das mercadorias compradas para revenda, enquanto 90% das suas receitas são quitadas a vista e 10% com prazo de sete dias. Seria uma decisão correta a de investir no pátio os recursos que estão sobrando nas aplicações financeiras? Discuta todos os aspectos relevantes.

Ativo	$	Passivo	$
Caixa	10,00	Empréstimos CP	5,00
Aplicações Financeiras	140,00	Fornecedores	380,00
Estoques	120,00	Impostos	60,00
Contas a Receber	80,00	Patrimônio Líquido	155,00
Imobilizado	250,00		
Total	600,00	Total	600,00

20. A Boi no Brejo foi fundada há cerca de quatro anos. Segundo seus sócios, contando com a sorte divina, a empresa obteve crescimento expressivo das vendas nos últimos quatro anos. Porém, recentemente, a empresa teve um relevante pedido de empréstimo bancário negado. Essa negativa comprometeu a liquidez e a solvência da empresa. Um dos sócios, surpreso com a atitude do banco: suas vendas eram crescentes e o lucro também – resolveu estudar mais profundamente as razões das dificuldades financeiras da empresa. Como a situação financeira delicada poderia ser explicada? Quais sugestões poderiam ser feitas para a melhoria da saúde da empresa?

	Ano 1	Ano 2	Ano 3	Ano 4	Ano 5	Ano 6
Ativo						
Caixa	80,00	70,00	80,00	65,00	50,00	120,00
Estoques	120,00	156,00	200,00	265,00	350,00	440,00
Contas a Receber	160,00	208,00	270,00	350,00	460,00	600,00
Imobilizado	140,00	140,00	150,00	150,00	140,00	140,00
Total	500,00	574,00	700,00	830,00	1.000,00	1.300,00
Passivo						
Empréstimos CP	30,00	49,00	105,00	150,00	210,00	370,00
Fornecedores	110,00	143,00	185,00	240,00	315,00	410,00
Impostos	40,00	52,00	70,00	90,00	115,00	150,00
Patrimônio Líquido	320,00	330,00	340,00	350,00	360,00	370,00
Total	500,00	574,00	700,00	830,00	1.000,00	1.300,00

21. Analise a evolução dos indicadores dinâmicos das duas empresas apresentadas a seguir. É possível constatar o efeito tesoura em alguma das empresas apresentadas?

	Malhas Ensolaradas			Cia. dos Peixinhos		
	Ano 1	Ano 2	Ano 3	Ano 1	Ano 2	Ano 3
ACF	23.687	36.407	22.738	5.714	7.348	4.334
ACO	90.957	99.341	101.121	130.219	171.047	160.489
.Clientes	51.532	60.219	59.120	69.428	92.323	93.581
.Estoques	22.318	27.073	31.912	34.902	40.989	33.647
.Outros ACO	17.107	12.049	10.089	25.889	37.735	33.261
ANC	160.340	148.671	184.536	554.889	527.903	587.871
Total	274.984	284.419	308.395	690.822	706.298	752.694
PCF	15.357	22.866	15.660	58.336	63.740	38.588
PCO	28.674	29.198	25.048	81.516	86.496	124.397
.Fornecedores	13.059	15.190	12.022	40.474	34.352	35.809
.Outros PCO	15.615	14.008	13.026	41.042	52.144	88.588
PNC e PL	230.953	232.355	267.687	550.970	556.062	589.709
Total	274.984	284.419	308.395	690.822	706.298	752.694
Da DRE						
Vendas	245.612	296.386	297.495	336.595	391.347	376.590

22. A primeira unidade fabril da Farroupilha surgiu na Cidade de Água Cristalina, interior do Rio Grande do Sul, nos anos de 1970. O que era uma pequena fábrica de embalagens plásticas aos poucos foi se transformando na sede do maior fabricante de calçados do país, graças ao empenho e à determinação de seus fundadores, os irmãos José e Antônio Farroupilha. Um breve histórico da empresa pode ser visto a seguir.

Anos 1970. Atenta às possibilidades do plástico, a Farroupilha começa a produzir telas para os garrafões de vinho produzidos na Serra Gaúcha, para substituir as peças feitas em vime. Desde então, nunca mais outra embalagem abraçou a bebida com tanta funcionalidade. A Farroupilha não parou por aí. Foi a primeira empresa a utilizar a poliamida como matéria-prima para componentes de calçados. Assim, começava a dar os primeiros passos em direção à sua vocação *fashion*. Ainda na década de 1970, observando as sandálias de tiras dos pescadores da Riviera Francesa, José Farroupilha teve a ideia que revolucionou a empresa e a moda: nascia a Formosa. Muito mais que um calçado de plástico injetado, a marca virou símbolo *fashion*. E inaugurou o *merchandising* de calçados em novela: a partir dos pés de personagens de novela com grande audiência, a Formosa ganhou milhões de outros pés pelo Brasil.

Anos 1980. Inaugurou sua matrizaria para produzir matrizes próprias para a fabricação de calçados de plástico. Continuou registrando o sucesso da Formosa, agora aliada a grandes *designers* mundiais. No meado da década, a empresa ganhou os pés das meninas quando foi lançada a Formosinha, sempre acompanhada de algum brinde. Desde então, a linha *Kids* da empresa não parou mais de crescer. A aposta é abusar dos licenciamentos com personagens infantis consagrados, utilizando em boa parte o apelo emocional e lúdico dos calçados com acessórios, que expressem o universo infantil. Com *design* diferenciado e priorizando o conforto, a Farroupilha lançou a linha Descanso, direcionada ao público masculino. A sandália *after sport* continua um sucesso mais de duas décadas depois do lançamento, sendo comercializada em 70 países.

Anos 1990. Instalação da primeira unidade fabril no Estado do Ceará, que passou a se denominar Farroupilha do Nordeste S. A., com capacidade anual de produção de 5 milhões de pares. Pouco tempo depois ocorreu a inauguração da fábrica em Sossego, também no Estado do Ceará, que passou a se denominar Farroupilha Sossego S. A. Benefícios fiscais, menor custo de mão de obra e localização estratégica para acesso ao mercado internacional motivaram a transferência das operações fabris, até então localizadas no Sul do país. Pensando nas diferentes mulheres, surge a linha Bella, com opções para todos os estilos. Os modelos mais clássicos dividem espaço com moda praia, casual e *fashion*. À frente dos lançamentos, celebridades nacionais consagradas. Depois de dois anos sem lançamentos, a Formosa inovou mais uma vez, trazendo uma *top model* internacional ao Brasil para desfilar os novos modelos da marca. Na época, a vinda das *top models* não era comum, e a atitude da Formosa foi um furacão. No final da década, ocorreu o início das operações da terceira unidade localizada no Ceará, no município de Angorá, como Indústria de Calçados Farroupilha Ltda., com capacidade atual de produção de 12 milhões de pares anuais de produtos de EVA (Estireno Vinil Acetato).

Anos 2000. Para entrar de vez na linha praia, a Farroupilha lança a Copacabana. Com chinelos femininos e masculinos a preços competitivos, a empresa ganhou de vez um lugar cativo nos pés dos brasileiros. Neste mesmo ano, a empresa promoveu uma reestruturação societária, com a incorporação da Indústria de Calçados Farroupilha Ltda. pela Farroupilha Calçados S. A. Buscando assegurar seu crescimento, abre o seu capital no meado da década. A Farroupilha passou a ter ações ordinárias negociadas no Novo Mercado da Bolsa de Valores de São Paulo.

A evolução dos números patrimoniais da empresa pode ser vista na tabela seguinte.

BP (em milhões)	Ano 1	Ano 2	Ano 3
ATIVO TOTAL	913.409	1.051.792	1.156.937
ATIVO CIRCULANTE	688.107	833.901	927.882
.Disponibilidades e Aplic. Financeiras	201.180	304.685	484.106
.Clientes	312.560	367.550	321.885
.Estoques	146.234	126.938	96.297
.Outros AC	28.133	34.728	25.594
ANC	225.302	217.891	229.055
PASSIVO TOTAL	913.409	1.051.792	1.156.937
PASSIVO CIRCULANTE	103.236	183.192	153.520
.Fornecedores	25.525	24.059	15.981
.Financiamentos (inclui Debêntures)	14.768	19.732	25.280
.Impostos, Taxas e Contribuições	4.773	9.801	8.417
.Provisões Diversas	53.040	59.916	54.725
.Outros PC	5.130	69.684	49.117
PNC	117.447	128.911	150.850
PATRIMÔNIO LÍQUIDO	692.726	739.689	852.567

Usando a análise financeira dinâmica, interprete a evolução dos números da empresa. O que é possível concluir? Quais os impactos dessa evolução sob o ponto de vista da solvência da empresa?

23. Carregue o aplicativo **AnaliseFacil.xls**. Solicite os números disponíveis para o intervalo entre os anos 1 e 5 da Móveis Titanic (código 12). Analise as informações disponíveis e responda o que se pede.

Parte I. Análise do capital circulante líquido. Pede-se: (a) Qual o CDG da empresa no ano 1? (b) O que este número quer dizer? (c) E qual o valor no ano 5?

Parte II. Análise operacional. Pede-se: (d) Qual o IOG da empresa no ano 3? (e) O que este número quer dizer? (f) Analise a evolução do ano 1 ao ano 5. (g) Qual o principal responsável pela evolução do IOG? O aumento ou diminuição dos ativos ou passivos operacionais?

Parte III. Análise financeira. Pede-se: (h) Qual o saldo de tesouraria no ano 4? (i) O que este número quer dizer?

Parte IV. Análise integrada. Pede-se: (j) Analise e comente a evolução dinâmica dos números da Móveis Titanic entre os anos 1 e 5.

24. Carregue o aplicativo **AnaliseFacil.xls**. Solicite os números disponíveis para os anos 8 a 10 da Eucachapas (código 13) e da Durachapas (código 14). Analise as informações disponíveis para as duas empresas e responda o que se pede.

Parte I. Análise do capital de giro. Considere o ano 8. Pede-se: (a) Qual o CDG da Durachapas? (b) E o da Eucachapas? (c) Analise comparativamente os dois números. O que indica o CDG?

Parte II. Análise operacional. Considere o ano 8. Pede-se: (d) Qual o IOG da Durachapas? (e) E o da Eucachapas? (f) Analise comparativamente os dois números. O que indica o IOG?

Parte III. Análise financeira. Considere o ano 10. Pede-se: (g) Qual o ST da Durachapas? (h) E o da Eucachapas? (i) Analise comparativamente os dois números.

Parte IV. Análise conjunta. Pede-se: (j) Analise de forma comparativa os números das duas empresas entre os anos 8 a 10. O que é possível constatar?

11

 O Modelo AnaliseFacil.xls

"Simplicidade, simplicidade, simplicidade! Tenha dois ou três afazeres e não cem ou mil; em vez de um milhão, conte meia dúzia... No meio desse mar agitado da vida civilizada há tantas nuvens, tempestades, areias movediças e mil e um itens a considerar, que o ser humano tem que se orientar – se ele não afundar e definitivamente acabar não fazendo sua parte – por uma técnica simples de previsão, além de ser um grande calculista para ter sucesso. Simplifique, simplifique."
Henry Thoreau

Objetivos do capítulo

A planilha eletrônica Microsoft Excel representa um importante instrumento facilitador da análise de demonstrações contábeis. A inserção de fórmulas simples simplifica o processo de obtenção e leitura dos diferentes indicadores.

Este capítulo apresenta o aplicativo AnaliseFacil.xls, desenvolvido com o objetivo de facilitar o armazenamento de demonstrações contábeis e a sua posterior análise.

Salvando o aplicativo em seu computador

O aplicativo AnaliseFacil.xls encontra-se disponível no *site* <www.Minhas-Aulas.com.br>, desenvolvido especialmente para dar suporte ao texto publicado pela Editora Atlas. O *site* apresenta inúmeros recursos complementares aos nossos diversos livros, como planilhas, *slides*, exercícios extras, soluções de exercícios, relações de fórmulas e tabelas e muitos outros.

Figura 11.1   Tela de abertura do site <www.MinhasAulas.com.br>.

Para ter acesso aos recursos de apoio desenvolvidos especialmente para este livro, é preciso clicar sobre a miniatura da capa do livro, disponível na tela de abertura do *site*. Além do aplicativo AnaliseFacil.xls, outros recursos podem ser obtidos, a exemplo de soluções de exercícios do livro, *slides* para aulas e materiais complementares.

Conhecendo o aplicativo

A tela inicial do AnaliseFacil.xls está apresentada na Figura 11.2.

O modelo AnaliseFacil.xls 281

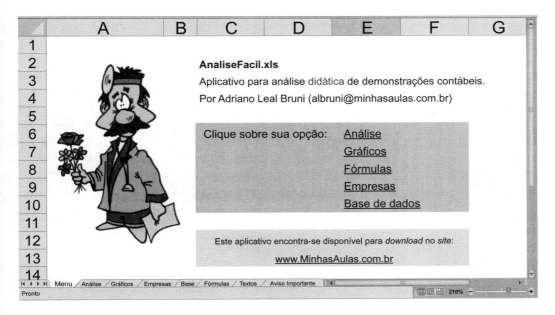

Figura 11.2   *Tela inicial do AnaliseFacil.xls.*

Por meio da tela inicial pode-se clicar sobre as diferentes opções do aplicativo, representadas por meio das guias Análise, Gráficos, Fórmulas, Empresas e Base de dados. Além destas guias, outros conteúdos podem ser vistos nas guias Fórmulas, Textos e Aviso Importante. Uma descrição de todas as guias do aplicativo pode ser vista na Figura 11.3.

Guia	Descrição
Menu	Exibe o menu com as opções de navegação na planilha.
Análise	Permite escolher o código da empresa e os anos a analisar. Na sequência apresenta as demonstrações contábeis, a análise vertical, horizontal e os diversos grupos de índices.
Gráficos	Apresenta gráficos para os diferentes grupos de índices.
Empresas	Fornece a relação de empresas com demonstrações contidas na base de dados.
Base	Apresenta as demonstrações contábeis das empresas que podem ser analisadas.
Fórmulas	Exibe a relação de fórmulas utilizadas para os cálculos dos diferentes índices.
Textos	Fornece pequenos textos de apoio à análise de algumas das empresas presentes na base de dados.
Aviso Importante	Traz aviso relevante sobre o uso deste aplicativo.

Figura 11.3   *Guias do AnaliseFacil.xls.*

A última guia apresentada na Figura 11.3 destaca o fato do caráter didático do aplicativo AnaliseFacil.xls, construído com o objetivo de dar suporte ao livro *A Análise Contábil e Financeira*, publicado pela Editora Atlas.

AVISO IMPORTANTE

Os modelos aqui apresentados destinam-se exclusivamente a dar suporte didático ao texto *A Análise Contábil e Financeira*, publicado pela Editora Atlas. Embora os melhores esforços tenham sido colocados na sua elaboração, os autores e a editora não dão nenhum tipo de garantia, implícita ou explícita, sobre todo o material, incluindo modelos, textos, documentos e programas. Os autores e a editora não se responsabilizam por quaisquer incidentes ou danos decorrentes da compra, da *performance* ou do uso dos modelos, teorias e/ou exemplos apresentados no livro ou nesta planilha.

Figura 11.4   *Aviso importante sobre o uso do AnaliseFacil.xls.*

A guia Análise

A primeira guia, Análise, permite resgatar da base de dados demonstrações contábeis, para as quais é apresentada a análise vertical, horizontal e são calculados e apresentados os principais índices.

AnaliseFacil.xls – Aplicativo para análise didática de demonstrações contábeis.
Por Adriano Leal Bruni (albruni@minhasaulas.com.br)

Digite o código da empresa: **16**

Empresa selecionada: Pinguim Comercial S.A.

Digite ano inicial: **1**
Digite ano final: **6**

.BP – Pinguim	Ano 1	Ano 2	Ano 3	Ano 4	Ano 5	Ano 6
.Disponibilidades	258.683,00	578.331,00	240.094,00	322.211,00	612.172,00	720.863,00
.Clientes	352.248,00	365.133,00	584.430,00	717.210,00	762.068,00	896.811,00
.Estoques	230.303,00	218.922,00	313.777,00	338.246,00	460.212,00	367.302,00
.Outros AC	54.008,00	49.226,00	92.955,00	94.719,00	144.702,00	362.760,00
Subtotal AC	895.242,00	1.211.612,00	1.231.256,00	1.472.386,00	1.979.154,00	2.347.736,00
.Realizáveis a LP	444.417,00	97.553,00	288.517,00	131.029,00	136.893,00	265.964,00
.Investimento	893,00	893,00	881,00	881,00	847,00	753,00
.Imobilizado	172.684,00	185.858,00	194.068,00	210.691,00	208.166,00	200.520,00
.Intangível	–	–	–	–	–	–
Subtotal ANC	617.994,00	284.304,00	483.466,00	342.601,00	345.906,00	467.237,00
Total do Ativo	1.513.236,00	1.495.916,00	1.714.722,00	1.814.987,00	2.325.060,00	2.814.973,00
.Empréstimos CP	207.488,00	511.528,00	434.026,00	516.325,00	901.794,00	1.351.378,00
.Fornecedores	193.213,00	238.235,00	317.331,00	471.414,00	576.316,00	455.258,00
.Impostos CP	70.339,00	70.506,00	81.973,00	99.426,00	70.252,00	71.436,00
.Outros PC	–	–	–	–	–	–
Subtotal PC	471.040,00	820.269,00	833.330,00	1.087.165,00	1.548.362,00	1.878.072,00
Subtotal PNC	480.951,00	113.492,00	284.155,00	98.658,00	98.077,00	211.731,00
Patrimônio líquido	561.245,00	562.155,00	597.237,00	629.164,00	678.621,00	725.170,00
Total do Passivo e PL	1.513.236,00	1.495.916,00	1.714.722,00	1.814.987,00	2.325.060,00	2.814.973,00

Análise / Gráficos / Empresas / Base / Fórmulas / Textos / Aviso Importante

Figura 11.5   *Tela da guia Análise: BP da Pinguim Comercial.*

A Figura 11.5 apresenta o início da planilha contida na guia Análise. No exemplo, foi selecionada a empresa de código 16 (Pinguim Comercial), anos 1 a 6. A primeira parte da planilha apresenta o balanço patrimonial, recuperado da base de dados contida no AnaliseFacil.xls. Em seguida, a planilha apresenta a DRE, seguida da análise vertical, horizontal e dos indicadores.

A análise vertical dos números da Pinguim Comercial está apresentada na Figura 11.6.

284   A Análise Contábil e Financeira • Bruni

AV do BP – Pinguim	Ano 1	Ano 2	Ano 3	Ano 4	Ano 5	Ano 6
.Disponibilidades	17,1	38,7	14,0	17,8	26,3	25,6
.Clientes	23,3	24,4	34,1	39,5	32,8	31,9
.Estoques	15,2	14,6	18,3	18,6	19,8	13,0
.Outros AC	3,6	3,3	5,4	5,2	6,2	12,9
Subtotal AC	59,2	81,0	71,8	81,1	85,1	83,4
.Realizáveis a LP	29,4	6,5	16,8	7,2	5,9	9,4
.Investimento	0,1	0,1	0,1	0,0	0,0	0,0
.Imobilizado	11,4	12,4	11,3	11,6	9,0	7,1
.Intangível	0,0	0,0	0,0	0,0	0,0	0,0
Subtotal ANC	40,8	19,0	28,2	18,9	14,9	16,6
Total do Ativo	100,0	100,0	100,0	100,0	100,0	100,0
	0,0	0,0	0,0	0,0	0,0	0,0
.Empréstimos CP	13,7	34,2	25,3	28,4	38,8	48,0
.Fornecedores	12,8	15,9	18,5	26,0	24,8	16,2
.Impostos CP	4,6	4,7	4,8	5,5	3,0	2,5
.Outros PC	0,0	0,0	0,0	0,0	0,0	0,0
Subtotal PC	31,1	54,8	48,6	59,9	66,6	66,7
Subtotal PNC	31,8	7,6	16,6	5,4	4,2	7,5
Patrimônio líquido	37,1	37,6	34,8	34,7	29,2	25,8
Total do Passivo e PL	100,0	100,0	100,0	100,0	100,0	100,0

AV do DRE – Pinguim	Ano 1	Ano 2	Ano 3	Ano 4	Ano 5	Ano 6
Receita Bruta	123,1	124,3	131,0	131,7	129,1	131,2
(–) Deduções	– 23,1	– 24,3	– 31,0	– 31,7	– 29,1	– 31,2
Receita Líquida	100,0	100,0	100,0	100,0	100,0	100,0
(–) CMV	– 74,9	– 73,0	– 71,1	– 73,8	– 73,8	– 76,5
Lucro Bruto	25,1	27,0	28,9	26,2	26,2	23,5

Análise / Gráficos / Empresas / Base / Fórmulas / Textos / Aviso Importante

Figura 11.6   *Tela da guia Análise: AV da Pinguim Comercial.*

Os números da análise horizontal da Pinguim Comercial podem ser vistos
na Figura 11.7.

AH do BP – Pinguim	Ano 1	Ano 2	Ano 3	Ano 4	Ano 5	Ano 6
.Disponibilidades	100,0	223,6	92,8	124,6	236,6	278,7
.Clientes	100,0	103,7	165,9	203,6	216,3	254,6
.Estoques	100,0	95,1	136,2	146,9	199,8	159,5
.Outros AC	100,0	91,1	172,1	175,4	267,9	671,7
Subtotal AC	100,0	135,3	137,5	164,5	221,1	262,2
.Realizáveis a LP	100,0	22,0	64,9	29,5	30,8	59,8
.Investimento	100,0	100,0	98,7	98,7	94,8	84,3
.Imobilizado	100,0	107,6	112,4	122,0	120,5	116,1
.Intangível						
Subtotal ANC	100,0	46,0	78,2	55,4	56,0	75,6
Total do Ativo	100,0	98,9	113,3	119,9	153,6	186,0
.Empréstimos CP	100,0	246,5	209,2	248,8	434,6	651,3
.Fornecedores	100,0	123,3	164,2	244,0	298,3	235,6
.Impostos CP	100,0	100,2	116,5	141,4	99,9	101,6
.Outros PC						
Subtotal PC	100,0	174,1	176,9	230,8	328,7	398,7
Subtotal PNC	100,0	23,6	59,1	20,5	20,4	44,0
Patrimônio líquido	100,0	100,2	106,4	112,1	120,9	129,2
Total do Passivo e PL	100,0	98,9	113,3	119,9	153,6	136,0

AH da DRE – Pinguim	Ano 1	Ano 2	Ano 3	Ano 4	Ano 5	Ano 6
Receita Bruta	100,0	93,0	115,2	133,7	142,4	156,3
(–) Deduções	100,0	96,8	145,5	171,6	171,3	198,0
Receita Líquida	100,0	92,1	108,2	125,0	135,8	146,6
(–) CMV	100,0	89,8	102,8	123,3	133,9	149,8
Lucro Bruto	100,0	99,0	124,5	130,0	141,3	137,2

Análise / Gráficos / Empresas / Base / Fórmulas / Textos / Aviso Importante

Figura 11.7   *Tela da guia Análise: AH da Pinguim Comercial.*

O modelo AnaliseFacil.xls **285**

Posteriormente à apresentação do balanço, da DRE e das análises vertical e horizontal são apresentados os indicadores, em diferentes grupos. A Figura 11.8 apresenta os indicadores de liquidez, estrutura de capital e lucratividade da Pinguim Comercial.

INDICADORES CONTÁBEIS – Pinguim						
INDICADORES DE LIQUIDEZ	Ano 1	Ano 2	Ano 3	Ano 4	Ano 5	Ano 6
Liquidez geral	1,41	1,40	1,36	1,35	1,29	1,25
Liquidez corrente	1,90	1,48	1,48	1,35	1,28	1,25
Liquidez seca	1,41	1,21	1,10	1,04	0,98	1,05
Liquidez imediata	0,55	0,71	0,29	0,30	0,40	0,38
INDICADORES DE ESTRUTURA DE CAPITAL	Ano 1	Ano 2	Ano 3	Ano 4	Ano 5	Ano 6
Endividamento	0,63	0,62	0,65	0,65	0,71	0,74
Part. do capital de terceiros	1,70	1,66	1,87	1,88	2,43	2,88
Alavancagem dos recursos próprios	2,70	2,66	2,87	2,88	3,43	3,88
Composição do endividamento	0,49	0,88	0,75	0,92	0,94	0,90
Imobilização do PL	0,31	0,33	0,32	0,33	0,31	0,28
Imobilização dos recursos não correntes	0,76	0,70	0,77	0,76	0,71	0,71
INDICADORES DE LUCRATIVIDADE	Ano 1	Ano 2	Ano 3	Ano 4	Ano 5	Ano 6
Margem bruta (em %)	25,13	27,02	28,90	26,15	26,16	23,52
Margem operacional (em %)	5,66	4,03	9,48	8,13	6,49	5,12
Margem líquida (em %)	2,07	1,00	3,68	2,67	2,26	2,23
Margem de Ebitda (em %)						

Figura 11.8   *Tela da guia Análise: indicadores de liquidez, estrutura de capital e lucratividade da Pinguim Comercial.*

A Figura 11.9 apresenta os indicadores de atividade e rentabilidade da Pinguim Comercial.

INDICADORES DE ATIVIDADE	Ano 1	Ano 2	Ano 3	Ano 4	Ano 5	Ano 6
Compras estimadas (em $ mil)		1.895.626,00	1.827.358,00	2.408.920,00	2.861.678,00	3.002.842,00
Giro anual dos ativos (ativo médio)		1,44	1,58	1,66	1,54	1,34
(ativo do ano)	1,55	1,45	1,48	1,62	1,37	1,22
Giro anual dos estoques		7,03	6,79	6,65	5,90	6,37
Prazo médio de estocagem (em dias, ano civil)		51,91	53,78	54,89	61,88	57,33
Giro anual de clientes		6,03	5,36	4,51	4,31	4,15
Prazo médio de recebimento (em dias, ano civil)		60,50	68,16	80,92	84,66	87,90
Giro anual de fornecedores		8,79	6,58	6,11	5,46	5,82
Prazo médio de pagamento (em dias, ano civil)		41,54	55,48	59,76	66,82	62,69
Posicionamento relativo		1,46	1,23	1,35	1,27	1,40
Giro anual de obrigações fiscais		7,45	10,35	10,26	10,95	15,16
Prazo médio de recolhimento de OF (em dias, ano civil)		48,98	35,27	35,59	33,33	24,08
Ciclo operacional (em dias)		112,41	121,94	135,82	146,53	145,22
Ciclo financeiro (em dias)		70,88	66,45	76,06	79,72	82,53
Ciclo econômico (em dias)		51,91	53,78	54,89	61,88	57,33
INDICADORES DE RENTABILIDADE	Ano 1	Ano 2	Ano 3	Ano 4	Ano 5	Ano 6
ROI em % a.a. (ativo médio)		1,44	5,83	4,45	3,47	2,98
(ativo do ano)	3,21	1,45	5,46	4,32	3,09	2,72
ROE em % a.a. (ativo médio)		3,85	16,14	12,80	11,00	10,92
(ativo do ano)	8,67	3,85	15,67	12,47	10,60	10,57

Figura 11.9   *Tela da guia Análise: indicadores de atividade e rentabilidade da Pinguim Comercial.*

286 A Análise Contábil e Financeira • Bruni

Os indicadores dinâmicos são apresentados por último na planilha, conforme destaca a Figura 11.10.

DINÂMICO – Pinguim	Ano 1	Ano 2	Ano 3	Ano 4	Ano 5	Ano 6
ATIVO CIRCULANTE	895.242,00	1.211.612,00	1.231.256,00	1.472.386,00	1.979.154,00	2.347.736,00
ACO	582.551,00	584.055,00	898.207,00	1.055.456,00	1.222.280,00	1.264.113,00
.Clientes	352.248,00	365.133,00	584.430,00	717.210,00	762.068,00	896.811,00
.Estoquess	230.303,00	218.922,00	313.777,00	338.246,00	460.212,00	367.302,00
ACF	312.691,00	627.557,00	333.049,00	416.930,00	756.874,00	1.083.623,00
.Disponibilidades	258.683,00	578.331,00	240.094,00	322.211,00	612.172,00	720.863,00
.Outros AC	54.008,00	49.226,00	92.955,00	94.719,00	144.702,00	362.760,00
PASSIVO CIRCULANTE	471.040,00	820.269,00	833.330,00	1.087.165,00	1.548.362,00	1.878.072,00
PCO	263.552,00	308.741,00	399.304,00	570.840,00	646.568,00	526.694,00
.Fornecedores	193.213,00	238.235,00	317.331,00	471.414,00	576.316,00	455.258,00
.Impostos CP	70.339,00	70.506,00	81.973,00	99.426,00	70.252,00	71.436,00
RCF	207.488,00	511.528,00	434.026,00	516.325,00	901.794,00	1.351.378,00
.Empréstimos CP	207.488,00	511.528,00	434.026,00	516.325,00	901.794,00	1.351.378,00
.Outros PC	–	–	–	–	–	–
CDG (AC – PC)	424.202,00	391.343,00	397.926,00	385.221,00	430.792,00	469.664,00
IOG (ACO – PCO)	318.999,00	275.314,00	498.903,00	484.616,00	575.712,00	737.419,00
ST (ACF – PCF	105.203,00	116.029,00	(100.977,00)	(99.395,00)	(144.920,00)	(267.755,00)

Figura 11.10   *Tela da guia Análise: indicadores dinâmicos da Pinguim Comercial.*

A guia Gráficos

A guia Gráficos apresenta a evolução anual dos indicadores apresentados sob a forma de gráficos. Todos os gráficos estão apresentados conforme os grupos de índices.

A evolução dos indicadores de liquidez sob a forma de gráfico pode ser vista conforme apresenta a Figura 11.11.

AnaliseFacil.xls – Aplicativo para análise didática de demonstrações contábeis.
Por Adriano Leal Bruni (albruni@minhasaulas.com.br)

Indicadores de liquidez — Pinguim Comercial S.A.

Ano	1	2	3	4	5	6
Geral	1,41	1,40	1,36	1,35	1,29	1,25
Corrente	1,90	1,48	1,48	1,35	1,28	1,25
Seca	1,41	1,21	1,10	1,04	0,98	1,05
Imediata	0,55	0,71	0,29	0,30	0,40	0,38

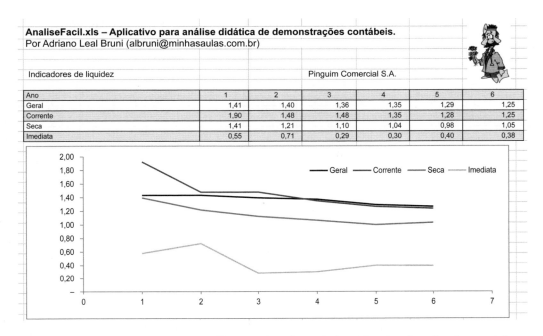

Figura 11.11   *Tela da guia Gráficos: indicadores de liquidez da Pinguim Comercial.*

A evolução dos indicadores de endividamento pode ser vista conforme ilustra a Figura 11.12.

Indicadores de endividamento — Pinguim Comercial S.A.

Ano	1	2	3	4	5	6
Endividamento	0,63	0,62	0,65	0,65	0,71	0,74
Part. do capital de terceiros	1,70	1,66	1,87	1,88	2,43	2,88
Alavancagem dos recursos próprios	2,70	2,66	2,87	2,88	3,43	3,88
Composição do endividamento	0,49	0,88	0,75	0,92	0,94	0,90
Imobilização do PL	0,31	0,33	0,32	0,33	0,31	0,28
Imobilização dos recursos não correntes	0,76	0,70	0,77	0,76	0,71	0,71

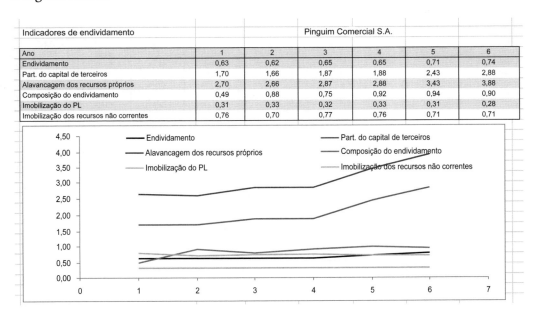

Figura 11.12   *Tela da guia Gráficos: indicadores de endividamento da Pinguim Comercial.*

A Figura 11.13 apresenta a evolução dos indicadores de lucratividade.

Indicadores de lucratividade			Pinguim Comercial S.A.			
Ano	1	2	3	4	5	6
Margem Bruta (em %)	25,13	27,02	28,90	26,15	26,16	23,52
Margem operacional (em %)	5,66	4,03	9,48	8,13	6,49	5,12
Margem líquida (em %)	2,07	1,00	3,68	2,67	2,26	2,23
Margem de Ebitda (em %)						

Figura 11.13 Tela da guia Gráficos: indicadores de lucratividade da Pinguim Comercial.

A evolução de parte dos indicadores de atividade, no caso prazos e ciclos, pode ser vista conforme apresenta a Figura 11.14.

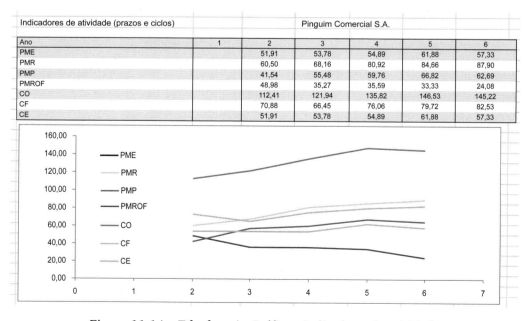

Indicadores de atividade (prazos e ciclos)			Pinguim Comercial S.A.			
Ano	1	2	3	4	5	6
PME		51,91	53,78	54,89	61,88	57,33
PMR		60,50	68,16	80,92	84,66	87,90
PMP		41,54	55,48	59,76	66,82	62,69
PMROF		48,98	35,27	35,59	33,33	24,08
CO		112,41	121,94	135,82	146,53	145,22
CF		70,88	66,45	76,06	79,72	82,53
CE		51,91	53,78	54,89	61,88	57,33

Figura 11.14 Tela da guia Gráficos: indicadores de atividade
(prazos e ciclos) da Pinguim Comercial.

A Figura 11.15 apresenta a segunda parte dos indicadores de atividade, no caso os índices de giro.

Indicadores de atividade (giros)			Pinguim Comercial S.A.			
Ano	1	2	3	4	5	6
IGA (médio)		1,44	1,58	1,66	1,54	1,34
IGA (ano)	1,55	1,45	1,48	1,62	1,37	1,22
IGE		7,03	6,79	6,65	5,90	6,37
IGC		6,03	5,36	4,51	4,31	4,15
IGF		8,79	6,58	6,11	5,46	5,82
IGOF		7,45	10,35	10,26	10,95	15,16

Figura 11.15 *Tela da guia Gráficos: indicadores de atividade (giros) da Pinguim Comercial.*

A evolução dos indicadores de rentabilidade pode ser vista na Figura 11.16.

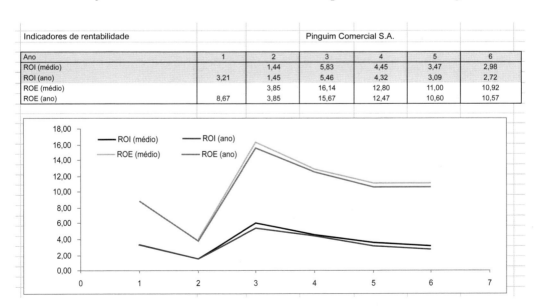

Indicadores de rentabilidade			Pinguim Comercial S.A.			
Ano	1	2	3	4	5	6
ROI (médio)		1,44	5,83	4,45	3,47	2,98
ROI (ano)	3,21	1,45	5,46	4,32	3,09	2,72
ROE (médio)		3,85	16,14	12,80	11,00	10,92
ROE (ano)	8,67	3,85	15,67	12,47	10,60	10,57

Figura 11.16 *Tela da guia Gráficos: indicadores de rentabilidade da Pinguim Comercial.*

A evolução ano a ano dos indicadores dinâmicos pode ser conferida conforme apresenta a Figura 11.17.

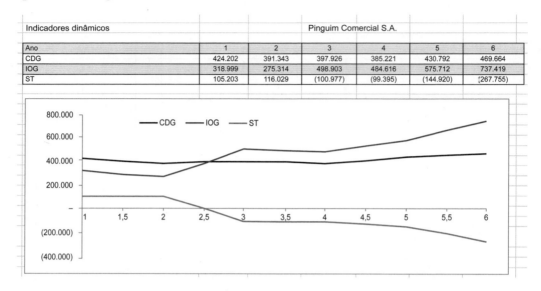

Figura 11.17 Tela da guia Gráficos: indicadores dinâmicos da Pinguim Comercial.

A guia Empresas

A descrição das empresas contidas na base de dados do AnaliseFacil.xls pode ser vista na Figura 11.18.

O modelo AnaliseFacil.xls **291**

	Código	Nome completo	Nome	Setor	Inspiração
1	1	Mercantil Ilustrativa Ltda.	Ilustrativa	Comercial	
2	2	Tijolinho Tijolão Ltda.	Tijolinho	Industrial	
3	3	Lá Vem A Tesoura S.A.	Lá Vem	Comercial	
4	4	Brastânio S.A.	Brastânio	Industrial	Millenium (antiga Tibrás, ano 1 = 2001)
5	5	Indústria Limeira Ltda.	Limeira	Industrial	
6	6	Microplus Cursos Ltda.	Microplus	Serviços	
7	7	Casa de Vinhos e Queijos Ltda.	Vinhos	Comercial	
8	8	Ind. de Confecções Itabira Ltda.	Itabira	Industrial	
9	9	Submarino Amarelo Ltda.	Submarino	Industrial	
10	10	Comercial Bolota Ltda.	Bolota	Comercial	
11	11	Lojas Valente S.A.	Valente	Comercial	Arapuan (ano 1 = 1995)
12	12	Móveis Titanic S.A.	Titanic	Industrial	Bergamo (ano 1 = 1998)
13	13	Eucachapas Industrial S.A.	Eucachapas	Industrial	Eucatex (ano 1 = 1998)
14	14	Durachapas Industrial S.A.	Durachapas	Industrial	Duratex (ano 1 = 1998)
15	15	Forjas Bigorna S.A.	Bigorna	Industrial	Taurus (ano 1 = 2002)
16	16	Pinguim Comercial S.A.	Pinguim	Comercial	Globex Ponto Frio (ano 1 = 2002)
17	17	Lojas Corcovado S.A.	Corcovado	Comercial	Pão-de-Açucar (ano 1 = 2002)
18	18				
19	19				
20	20				
21	21				
22	22				
23	23				
24	24				

Figura 11.18   *Tela da guia Empresas: casos contidos no AnaliseFacil.xls.*

Conforme apresenta a Figura 11.18, é possível ver ou registrar informações sobre as empresas com demonstrações contábeis na base de dados, a exemplo do código da empresa, do nome completo, do nome (resumido) e do setor e sobre qual empresa serviu de inspiração para as demonstrações contidas na base de dados.

A guia Base

As demonstrações contidas no AnaliseFacil.xls podem ser vistas ou armazenadas na guia Base, conforme apresenta a Figura 11.19.

	B	C	D	E	F	G	H	I	J	K	L	M	N	O
1			Atenção: os códigos das empresas e os anos das demonstrações devem ser crescentes!											
2		Cód. Demonstrações	1001	1002	1003	2001	2002	2003	3001	3002	3003	4001	4002	4003
3		Cód. Empresa	1	1	1	2	2	2	3	3	3	4	4	4
4		Ano	1	2	3	1	2	3	1	2	3	1	2	3
5		Nome Empresa	Ilustrativa	Ilustrativa	Ilustrativa	Tijolinho	Tijolinho	Tijolinho	Lá Vem	Lá Vem	Lá Vem	Brastânio	Brastânio	Brastânio
6														
7		Balanço Patrimonial												
8		.Disponibilidades	12	8,25	9	7	9	10	7	8	9	13	49	20
9		.Clientes	12	18	15	15	12	14	20	37,5	60	32	40	53
10		.Estoques	12	24,75	15	12	6,6	7	18	30	40	48	45	62
11		.Outros AC				2	3	3	1	1,5	2	4	4	5
12		Subtotal AC	36	51	39	36	30,6	34	46	77	111	97	138	140
13		.Realizáveis a LP	8	7	5	6	4	2	8	7	5	3	6	7
14		.Investimento	9	12	13	8	7	4	8	7	4	5	5	6
15		.Imobilizado	80	82	84	120	160	220	120	110	105	251	300	314
16		.Intangível												
17		Subtotal ANC	97	101	102	134	171	226	136	124	114	259	311	327
18		Total do Ativo	133	152	141	170	201,6	260	182	201	225	356	449	467
19														
20		.Empréstimos CP	11,4	24,1	11,5	7	13	25	7	14	20	24	38	10
21		.Fornecedores	8	14,85	10	3	6,6	14	18	24	36	23	25	28
22		.Impostos CP	3,6	4,05	4,5	3	3,6	4,2	3	4,5	6	3	7	4
23		.Outros CP										22	25	25
24		Subtotal PC	23	43	26	13	23,2	43,2	28	42,5	62	72	95	67
25		Subtotal PNC	10	9	15	53,5	65,4	93,8	10	12	13	27	38	31
26		Patrimônio líquido	100	100	100	103,5	113	123	144	146,5	150	257	316	369

Menu / Análise / Gráficos / Empresas / Base / Fórmulas / Textos / Aviso Importante

Figura 11.19   *Tela da guia Base: demonstrações contidas no AnaliseFacil.xls.*

Em relação às informações das demonstrações contábeis registradas na guia Base, é preciso ter cuidado com dois aspectos importantes: os códigos das empresas e os anos das demonstrações devem ser crescentes.

A guia Fórmulas

A guia Fórmulas apresenta as principais fórmulas dos indicadores utilizados ao longo do livro e nas guias Análise e Gráficos do aplicativo AnaliseFacil.xls.

FÓRMULAS USUAIS PARA A ANÁLISE DE INDICADORES CONTÁBEIS

Por Adriano Leal Bruni (albruni@minhasaulas.com.br)

INDICADORES DE LIQUIDEZ

Índices principais

Liquidez geral	ILG = (Ativo Circ. + RLP)/(Passivo Circ. + ELP)
Liquidez corrente	ILC = Ativo Circulante/Passivo Circulante
Liquidez seca	ILS = (At. Circ. – Estoque)/Passivo Circulante
Liquidez imediata	ILI = Disponibilidades/Passivo Circulante

Outras fórmulas

Capital de giro	CDG = Ativo Circulante – Passivo Circulante
Liquidez seca modificado	ILS = (At. Circ. – K. Estoque)/Passivo Circulante
Rentabilidade dos ativos (em %)	ROI = (Lucros Líquidos)/(Investimentos ou Ativos Totais) x 100
Rentabilidade do PL (em %)	ROE = (Lucros Líquidos)/(Patrimônio Líquido) x 100

INDICADORES DE ESTRUTURA DE CAPITAL

Índices principais

Endividamento	IE = Capital Terceiros/(Capital de Terceiros + Patr. Líquido
Participação do capital de terceiros	IPCT = (Capital Terceiros/Patr. Líquido)
Alavancagem dos recursos próprios	IARP = Ativo/Patrimônio Líquido
Composição do endividamento	ICE = (Passivo Circ./Capital Terceiros)
Imobilização do Patrimônio Líquido	IIPL = (Ativo Imobilizado/Patrimônio Líquido)
Imobilização dos Recursos Não Correntes	IIRNC = (Ativo Imobilizado/(ELP + REF + Patrimônio Líquido))

Outras fórmulas

Grau de alavancagem operacional	GAO = (Variação % do Lajir)/(Variação % das Vendas)
Grau de alavancagem financeira	GAF = (Variação % do LL)/(Variação % do Lajir)
Grau de alavancagem combinada	GAC = GAO x GAF
Rentabilidade dos ativos (em %)	ROI = (Lucros Líquidos)/(Investimentos ou Ativos Totais) x 100
Rentabilidade do PL (em %)	ROE = (Lucros Líquidos)/(Patrimônio Líquido) x 100
Custo aparente das dívidas (em %)	Ka = Juros/Dívidas x 100
Custo efetivo das dívidas	Kd = Ka (1–IR)

INDICADORES DE LUCRATIVIDADE

Índices principais

Margem bruta (em %)	IMB = Lucro Bruto/Receita Líquida x 100
Margem operacional (em %)	IMO = Lajir/Receita Líquida x 100
Margem líquida (em %)	IML = Lucro Líquido/Receita Líquida x 100
Margem de Ebitda (em %)	IME = Ebitda + Vendas Líquidas x 100

Outras fórmulas

Ebit	Ebit = Lajir
Ebitda	Ebitda = Lajir + depreciação + amortização

Figura 11.20   *Tela da guia Fórmulas: liquidez, estrutura de capital e lucratividade.*

As equações dos indicadores de liquidez, estrutura de capital e lucratividade podem ser vistas na Figura 11.20.

INDICADORES DE GIROS E PRAZOS

Índices principais	
Giro dos ativos	IGA = Vendas Líquidas ÷ Ativo médio
Giro dos estoques	IGE = Custo dos Produtos Vendidos ÷ Estoque Médio
Prazo médio de estocagem em dias (ano civil)	PME em dias = (Estoque Médio x 365) ÷ CPV
Giro de clientes	IGC = Vendas Líquidas ÷ Clientes Médio
Prazo médio de recebimento em dias (ano civil)	PMR em dias = (Clientes Médio x 365) ÷ Vendas líquidas
Giro de fornecedores	IGF = Compras ÷ Fornecedores Médio
Prazo médio de pagamento em dias (ano civil)	PMP em dias = (Fornecedores Médio x 365) ÷ Compras
Posicionamento relativo	IPR = Prazo Médio de Recebimento ÷ Prazo Médio de Pagamento
Giro de obrigações fiscais	IGOF = Impostos Sobre Vendas ÷ Obrigações Fiscais a Pagar Médio
Prazo médio de recolhimento de OF em dias (ano civil)	PMROF em dias = (OF a Pagar Médio x 365) ÷ OF sobre vendas
Ciclo operacional	CO = PME + PMR
Ciclo financeiro	CF = (PME + PMR) – PMP
Ciclo econômico	CE = PME

Outras fórmulas	
Ano comercial	Considerar 360 dias (no lugar de 365 dias usados no ano civil)
Compras estimadas	Compras = Estoque final + CMV – Estoque inicial

INDICADORES DE RENTABILIDADE

Índices principais	
Rentabilidade dos investimentos ou ativos (ROI ou ROA)	ROI = (Lucro Líquido ÷ Ativo Total) x 100
	ROI = IML x IGA
Rentabilidade do PL (ROE)	ROE = (Lucro Líquido ÷ Patrimônio Líquido) x 100
	ROE = ROI x IARP = IML x IGA x IARP

Outras fórmulas	
Equity	Equity = PL

INDICADORES DINÂMICOS

ATICO CIRCULANTE	PASSIVO CIRCULANTE	
ACO	PCO	CDG = AC – PC
.Clientes	.Fornecedores	= = =
.Estoques	.Impostos CP	IOG = ACO – PCO
ACF	PCF	+ + +
.Disponibilidades	.Empréstimos CP	ST = ACF – PCF
.Outros AC	.Outros PC	

Capital de giro ou circulante líquido	CDG = AC – PC	CDG = IOG + ST
.Investimento operacional em giro ou NCG	IOG = ACO – PCO	
.Saldo de tesouraria	ST = ACF – PCF	

Figura 11.21   *Tela da guia Fórmulas: giros e prazos, rentabilidade e dinâmicos.*

Equações de indicadores de giros e prazos, rentabilidade e dinâmicos apresentados na guia Fórmulas podem ser vistos conforme apresenta a Figura 11.21.

Respostas

Capítulo 1

1. Parte I. a) A, b) E, c) A, d) A, e) C, f) B, g) A, h) A, i) B, j) B, k) E, l) D, m) C, n) A, o) A, p) E, q) A, r) A, s) B, t) A, u) A, v) E. Parte II. a) D: Estoques ou Mercadorias ($ 60 mil), C: Caixa ($ 12 mil) e Fornecedores ($ 48 mil), b) D: Caixa ($ 100 mil), Contas a receber CP ($ 280 mil) e Contas a receber LP ($ 320 mil), C: Terreno ($ 800 mil), c) D: Despesas com provisão para devedores duvidosos ($ 60 mil), C: Provisão para devedores duvidosos ($ 60 mil), d) D: Despesas com depreciação de equipamento ($ 30 mil), C: Depreciação acumulada de equipamento ($ 30 mil), e) Como se trata de uma operação de venda, é preciso reconhecer o ingresso das receitas e a saída dos custos. Reconhecendo o ingresso das receitas: D1: Caixa ($ 80 mil) e Clientes ($ 320 mil), C1: Receita de vendas ($ 400 mil). Reconhecendo a saída dos custos: D2: Custo de mercadorias vendidas ($ 120 mil), C2: Estoques ($ 120 mil), f) D: Caixa ($ 76 mil) e Despesas financeiras ($ 4 mil) e C: Duplicatas descontadas ($ 80 mil).
2. a) Ativo circulante, b) Zero, c) $ 4 mil, d) $ 20 mil, e) Zero.
3. a) $ 29 mil, b) $ 31 mil, c) $ 15 mil, d) $ 20 mil, e) $ 25 mil, f) $ 40 mil, g) $ 3,2 mil, h) $ 36,8 mil, i) $ 21 mil, j) $ 6,6 mil, k) $ 5,61 mil.
4. a) $ 410, b) $ 590, c) $ 300, d) $ 350, e) $ 350, f) $ 400, g) $ 48, h) $ 352, i) $ 120, j) $ 72, k) $ 47,52.
5. a) $ 108 mil, b) $ 360 mil.
6. a) 40,6, b) 115, c) 24.
7. a) 530.400,00, b) 499.200,00, c) 27.460,00, d) 1.122,00, e) 2.618,00.
8. a) 171.000,00, b) 108.000,00, c) 14.140,00, d) 9.772,00, e) 39.088,00.

9.   a) $ 520,00, b) $ 568,00, c) $ 640,00, d) $ 88,00, e) $ 590,00, f) $ 658,00, g) $ 660,00.

10.

	I	II	III	IV	V	VI	Soma
Ativo	150	48	50	28	40	0	316
AC							
Caixa	150	– 32	50	– 12		– 30	126
Estoque					40		40
ANC							
Aplicação financeira (RLP)						30	30
Veículo		80					80
Móveis de escritório				40			40
Passivo e PL	150	48	50	28	40	0	316
PC							
Fornecedores					40		40
Contas a pagar (CP)		30		28			58
Empréstimos (CP)			30				30
PNC							
Contas a pagar (LP)		18					18
Empréstimos (LP)			20				20
PL							
Capital	150						150

11.

	I	II	III	IV	Soma	ARE	Soma
Ativo	60	0	20	– 5	75		75
AC							
Caixa	60	– 30	32	– 5	57		57
Contas a receber			8		8		8
Estoque		30	– 20		10		10
Passivo e PL	60	0	0	0	60		75
PL							
Capital	60				60		60
Resultado acumulado						15	15
							0
DRE							
Receita			40		40	– 40	0
(–) CMV			– 20		– 20	20	0
(–) Despesa				– 5	– 5	5	0
(=) Resultado					15	– 15	0

12.

	I	II	III	IV	V	VI	VII	Soma	ARE	Soma
Ativo	50	− 5	− 6	− 3	− 4	40	− 1,5	70,5		70,5
AC										
Caixa	50	− 5	− 6	− 3	− 4	40	− 1,5	70,5		70,5
Passivo e PL	50	0	0	0	0	0	0	50		70,5
PL										
Capital	50							50		50
Resultado acumulado									20,5	20,5
DRE										
Receita						40		40	− 40	0
(−) Impostos s/ vendas				− 3				− 3	3	0
(−) Aluguel		− 5						− 5	5	0
(=) Mão de obra			− 6					− 6	6	0
(−) Outras despesas					− 4			− 4	4	0
(−) IR							− 1,5	− 1,5	1,5	0
(=) Resultado								20,5	− 20,5	0

13.

	I	II	III	Soma	IV	V	VI	VII	VIII	IX	Soma	ARE	Soma
Ativo													
Caixa	80		– 12	68	18	– 5	– 2	– 4		– 10	65		65
Contas a receber					12						12		12
Veículo			60	60							60		60
(–) Deprec. acumulada									– 1		– 1		– 1
Passivo													
Salários a pagar							1				1		1
Contas a pagar (CP)			10	10						– 10	0		0
Contas a pagar (LP)			38	38							38		38
PL													
Capital	80			80							80		80
Resultado acumulado												17	17
DRE													
Receita					30						30	– 30	
(–) Funcionários oper.						– 5					– 5	5	
(–) Aluguel								– 4			– 4	4	
(–) Funcionários adm.							– 3				– 3	3	
(–) Desp. depreciação do veíc.									– 1		– 1	1	
(=) Resultado											17	– 17	

14.

	I	II	III	IV	V	VI	VII	VIII	IX	X	Soma	ARE	Soma
Ativo													
.Caixa	800	–100	–150	480	–230		–210		–80	–35,37	474,63		474,63
.Clientes				320							320		320,00
.Estoque de combust.			150				210	–270			90		90,00
.Veículos		500									500		500,00
.(–) Deprec. acumulada						–4,17					–4,17		–4,17
Total do ativo													1.380,46
Passivo													
.Salários a pagar											0		0,00
.Contas a pagar (CP)		150									150		150,00
Contas a pagar (LP)		250									250		250,00
PL											0		0,00
.Capital	800										800		800,00
.Resultados acumulados											0	180,46	180,46
Total do passivo e PL													1.380,46
DRE													
.Receita				800							800	–800	
.(–) Impostos s/vendas									–80		–80	80	
.(–) Custos diversos					–150	–4,17					–154,17	154,17	
.(–) Combust. consumido								–270			–270	270	
.(–) Despesas diversas					–80						–80	80	
.(–) Imposto de renda										–35,37	–35,37	35,37	
(=) Resultado do exercício											0	–180,46	

15.

	I	II	Saldo	III	IV	V	VI	VII	VIII	IX	Saldo
Ativo											197,58
AC											
.Caixa	↑ 100	●– 24	76	↟ 90	●– 56	●– 16		●– 7,5	●– 16	●– 5,93	64,58
.Contas a receber				60							60,00
.(–) PDD							●– 12				(12,00)
.Estoques		↓↑ 80	80	– 75 ●		↓↑ 80					85,00
Passivo											197,58
.Fornecedores		● 56	56		↓ – 56	● 64					64,00
PL											
.Capital	● 100		100								100,00
.Lucro do exercício											33,58
DRE											
.Receita				●● 150							150,00
.(–) Impostos s/ vendas								↓ – 7,5			(7,50)
.(–) CMV				– 75 ↓							(75,00)
.(–) Despesas									↓ – 16		(16,00)
.(–) PDD							↓ – 12				(12,00)
.(–) Imposto de renda										↓ – 5,93	(5,93)
(=) Lucro do exercício											33,58

16. a) $ 20.000,00, b) $ 320,00, c) $ 3.280,00.

17. a) $ 3.800,00, b) $ 3.200,00, c) ($ 470,00), d) $ 810,00, e) $ 2.625,00, f) $ 2.435,00.

18. a) 162.000,00, b) 182.400,00, c) 28.400,00, d) (48.800,00).

Capítulo 2

1.   I A, II B, III A, IV B, V C, VI B.

2.   C.

3.   D.

4.   D.

5.   a) $ 4, b) $ 2.

6.   a) No BP de abertura: Caixa = Capital = $ 500,00, b) $ 90,00, c) – $ 25,00, d) $ 475,00, e) $ 120,00.

7.   a) $ 50, b) $ 24, c) $ 49,2, d) $ 12, e) $ 56, f) $ 28, g) $ 39,2, h) $ 0.

8.   a) $ 580, b) $ 400, c) $ 300, d) $ 80, e) $ 800, f) $ 50, g) $ 70, h) $ 20.

9.   a) $ 3.200,00, b) $ 400,00.

10. a) 230, b) 250, c) 298, d) 318 (em $ mil).

Capítulo 3

1.   As letras *a* e *b* da Parte I estão apresentadas a seguir.

Número	Ano 1	Ano 2	Ano 3
Cartões de crédito	53	68	79
Cartões de débito	138	171	187
Cartões de lojas (*private label*)	86	99	112
Soma	277	338	378

AV%	Ano 1	Ano 2	Ano 3
Cartões de crédito	19	20	21
Cartões de débito	50	51	49
Cartões de lojas (*private label*)	31	29	30
Soma	100	100	100

AH%	Ano 1	Ano 2	Ano 3
Cartões de crédito	100	128	149
Cartões de débito	100	124	136
Cartões de lojas (*private label*)	100	115	130
Soma	100	122	136

Existe um leve crescimento relativo dos cartões de crédito, acompanhado de uma pequena redução relativa dos cartões de débito.

As letras *c* e *d* da Parte II estão calculadas na tabela seguinte.

	Ano 1	Ano 2	Ano 3
Cartões de crédito			
Cardirrede	72,36	72,35	75,60
Netvisa	75,25	72,33	64,73
Cartões de débito			
Cardirrede	40,18	41,57	43,38
Netvisa	45,22	46,71	47,14

Os números da tabela anterior sugerem que as transações nas duas empresas são parecidas. Os valores são próximos. As transações com cartões de crédito costumam ser, em média, maiores que as transações de débito. Comparando os números das duas empresas, percebemos que os números associados aos cartões de crédito da Cardirrede aumentaram, enquanto os da Netvisa foram reduzidos. Em relação aos números referentes aos cartões de débito, ambos evoluíram positivamente e os valores da Netvisa são ligeiramente superiores.

2. a) É possível perceber que o sabor laranja tem aumentado em detrimento dos sabores cola e limão que foram reduzidos. O sabor Guaraná se manteve aproximadamente estável.

Descrição	Ano 1	Ano 2	Ano 3
Cola (em mil litros)	170	204	235
Limão (em mil litros)	180	198	214
Laranja (em mil litros)	220	308	400
Guaraná (em mil litros)	450	518	674
Produção total (em mil litros)	1.020	1.228	1.523

AV%	Ano 1	Ano 2	Ano 3
Cola (em mil litros)	17	17	15
Limão (em mil litros)	18	16	14
Laranja (em mil litros)	22	25	26
Guaraná (em mil litros)	44	42	44
Produção total (em mil litros)	100	100	100

AH%	Ano 1	Ano 2	Ano 3
Cola (em mil litros)	72	87	100
Limão (em mil litros)	84	93	100
Laranja (em mil litros)	55	77	100
Guaraná (em mil litros)	67	77	100
Produção total (em mil litros)	67	81	100

b) Os indicadores de faturamento foram ligeiramente reduzidos. Porém, os indicadores de lucros aumentaram, sugerindo a elevação da margem de lucro da empresa.

	Ano 1	Ano 2	Ano 3
Faturamento por produção	0,66	0,68	0,64
Lucro por produção	0,13	0,10	0,18
Faturamento por ponto de venda	11,55	10,64	8,82
Lucro por ponto de venda	2,31	1,63	2,50

c) Comparando os números da Refrigerantes Espumantes com as médias do mercado é possível perceber que o faturamento da empresa é ligeiramente maior que a média do mercado. Porém, os indicativos de lucro são ligeiramente inferiores, sugerindo que a empresa pratica preços menores ou apresenta gastos relativamente maiores.

3.

	Ano 1	Ano 2	Ano 3
Liso	40	48	62,4
Estampado	25	22,5	33,75
Soma	65	70,5	96,15

AV%	Ano 1	Ano 2	Ano 3
Liso	62	68	65
Estampado	38	32	35
Soma	100	100	100

AH%	Ano 1	Ano 2	Ano 3
Liso	100	120	156
Estampado	100	90	135
Soma	100	108	148

306 A Análise Contábil e Financeira • Bruni

4. a) Ano 1, b) Ano 3.

	Ano 1	Ano 2	Ano 3
Produção	65	70,5	96,15
Lucro	250	270	280
Algodão	1.200	1.300	1.500
a) Lucro/Produção	3,85	3,83	2,91
b) Algodão/Produção	18	18	16

5. a) 40,48, b) 30,30, c) 150,00, d) 127,27.

6. O caso chama a atenção para os desafios associados à compreensão do futuro. A empresa não se viu preparada para enfrentar o mundo pós-Plano Real. Não se preparou para atender às novas necessidades do mercado e pagou muito caro por isso.

Capítulo 4

1. I E, II E.

2. Lembre-se que é preciso mover as contas Duplicatas Descontadas e Empréstimos a coligadas, além de fazer os ajustes contidos no enunciado. Após todos os ajustes terem sido feitos, os valores são: a) $ 1.065,00, b) $ 1.605,00, c) $ 855,00.

3. a) $ 89,00, b) $ 532,00, c) $ 90,00, d) $ 290,00, e) $ 241,00. Ao efetuar os ajustes da Parte II é preciso lembrar de mover a conta duplicatas descontadas. f) $ 111,50, g) $ 382,00, h) $ 162,00, i) $ 292,81, j) $ 38,69.

4. a) $ 40,20, b) $ 47,85.

5. 78,46.

6. a) 4 mil, b) 24 mil, c) 26,67 mil, d) 13,33 mil, e) 10, f) 60, g) 66,67.

7. a) 125%, b) 37,5%.

8. a) 150%, b) 31,25%.

9. a) 100%, b) 60%, c) 107,5%, d) 5%, e) 8,87%, f) 21,18%, g) 3,33%, h) 16,6%.

10. a) 230,9%, b) 23,5%.

11. a) Ano 5, b) 43,8% no ano 1, c) Ano 4, d) 0,9%, e) Disponibilidades, f) Patrimônio líquido, g) 105,8%, h) 194,6%, i) O crescimento dos lucros foi maior que o crescimento das receitas, indicando a presença de alavancagem, j) A empresa viu a sua situação financeira ser agravada entre o ano 1 e o ano 4. No ano 4 começou a reverter a tendência de deterioração dos números.

12. a) Durachapas; b) Durachapas; c) Eucachapas; d) Durachapas; e) Durachapas; f) Eucachapas; g) Eucachapas; h) Durachapas; i) Durachapas; j) Durachapas.

Capítulo 5

1. C.
2. B.
3. B.
4. D.
5. C.
6. E.
7. a) $ 65 mil, b) 2,5 mil.
8. a) 1,17, b) 1.600, c) 2,33, d) 1,08, e) 0,42, f) 0,81, g) 1.160, h) 1,81, i) 0,76, j) 0,21.
9. a) 0,76, b) 190, c) 2,27, d) 1,47, e) 0,87.
10. a) 0,85, b) 490,00, c) 4,27, d) 2,07, e) 1,47.
11. Lembre-se que é preciso mover duplicatas descontadas para PC. a) 0,89, b) 210,00, c) 1,39, d) 0,83, e) 0,46.
12. a) $ 6.820,00, b) $ 6.420,00, c) $ 9.980,00, d) 1,20, e) $ 400,00, f) 1,06, g) 0,66, h) 0,19.
13. Os indicadores de liquidez imediata apresentam um substancial crescimento no período, decorrente das vendas das outras participações e a manutenção das aplicações financeiras de grande liquidez. Geralmente, a preferência pela liquidez implica a obtenção de taxas de retornos menores. Porém, o período foi caracterizado pelas "generosas taxas de juros registradas pelos mercados financeiros nacionais nos últimos anos", conforme destaca o enunciado e o que poderia justificar a decisão dos donos.
14. a) 1,97, b) O número indica que para cada $ 1 que a empresa tinha a pagar, tinha $ 1,97 a receber, c) ano 2, d) 3,96, e) anos 6 e 7 com valor 1,43, f) 1,52, g) O número indica que para cada $ 1 que a empresa tinha a pagar no curto

308 A Análise Contábil e Financeira • Bruni

prazo esperava receber 1,52 no curto prazo, h) 2,70, i) O número indica que para cada $ 1 que a empresa tinha a pagar no curto prazo esperava receber 2,70 no curto prazo, sem considerar a venda dos estoques, j) A liquidez da empresa vem sendo reduzida ao longo dos anos, o que pode comprometer sua solvência ou sua capacidade de pagar dívidas.

15. a) Pinguim , b) Corcovado, c) Pinguim, d) Pinguim, e) Pinguim, f) Diminuiu no ano 3 e voltou a subir no ano 4. No ano 6 voltou a se situar em um patamar próximo ao do ano 1, g) Corcovado, h) Pinguim, i) Nenhuma. Porém os números da Corcovado são mais estáveis que os da Pinguim, j) Subiu muito em relação aos demais anos. Uma elevação substancial de ativos líquidos poderia explicar este fato.

Capítulo 6

1. D.
2. D.
3. C.
4. a) 0,86, b) 6,00, c) 7,00, d) 0,33.
5. 0,60 ou 60%.
6. 0,3214 ou 32,14%.
7. 0,6667 ou 66,67%
8. a) 10%, b) 7%, c) 8,75%, d) 7%, e) 32%, f) 9,06%.
9. a) 23, b) 14, c) 9,8, d) 2,74, e) 1,64, f) 4,5 g) 3,63%, h) 4,67%, i) 15%, j) 10,50%, k) O aumento da dívida contribuiria negativamente para a operação, diminuindo o ROE. No caso Kd > ROI.
10. a) 65,22%, b) 40%, c) 1,875, d) 2,875.
11. a) 60%, b) 40%, c) 1,50, d) 2,50.
12. a) 20% a. a., b) 14% a. a., c) 10,36% a. a., d) 13,63% a. a.
13. a) 7,19% a. a. b) 10,98% a. a.
14. a) $ 10 mil, b) – 9,2 mil, c) – 9,2 mil, d) – 2,3% a. a., e) – 3,3% a. a.
15. A empresa tem aumentado relativamente o seu endividamento, que correspondeu a 31% no ano 1 e a 42% no ano 6. Por outro lado, o endividamento de curto prazo tem sido reduzido. Ele correspondia a 100% (aproximadamente) no ano 1 e, após sucessivas reduções, chegou a 72% no ano 4 – o que ainda pode ser considerado um número alto. Uma análise mais aprofundada dos efeitos do endividamento precisaria ser complementada com a análise da evolução dos índices de rentabilidade.

	Ano 1	Ano 2	Ano 3	Ano 4
IE (%)	31	29	33	42
ICE (%)	100	99	78	72

16. a) Ka = 64596/(138862 + 398967) = 12,01%, b) IR = 9083/30956 = 29,34%, c) Kd = 12,01% . (1 – 0,2934) = 8,49%, d) 2,39, e) 1,87, f) 4,47, g) 1,77, h) 2,17, i) 3,85, j) A alavancagem com captação de dívidas relativamente baratas permite o aumento da rentabilidade dos capitais próprios.

17. a) 0,56 ou 56%, b) Que 56% dos ativos da empresa haviam sido financiados por dívidas, c) Diminuiu, d) A Eucachapas é mais endividada, e) 0,45 ou 45%, f) Que 45% das dívidas da empresa estavam concentradas no curto prazo, g) Diminuiu, h) No primeiro ano foi a Durachapas e nos dois últimos ano foi a Eucachapas, i) As duas empresas têm reduzido os seus níveis de endividamento, j) As duas empresas também têm reduzido relativamente as suas dívidas de curto prazo.

Capítulo 7

1. a) Caiu, b) Manteve-se estável, c) Manteve-se estável.

2. a) Elevado, b) Reduzido, c) Reduzido, d) Se manterá estável, e) Reduzido.

3. a) 62,35%, b) 45,88%, c) 30,28%, d) 62,35%, e) 45,88%, f) 24,07%.

4. a) 66,67%, b) 45,83%, c) 29,17%, d) 66,67%, e) 51,52%, f) 33,94%.

5. a) 64,16%, b) 44,59%, c) 27,03%, d) 64,16%, e) 49,91%, f) 32,33%.

6. a) $ 118.997,03, b) $ 69.994,05, c) $ 20.003,40, d) 14,12%.

7. a) 59,47%, b) 44,37%, c) 23,98%, d) 50,68%, e) 55,96%, f) 39,51%, g) 19,80%, h) 48,87%.

8. a) A busca por uma melhor forma de financiamento, com menores encargos. Sob a perspectiva dos credores, o risco de financiar o fundo é menor que o risco de financiar o hospital. O aluguel do prédio junto ao fundo é mais barato que os juros cobrados pelas instituições financeiras, b) Maior, c) Os juros eram elevados, o que fazia reduzir a margem líquida, d) Os gastos operacionais foram elevados em função do aluguel. Considerando o aluguel como custo, a margem bruta foi reduzida, e) Idem. Em função dos gastos do aluguel, a margem operacional foi reduzida, f) Considerando juros anteriores maiores

310 A Análise Contábil e Financeira • Bruni

que os novos gastos com aluguel, a margem líquida deve ter sido ampliada, g) A margem Ebitda deve ter sido ampliada também.

9. a) 38,86%, b) O número representa que 38,86% das receitas líquidas são maiores que os custos, c) O número cai até o ano 4 e volta a subir até o ano 7, d) 0,95%, e) O lucro operacional da empresa corresponde a apenas 0,95% das receitas líquidas, f) Caiu até o ano 4 e voltou a subir após o ano 4, g) 7,59%, h) O número indica que o lucro líquido corresponde a 7,59% da receita líquida, i) Caiu até o ano 4 e voltou a subir após o ano 4, j) As margens caem até o ano 4 voltam a subir após o ano 4.

10. a) 40,68%, b) 28,24%, c) A primeira empresa apresenta uma maior margem bruta, d) 24,70%, e) 11,46%, f) A primeira empresa também apresenta uma maior margem operacional, g) 12,69%, h) A margem líquida é maior que a margem operacional. A empresa apresenta receitas financeiras com juros, i) A Durachapas apresenta uma melhor *performance*, com margens maiores. Além disso, a Eucachapas deu prejuízo no ano 9, j) Seria preciso dispor do Ebitda, ou dos gastos não desembolsáveis com amortizações e depreciações para calcular o Ebitda a partir do Lajir.

Capítulo 8

1. D.
2. D.
3. D.
4. E.
5. C.
6. C.
7. E.
8. C.
9. C.
10. a) 36 dias, b) 42 dias, c) $ 8 mil.
11. a) 67,5 dias, b) 101,25 dias, c) 2,25 dias, d) $ 30 mil.
12. a) 75,75 ou 76 dias aproximadamente, b) $ 44 mil.
13. a) Negativa, b) Positiva, c) Positiva.
14. a) 45 dias, b) $ 281,25 mil.
15. $ 16 mil.

16. 54 dias.

17. a) 120, b) 525, c) 225, d) 300, e) 10, f) 43,75, g) 18,75, h) 25 dias.

18. a) PME = 61,71 = 62 dias, aproximadamente, b) PMR = 36 dias, c) PMP = 115,20 = 115 dias aproximadamente, d) 98 dias aproximadamente, e) – 17 dias, f) O ciclo financeiro negativo indica que a empresa recebe de seus clientes antes de pagar seus fornecedores.

19. a) 30 dias, b) 60 dias.

20. a) As margens devem ter sido elevadas, b) O impacto deve ter sido positivo, c) Muitos dos gastos comuns (como despesas administrativas e comerciais) puderam ser eliminadas, d) O giro e a dinâmica operacional da empresa contribuem para a formação da sua rentabilidade.

21. a) 1,30, b) Que a empresa vendeu no ano 1,3 vez o valor dos seus ativos, c) 1,87 e 195,48 dias, d) Os números indicam que os estoques foram renovados 1,87 vez no ano e que o prazo médio de manutenção dos estoques foi igual a 195,48 dias, e) 9,49 e 38,47 dias, f) Os números representam a dinâmica das vendas, indicando que em um ano as vendas foram renovadas 9,49 vezes, com um prazo médio concedido aos clientes igual a 38,417 dias, g) 3,31 e 110,20 dias, h) Os números apresentam a dinâmica das compras, indicando que as compras foram renovadas 3,31 vezes no ano, com um prazo médio de pagamento igual a 110,20 dias, i) O ciclo operacional cresce ao longo dos anos, o ciclo financeiro mostra-se crescente, com um número estranho no ano 4 (4.515 dias), a evolução dos ciclos indica a existência de graves problemas financeiros na empresa, j) Em geral, os números indicam a existência de graves problemas na empresa, notadamente ocorridos nos anos 3 e agravados no ano 4.

22. a) 1,66, b) 1,26, c) A Pinguim tem sido mais eficiente. Um maior giro indica uma contribuição mais efetiva para a formação da rentabilidade, d) 43 e 62 dias, respectivamente, e) A Corcovado é mais eficiente, apresentando um menor prazo de estocagem, f) 16 e 68 dias, g) A Pinguim concede um financiamento maior a seus clientes, h) 65 e 42 dias, aproximadamente, i) A Corcovado recebe maior financiamento dos seus fornecedores, j) Os ciclos são maiores na Pinguim e evoluem de forma crescente. Quanto maior o ciclo financeiro, maior a necessidade de capital de giro para a operação.

Capítulo 9

1. D.

2. D.

312 A Análise Contábil e Financeira • Bruni

3. B.

4. E.

5. a) Tremembé Ltda. b) Tremembé Ltda. c) Cangaço S. A. d) Cangaço S. A.

6. a) 3, b) 0,3 ou 30% a. a., c) 4,5, d) 0,325 ou 32,5% a. a.

7. Valores para ROI iguais a 0,224, 0,189 e 0,161. Para ROE iguais a 0,224, 0,378 e 1,61.

8. Para endividamentos percentuais iguais a 30, 60 e 90, os valores do ROI seriam respectivamente iguais a 0,1925, 0,119 e 0,0035. Os valores do ROE seriam 0,275, 0,2975 e 0,035. O endividamento de 60% maximiza o valor do ROE.

9. a) 27,75% a. a., b) 46,25% a. a., c) 21,86% a. a., d) 48,59% a. a., e) 32,27% a. a., f) 47,81% a. a.

10. a) 14,875%, b) 3,2, c) 47,6%, d) 1, e) 47,6%, f) 14,11%, g) 4,00, h) 56,44%, i) 1,00, j) 56,44%, k) Com o aluguel, a margem foi reduzida porém o giro foi aumentado mais do que proporcionalmente à redução da margem, assim, o efeito combinado foi o de aumento da rentabilidade, l) 12,80%, m) 4,00, n) 51,19%, o) 2,00, p) 102,38, q) A margem foi ainda mais reduzida, porém a alavancagem financeira agora presente faz com que a rentabilidade sob o ponto de vista dos capitais próprios fosse ainda maior.

11. a) 0,1136, b) 0,1622, c) 0,1280, d) 0,1667, e) A decisão seria benéfica para a empresa, já que o ROI e o ROE seriam elevados.

12. a) IARP = 2,30, b) LL = $ 73.600,00.

13. a) Cateretê Serviços Ltda., b) Cateretê Serviços Ltda., c) Decassílabo Industrial S. A.

14. $ 7.418,18.

15. a) 10%, b) 7%, c) 34,25%, d) 50%, e) 2,8, f) 95,9%, g) 1,43, h) 137%, i) 34,5%, j) 96,6%, k) 120,75%.

16. a) 17,65%, b) 23,53%, c) 47,06%, d) 211,67%, e) 25%, f) 100%, g) 60%, h) 10%, i) 7%, j) 1,1759, k) 1,1759, l) 60%, m) 0,2911, n) 7%, o) 2,04%.

17. EVA para Uni igual a 20, para Duni igual a 30 e para Tê igual a 35. Logo, a empresa Tê gerou o maior EVA.

18. a) Baixa, b) Alto, c) O giro alto permite compensar a margem baixa, d) Alta, com o alto giro compensando a baixa margem.

19. Como diz o ditado popular, quando a esmola é muita, o santo deve descon-fiar. Existe uma relação clara entre retorno e risco. Se Profitt ofertava alta rentabilidade, o risco alto estaria presente.

Respostas **313**

20. a) 4,88% a. a., b) Representa que o investimento total na operação rendeu 4,88% no ano, c) A rentabilidade cai até o ano 4, voltando a subir depois do ano 4, d) 6,44% a. a., representa que o financiamento feito pelos sócios (o PL) rendeu 6,44% no ano, e) Para saber se foi um bom investimento, deveríamos comparar a rentabilidade com investimentos similares, f) A presença das dívidas ou da alavancagem financeira, g) Cai até o ano 4 e depois volta a subir, h) Em linhas gerais, o endividamento tem sido benéfico, já que o ROE tem sido maior que o ROI – porém é preciso ponderar a questão da elevação do risco, igualmente percebida, i) Ambos cresceram, j) A rentabilidade resulta do produto entre margem e giro.

21. a) 7,69 % a. a., b) – 5,56 % a. a., c) Durachapas, d) 9,9 % a. a., e) 6,41 % a. a., f) Durachapas, g) O ROI cresceu, h) O ROE cresceu, i) As dívidas alavancam a *performance* do ROE, j) A Durachapas se revelou melhor investimento.

Capítulo 10

1. C. 2. B. 3. D. 4. E. 5. A. 6. A. 7. E. 8. A.

9.

	Ano 1	Ano 2	Ano 3
IOG	73,33	95,33	117,33
DST	(73,33)	(22,00)	(22,00)

10. a) 220, b) 65, c) 100, d) 170, e) 120, f) – 105.

11. a) 300, b) 65, c) 200, d) – 105.

12. a) +20 mil, b) zero, c) – 5 mil, d) – 10 mil.

13. a) PMP = 60 dias, b) PME = 10 dias, c) PMR = 22,5 dias, d) CF = – 27,5 dias, e) CO = 32,5 dias, f) \$ 6.000,00, g) \$ 6.000,00, h) \$ 6.000,00, i) \$ 0,00, j) \$ 9.000,00, k) \$ 2.000,00, l) \$ 12.000,00, m) – \$ 1.000,00, n) Negativo. O financiamento recebido de fornecedores é maior que os investimentos operacionais em clientes e em estoques.

14. A evolução de alguns números da empresa pode ser vista a seguir.

Mês	1	2	3	4
Contas operacionais				
CR + Est.	360	780	1.560	2.850
Forn.	120	180	240	450
IOG	240	600	1.320	2.400
Contas financeiras				
ST	–100	– 300	– 740	– 1.420

Mês	1	2	3	4
IOG	240	600	1.320	2.400
ST	– 100	– 300	– 740	– 1.420

A situação se configura em um clássico evento associado ao efeito tesoura. Veja a figura seguinte.

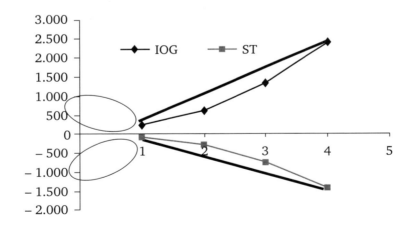

15. Segundo os valores calculados, acredita-se que a empresa apresente uma melhoria da situação financeira. O capital de giro aumentou além do necessário para compensar o acréscimo do IOG, possibilitando um aumento do saldo de tesouraria. Os valores a seguir correspondem, respectivamente, aos anos 1 e 2: a) Capital de giro: 350 e 430, b) IOG: 280 e 340, c) ST: 70 e 90.
16. a) 21,8 dias, b) 37,5 dias, c) 34,8 dias, d) 39,4 dias.

Respostas **315**

17. 8,55 mil.

18. Pelos valores calculados para CDG, IOG e ST nota-se que a empresa goza de uma situação financeira confortável. Os investimentos feitos pelos sócios garantem a manutenção do capital de giro e sustentam a solvência da empresa.

	1	2	3	4	5	6
CDG	50,00	70,00	80,00	110,00	140,00	170,00
IOG	48,00	58,00	70,00	83,00	103,00	120,00
ST	2,00	12,00	10,00	27,00	37,00	50,00

19. O capital de giro da empresa é negativo. Os financiamentos operacionais recebidos são maiores que os investimentos operacionais. Neste caso, uma redução do volume das operações implica uma redução dos financiamentos operacionais recebidos, o que demandariam recursos eventualmente excedentes no saldo de tesouraria. A decisão de imobilização pode ser perigosa.

20. Após calcular o capital de giro, o investimento operacional em giro e o saldo de tesouraria, nota-se claramente que a empresa está enfrentando o efeito tesoura. Seu crescimento não está tendo o devido suporte por parte do capital dos sócios. Uma solução para o problema enfrentado pelos sócios envolveria a redução das atividades operacionais da empresa, com a consequente queda de vendas.

	Ano 1	Ano 2	Ano 3	Ano 4	Ano 5	Ano 6
CDG	180,00	190,00	190,00	200,00	220,00	230,00
IOG	130,00	169,00	215,00	285,00	380,00	480,00
ST	50,00	21,00	(25,00)	(85,00)	(160,00)	(250,00)

21. A situação da Cia. dos Peixinhos revela-se mais vulnerável, com saldo de tesouraria negativo nos três anos analisados. Porém, o valor absoluto tem sido reduzido. Não é possível perceber o efeito tesoura em nenhum dos dois casos.

	Malhas Ensolaradas			Cia. dos Peixinhos		
	Ano 1	Ano 2	Ano 3	Ano 1	Ano 2	Ano 3
ST	8.330	13.541	7.078	– 52.622	– 56.392	– 34.254
IOG	62.283	70.143	76.073	48.703	84.551	36.092

22. A empresa tem evoluído com saldo de tesouraria crescente, o que ajuda a revelar um certo equilíbrio financeiro no seu crescimento.

	Ano 1	Ano 2	Ano 3
ACO	458.794	494.488	418.182
ACF	229.313	339.413	509.700
PCO	30.298	33.860	24.398
PCF	72.938	149.332	129.122
CDG	584.871	650.709	774.362
IOG	428.496	460.628	393.784
ST	156.375	190.081	380.578

23. a) $ 1.066 (em $ mil), b) Que os ativos circulantes (ou o que a empresa espera receber nos próximos 12 meses) superam os passivos circulantes em $ 1.066 (em $ mil), c) $ 2.613,00 (em $ mil), d) $ 2.246,00, e) O número indica que os investimentos da empresa nos ativos circulantes operacionais superam os financiamentos recebidos por meio dos passivos circulantes operacionais em $ 2.613,00 (em $ mil), f) O IOG aumenta ano a ano, g) Ativos e passivos operacionais aumentaram ao longo dos anos e a diferença apresentada por meio do IOG igualmente se ampliou, h) Negativo e igual a $ 1.987,00 (em $ mil), i) Que os passivos financeiros circulantes superam os ativos financeiros circulantes em $ 1.987,00 (em $ mil), j) A evolução do saldo de tesouraria, cada vez mais negativo até o ano 4, indica o agravamento da situação financeira da empresa.

24. a) 340.713, b) (287.452), c) O CDG representa a folga financeira, representada pela diferença entre AC e PC. O maior CDG da Durachapas indica

uma situação financeira mais confortável, d) 325.941, e) 59.800, f) O IOG representa o investimento operacional em giro, resultado da diferença entre ACO e PCO, g) 269.036, h) (46.834), i) O ST corresponde à folga financeira, resultante da diferença entre ACF e PCF, j) As duas empresas melhoram a sua situação financeira, com o crescimento do saldo de tesouraria de ambas. Porém, a situação da Eucachapas é mais vulnerável. Seu saldo de tesouraria foi negativo nos três anos analisados.

Referências

ASSAF NETO, Alexandre. **Estrutura e análise de balanços**: um enfoque econômico-financeiro. 3. ed. São Paulo: Atlas, 2000.

BRAGA, R.; MARQUES, J. A. V. da C. Análise dinâmica do capital de giro: o modelo Fleuriet. **Revista de Administração de Empresas**. São Paulo, v. 35, nº 3, p. 49-63. maio/jun. 1995.

BRUNI, A. L. R. **A administração de custos, preços e lucros**. 3 ed. São Paulo: Atlas, 2009.

_____; FAMÁ, R. **A contabilidade empresarial**. São Paulo: Atlas, 2003.

FLEURIET, M. **A dinâmica financeira das empresas brasileiras**: um novo método de análise, orçamento e planejamento financeiro. 2. ed. Belo Horizonte: Fundação Dom Cabral, 1980.

_____; KEHDY, Ricardo; BLANC, Georges. **O Modelo Fleuriet**: a dinâmica financeira das empresas. Rio de Janeiro: Vozes, 2003.

IUDÍCIBUS, Sérgio de. **Análise de balanço, análise da liquidez e do endividamento, análise do giro, rentabilidade e alavacagem financeira**. 7. ed. São Paulo: Atlas, 1998.

MARION, José Carlos. **Contabilidade básica**. São Paulo: Atlas, 1986.

MATARAZZO, Dante C. **Análise financeira de balanço, abordagem básica e gerencial**. São Paulo: Atlas, 1998.

VICECONTI, Paulo E. V.; NEVES, Silvério das. **Contabilidade avançada e análise das demonstrações financeiras**. São Paulo: Frase, 2001.

Livros de Adriano Leal Bruni

O autor possui outros livros publicados pela Editora Atlas. Para saber mais sobre os livros, visite www.MinhasAulas.com.br.

SÉRIE DESVENDANDO AS FINANÇAS

Os livros da série abordam da forma mais clara e didática possível os principais conceitos associados às finanças empresariais. Os volumes contêm grande diversidade de exemplos, exercícios e estudos de casos, integralmente resolvidos. Outros recursos importantes dos textos consistem em aplicações na calculadora HP 12C e na planilha eletrônica Excel.

A ADMINISTRAÇÃO DE CUSTOS, PREÇOS E LUCROS

Apresenta os principais conceitos associados ao processo de registro e apuração de custos e formação de preços, enfatizando os aspectos gerenciais, relativos à tomada de decisão sobre custos e preços. Fornece uma ampla visão da contabilidade financeira dos custos, explorando com maior profundidade a contabilidade gerencial dos lucros e ganhos. Discute os efeitos dos impostos sobre custos, preços e lucros. Por fim, estabelece a relação do preço com o marketing e a estratégia do negócio. Para facilitar a aplicação dos conteúdos, apresenta inúmeros exemplos com o auxílio da calculadora HP 12C e da planilha eletrônica Microsoft Excel.

Capítulos: 1. Os custos, a contabilidade e as finanças. 2. Os custos e a contabilidade financeira. 3. Os custos e a contabilidade gerencial. 4. Os custos e seus componentes. 5. Os custos e a margem de contribuição. 6. Tributos, custos e preços. 7. Os custos, os preços e os lucros. 8. Os preços, o marketing e a estratégia. 9. O modelo CUSTOFACIL.xls.

A CONTABILIDADE EMPRESARIAL

Ilustra os conceitos associados à Contabilidade, seus principais demonstrativos e informações relevantes no processo de tomada de decisões. Fornece uma visão geral nos números registrados pela Contabilidade e suas relações com o processo de Administração Financeira. Em capítulos específicos, discute o Balanço Patrimonial e a Demonstração de Resultado do Exercício. Traz uma grande variedade de exemplos e exercícios, com muitas questões objetivas. No último capítulo, ilustra alguns usos e aplicações da Contabilidade na planilha eletrônica Microsoft Excel.

Capítulos: 1. Conceitos. 2. O balanço patrimonial. 3. A demonstração do resultado do exercício. 4. Outros demonstrativos contábeis. 5. Contas, livros e registros. 6. Operações com mercadorias. 7. O modelo CONTAFACIL.XLS.

AS DECISÕES DE INVESTIMENTOS

Apresenta e discute os conceitos básicos associados ao processo de avaliação de investimentos em Finanças. Começa com a definição do problema de tomada de decisões em Finanças, e avança pela construção do fluxo de caixa livre e da estimativa do custo médio ponderado de capital. Mostra as principais técnicas de avaliação disponíveis, incluindo *payback*, valor presente, futuro e uniforme líquido, e as taxas interna e externa de retorno, e a taxa interna de juros. Para facilitar a leitura e o processo de aprendizagem, diversos exercícios apresentam solução completa na HP 12C. Muitos exercícios também apresentam resolução com o apoio da planilha eletrônica Microsoft Excel. O final do livro traz o *software* Investfacil.xls, que simplifica as operações com o auxílio da planilha eletrônica Microsoft Excel.

Capítulos: 1. Conceitos iniciais, HP 12C, Excel e o modelo Investfacil.xls. 2. A estimativa dos fluxos futuros. 3. Custo de capital. 4. O processo de avaliação e análise dos prazos de recuperação do capital investido. 5. A análise de valores. 6. A análise de taxas. 7. A seleção de projetos de investimento. 8. O modelo Investfacil.xls.

A MATEMÁTICA DAS FINANÇAS

Apresenta de forma simples e clara os principais conceitos da Matemática Financeira. Inicia com a definição dos diagramas de fluxo de caixa e avança pelos regimes de capitalização simples e composta. Discute, com muitos exemplos, as séries uniformes e não uniformes e os sistemas de amortização. Para tornar o aprendizado mais fácil, explica o uso da calculadora HP 12C, mostrando quase todos os exercícios solucionados com seu auxílio. Também aborda o uso da planilha eletrônica Microsoft Excel em Matemática Financeira, apresentado o *software* Matemagica.xls – que torna ainda mais simples as operações algébricas em finanças.

Capítulos: 1. Conceitos iniciais e diagramas de fluxo de caixa. 2. A HP 12C e o Excel. 3. Juros simples. 4. Desconto comercial e bancário. 5. Juros compostos. 6. Taxas nominais e unificadas. 7. Anuidades ou séries. 8. Sistemas de amortização. 9. Séries não uniformes. 10. A planilha Matemagica.xls.

SÉRIE FINANÇAS NA PRÁTICA

Oferece uma ideia geral das Finanças, desmistificando as eventuais dificuldades da área. Aborda de forma prática, com muitos exemplos e exercícios, as principais tarefas associadas às Finanças.

GESTÃO DE CUSTOS E FORMAÇÃO DE PREÇOS

Fornece ao leitor elementos de gestão de custos, com o objetivo de, principalmente, demonstrar como administrá-los. Além de identificar os componentes dos custos empresariais, os sistemas de custeio, o efeito dos tributos sobre preços e custos, focaliza os aspectos estratégicos que determinam a existência de custos em condições de minimizá-los e obter deles, quando controlados, os melhores benefícios. Dividido em 20 capítulos, inclui 150 exercícios resolvidos, a planilha CUSTOS.XLS e o conjunto de apresentações CUSTOS.PPT. Acompanha o livro um CD com as transparências e planilhas eletrônicas.

Capítulos: 1. Introdução à gestão de custos. 2. Material direto. 3. Mão de obra direta. 4. Custos indiretos de fabricação. 5. Custeio por departamentos. 6. Custeio por processos. 7. Custeio por ordens de produção. 8. Custeio-padrão. 9. Custeio baseado em atividades. 10. Custos da produção conjunta. 11. Custeio variável. 12. Custos para decisão. 13. Efeito dos tributos sobre custos e preços. 14. Formação de preços: aspectos quantitativos. 15. Formação de preços: aspectos qualitativos. 16. Custos e estratégia. 17. Métodos quantitativos aplicados a custos. 18. Aplicações da calculadora HP 12C. 19. Aplicações do Excel: usos genéricos. 20. Aplicações do Excel: usos em custos e preços.

MATEMÁTICA FINANCEIRA COM HP 12C E EXCEL

Traz os principais conceitos de Matemática Financeira. Aborda tópicos referentes às operações com juros simples, compostos, descontos, equivalência de capitais e taxas, séries uniformes e não uniformes e sistemas de pagamento. Para facilitar o aprendizado, traz exercícios propostos, todos com respostas e vários com soluções integrais. Apresenta e discute ainda ferramentas aplicadas à Matemática Financeira, como a calculadora HP 12C e a planilha eletrônica Excel. Em relação ao Excel, diversos modelos prontos, com fácil utilização e aplicabilidade prática, estão na planilha MATFIN.XLS, presente no CD que acompanha o livro. Todos os modelos e as instruções para serem utilizados também estão disponíveis no decorrer do texto. Destaca-se tam-

bém o conjunto de apresentações MATFIN.PPT, igualmente apresentado no CD, elaborado no Microsoft PowerPoint, e que ilustra com recursos audiovisuais alguns dos conceitos abordados no livro. Docentes poderão empregá-lo como material adicional das atividades de classe e estudantes poderão aplicá-lo na revisão dos conteúdos da obra.

Capítulos: 1. Matemática financeira e diagrama de fluxo de caixa. 2. Revisão de matemática elementar. 3. A calculadora HP 12C. 4. O Excel e a planilha MATFIN.xls. 5. Juros simples. 6. Juros compostos. 7. Operações com taxas de juros. 8. Séries uniformes. 9. Sistemas de amortização. 10. Séries não uniformes. 11. Capitalização contínua.

AVALIAÇÃO DE INVESTIMENTOS COM HP 12C E EXCEL

Apresenta o processo de avaliação de investimentos de forma simples, com muitos exemplos e exercícios, facilitados por meio do uso da calculadora HP 12C e da planilha eletrônica Microsoft Excel. O texto discute inicialmente o papel e as decisões usuais em Finanças, apresentando em seguida a importância da projeção dos fluxos de caixa livres e do cálculo do custo de capital. Posteriormente, aborda o uso das diferentes técnicas, como as técnicas de avaliação contábil e as técnicas financeiras mais usuais, como o *payback*, o VPL e a TIR. Mais adiante, discute aspectos relativos à avaliação de empresa e ao estudo das decisões sob incerteza e risco. Ao final, o texto discute o processo de modelagem financeira no Excel, apresentando tópicos avançados, como o uso do método de Monte Carlo ou o uso de opções reais em avaliação de investimentos. Para tornar o aprendizado mais efetivo, diversos modelos prontos estão apresentados.

Capítulos: 1. Finanças, decisões e objetivos. 2. Entendendo o valor do dinheiro no tempo. 3. Estimativa dos fluxos futuros. 4. Custo de capital da empresa e taxa mínima de atratividade do projeto. 5. Técnicas de avaliação contábil. 6. Processo de avaliação e análise dos prazos de recuperação do capital investido. 7. Análise de valores. 8. Análise de taxas. 9. Seleção de projetos de investimentos. 10. Valor econômico adicionado. 11. O valor da empresa. 12. Incerteza e risco na avaliação de investimentos.

OUTROS LIVROS

ESTATÍSTICA APLICADA À GESTÃO EMPRESARIAL – SÉRIE MÉTODOS QUANTITATIVOS

Apresenta de forma clara e simples os principais conceitos de Estatística aplicada à gestão empresarial. Ilustra seus conceitos e usos com muitos exemplos fáceis e didáticos. Inicia com a apresentação da Estatística, suas definições e classificações. Avança pela tabulação dos dados e construção de gráficos. Discute as probabilidades e as distribuições binomial, de Poisson e normal com grande variedade de aplicações. Aborda inferências, estimações, intervalos de confiança e testes paramétricos e não paramétricos de hipóteses. Traz as análises de regressão e correlação, com muitas aplicações práticas. Por fim, discute os números índices e as séries temporais. Ao todo, propõe e responde mais de 650 exercícios.

Capítulos: 1. Estatística e análise exploratória de dados. 2. Gráficos. 3. Medidas de posição central. 4. Medidas de dispersão. 5. Medidas de ordenamento e forma. 6. Probabilidade. 7. Variáveis aleatórias e distribuições de probabilidades. 8. Amostragem. 9. Estimação. 10. Testes paramétricos. 11. Testes não paramétricos. 12. Correlação e regressão linear. 13. Números índices. 14. Séries e previsões temporais.

EXCEL APLICADO À GESTÃO EMPRESARIAL

O livro apresenta o uso da planilha eletrônica Microsoft Excel aplicado à gestão empresarial, com muitos exemplos e aplicações práticas, incluindo uma grande variedade de exemplos prontos, construídos no Excel e disponíveis com os arquivos eletrônicos que acompanham o texto. O Excel se consolidou nos últimos anos como uma das mais importantes ferramentas quantitativas aplicadas aos negócios, oferecendo a possibilidade da realização de tarefas e procedimentos mais rápidos e eficientes. O bom uso da planilha nos permite economizar tempo e dinheiro. Os tópicos abordados e as aplicações ilustradas ao longo de todo o livro permitem que o leitor amplie seus conhecimentos sobre a planilha e melhore o seu desempenho profissional. Para ampliar as possibilidades de uso na empresa, são fornecidos diferentes exemplos, com aplicações em Finanças, Marketing, Logística e Gestão de Pessoas.

Capítulos: 1. Conhecendo o Excel. 2. Entendendo o básico. 3. Conhecendo os principais *menus*. 4. Trabalhando com fórmulas simples. 5. Inserindo gráficos. 6. Usando as funções matemáticas. 7. Trabalhando com funções de texto e de informação. 8. Empregando funções estatísticas. 9. Inserindo funções de data e hora. 10. Trabalhando com funções lógicas. 11. Usando funções de pesquisa e referência. 12. Operando as funções financeiras. 13. Aplicando formatação condicional. 14. Usando as opções do *menu* de dados. 15. Construindo tabelas e gráficos dinâmicos. 16. Facilitando os cálculos com o Atingir Meta e o Solver.

LIVROS PARA CONCURSOS

MATEMÁTICA FINANCEIRA PARA CONCURSOS

Ensina os principais conceitos relevantes de Matemática Financeira para Concursos, solucionando mais de 1.000 questões, boa parte especialmente selecionada a partir de questões de provas importantes anteriores, elaboradas pelas principais bancas selecionadoras. São propostas e solucionadas questões de importantes concursos, como os da Receita Federal, da Comissão de Valores Mobiliários, do Ministério Público da União, da Secretaria do Tesouro Nacional, do Ministério do Planejamento, Orçamento e Gestão, do Banco do Brasil, da Caixa Econômica Federal e de tantos outros. Muitas das questões apresentadas e resolvidas ao longo do livro foram elaboradas por importantes instituições, como CESPE, ESAF, CESGRANRIO e Fundação Carlos Chagas.

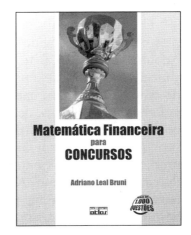

Capítulos: 1. Dinheiro, tempo e matemática financeira. 2. Juros simples. 3. Desconto comercial. 4. Juros compostos. 5. Operações com taxas. 6. Séries uniformes. 7. Sistemas de amortização. 8. Séries não uniformes.

ESTATÍSTICA PARA CONCURSOS

O livro foi escrito com o cuidado e o propósito de ajudar o leitor a compreender a aplicação da estatística em concursos públicos. Buscando tornar o aprendizado seguro e tranquilo, todas as suas mais de 400 questões foram classificadas por assunto e estilo de solução. Todas elas são apresentadas com a sua respectiva resposta representada sob a forma de um código numérico presente no enunciado da questão. Para reforçar a qualidade do aprendizado, eliminando as eventuais dúvidas, além das respostas, o livro apresenta todas as soluções quantitativas de todas as questões. Todos os cálculos necessários para a obtenção das respostas estão apresentados no final do livro.

Capítulos: 1. Analisando dados e tabelas. 2. Gráficos. 3. Medidas de posição central. 4. Medidas de dispersão. 5. Medidas de ordenamento e forma. 6. Correlação e regressão linear. 7. Números índices.

LIVROS PARA CERTIFICAÇÃO ANBID

CERTIFICAÇÃO PROFISSIONAL ANBIMA SÉRIE 10 (CPA-10)

O livro apresenta de forma clara, didática e simples o conteúdo exigido pela Certificação Profissional Anbima 10, CPA-10. Sete dos oito capítulos discutem os conceitos exigidos pela prova, incluindo uma descrição do sistema financeiro nacional, conceitos de ética e regulamentação, noções de economia e finanças, tópicos relativos aos princípios de investimentos, aspectos de fundos de investimentos e conceitos relativos a outros produtos de investimentos e sobre tributação de produtos de investimento. A leitura e o aprendizado tornam-se fáceis graças às trezentas questões inspiradas na prova, todas com suas respectivas respostas, distribuídas em pré-testes, pós-testes e simulado.

Capítulos: 1. Sistema Financeiro Nacional. 2. Ética e Regulamentação. 3. Noções de Economia e Finanças. 4. Princípios de Investimento. 5. Fundos de Investimento. 6. Demais Produtos de Investimento. 7. Tributos. 8. Simulado geral.

EXAME ANBIMA CPA-10

Apresenta atividades de aprendizagem que cobrem o conteúdo exigido pela Certificação Profissional Anbima 10, CPA-10, sob a forma de 400 questões respondidas. As questões estão apresentadas em seis capítulos que discutem os conceitos da prova, incluindo a descrição do Sistema Financeiro Nacional, os aspectos relativos à ética e à regulamentação dos mercados, as noções de economia e finanças, os princípios de investimentos, os fundos de investimentos, e por fim, os outros produtos de investimentos.

Capítulos: 1. Sistema Financeiro Nacional. 2. Ética e Regulamentação. 3. Noções de Economia e Finanças. 4. Princípios de Investimento. 5. Fundos de Investimento. 6. Demais Produtos de Investimento.

Impressão e Acabamento

(011) 4393-2911